跨境电子商务
概论与实践

（第二版）

冯晓宁◎编著

INTRODUCTION

AND

PRACTICE

中国海关出版社有限公司

·北京·

图书在版编目（CIP）数据

跨境电子商务概论与实践 / 冯晓宁编著 .—2 版 .

北京：中国海关出版社有限公司 , 2024.—ISBN 978-7-5175-0850-2

Ⅰ.F713.36

中国国家版本馆 CIP 数据核字第 20258WY803 号

跨境电子商务概论与实践（第二版）
KUAJING DIANZI SHANGWU GAILUN YU SHIJIAN: DI-ER BAN

作　　　者：冯晓宁	
策划编辑：刘　婧	
责任编辑：朱　言	
责任印制：王怡莎	
出版发行：中国海关出版社有限公司	
社　　　址：北京市朝阳区东四环南路甲 1 号	邮政编码：100023
编 辑 部：01065194242-7544（电话）	
发 行 部：01065194221/4238/4246/5127（电话）	
社办书店：01065195616（电话）	
https: //weidian.com/?userid=319526934（网址）	
印　　　刷：北京新华印刷有限公司	经　　销：新华书店
开　　　本：710mm×1000mm　1/16	
印　　　张：17.5	字　　数：278 千字
版　　　次：2024 年 12 月第 2 版	
印　　　次：2024 年 12 月第 1 次印刷	
书　　　号：ISBN 978-7-5175-0850-2	
定　　　价：56.00 元	

海关版图书，版权所有，侵权必究
海关版图书，印装错误可随时退换

本书得到以下项目资助：

1. 2023年度河北省教育厅河北省创新创业课程建设项目"跨境电子商务精益创业实战"；

2. 2023年度河北地质大学教学改革研究与实践项目"产教融合视角下跨境电子商务应用型人才培养机制及实践研究"；

3. 2023年度（第七批）河北地质大学混合式课程"跨境电子商务运营实务"。

第二版前言

本书第一版出版后，得到广大院校教师和学生的好评。据不完全统计，有30余所院校的老师将本书作为教材，并联系作者索取过PPT。另外，本书在当当网等网站上的评论数量也在同类书中名列前茅，充分体现了本书的受欢迎程度。

众所周知，跨境电子商务发展日新月异，出现了许多新的现象、模式和特点。鉴于此，笔者系统梳理了最近几年跨境电子商务的发展情况，对内容进行了全面的修订。

本次修订主要体现在以下几个方面：

第一，在章节结构上，调整了某些章节的顺序，使本书的结构更加科学，并且重新编写了第九章和第十章的内容；

第二，在内容上，删除了过时的数据和陈旧的案例、图片等，增加了新出现的概念、案例、模式等内容；

第三，在文字上，对语言进行了全面的梳理，使之更加专业、流畅和严谨；

第四，本书介绍了国家关于跨境电子商务发展的相关政策，并结合课程特点，深入挖掘课程思政元素；

第五，本次修订采用"专栏"的形式呈现相关案例和拓展性知识，以开拓学生的知识面，强化理论知识的实际应用。

总之，本次修订了约40%的内容，基本上把不适用的内容剔除，使本书更加符合当下跨境电子商务发展的现状，也更加突出重点。

本次修订继续秉持"理论联系实际,教以致用,指导实践"的理念,仍然保持第一版的"教师易教,学生易学"的初衷。但是,由于本人能力有限,仍不免有瑕疵和遗漏之处,请各位读者批评指正。

本书配有教学用 PPT,可向笔者或中国海关出版社索取。

笔者邮箱:f 2002xiao@163.com

笔者微信:yxz031

冯晓宁

2024 年 6 月

目 录

第一章 导 论 / 1
  第一节 跨境电子商务概述 …………………………………… 1
  第二节 跨境电子商务与国际贸易 …………………………… 10
  第三节 跨境电子商务发展历程与现状 ……………………… 17

第二章 跨境电子商务模式、产业链和技术 / 26
  第一节 跨境电子商务模式 …………………………………… 27
  第二节 跨境电子商务产业链 ………………………………… 31
  第三节 新兴数字技术与跨境电子商务 ……………………… 36

第三章 跨境 B2B 电子商务 / 46
  第一节 跨境 B2B 电子商务概述 ……………………………… 47
  第二节 跨境 B2B 电子商务平台类型 ………………………… 56
  第三节 常用的跨境 B2B 电子商务平台 ……………………… 66

第四章 跨境 B2C 电子商务和独立站 / 75
  第一节 跨境 B2C/C2C 电子商务概述 ………………………… 76
  第二节 第三方跨境 B2C 电子商务平台 ……………………… 80
  第三节 跨境电子商务独立站 ………………………………… 89

第五章 跨境电子商务网络营销 / 98
  第一节 跨境电子商务网络营销概述 ………………………… 99

第二节　搜索引擎营销 …………………………………… 102

第三节　电子邮件营销 …………………………………… 110

第四节　社会化媒体营销 ………………………………… 116

第五节　跨境网红营销 …………………………………… 123

第六节　联盟营销 ………………………………………… 127

第六章 跨境电子商务物流 / 135

第一节　跨境电子商务与跨境物流概述 ………………… 136

第二节　跨境B2B电子商务模式下的物流 ……………… 139

第三节　跨境B2C电子商务模式下的物流 ……………… 147

第四节　海外仓与边境仓 ………………………………… 156

第七章 跨境电子商务支付 / 164

第一节　跨境电子商务支付概述 ………………………… 165

第二节　传统的支付方式 ………………………………… 169

第三节　便捷跨境电汇 …………………………………… 172

第四节　第三方跨境电子支付 …………………………… 174

第五节　在线银行与信用卡支付 ………………………… 181

第六节　其他支付方式 …………………………………… 184

第七节　跨境支付方式的选择 …………………………… 186

第八章 跨境电子商务中的知识产权、税收与交易风险 / 192

第一节　跨境电子商务中的知识产权 …………………… 193

第二节　跨境电子商务中的税收 ………………………… 200

第三节　跨境电子商务交易风险 ………………………… 207

第九章 我国跨境电子商务出口监管与政策 / 216

第一节　海关对跨境电子商务监管概述 ………………… 217

第二节　9610——跨境电子商务零售直邮出口 ………… 221

第三节　1210——跨境电子商务保税出口 ……………… 225

第四节 9710 和 9810——跨境电子商务 B2B 直接出口和出口
海外仓 ·· 230
第五节 跨境电子商务出口税收政策 ······················· 235

第十章 我国跨境电子商务进口监管与政策 / 241

第一节 跨境电子商务零售进口监管概述 ················· 241
第二节 跨境电子商务进口监管的主要政策 ·············· 247
第三节 跨境电子商务直购进口模式监管 ················· 255
第四节 跨境电子商务网购保税进口模式监管 ··········· 260

参考文献 ··· 266

第一章　导　论

跨境电子商务是互联网时代的产物，也是经济全球化时代的产物；是"互联网+外贸"的具体体现，也是世界市场资源配置的重要载体。支持跨境电子商务发展，有利于提升我国的对外开放水平，进一步融入全球经济体系；有利于发挥我国制造业大国优势，扩展境外营销渠道，促进企业和外贸转型升级；有利于增加就业，推进创新创业，打造新的经济增长点；有利于加快实施共建"一带一路"重大倡议，推动开放型经济发展升级；有利于满足消费者多样化的消费需求，提高消费者福利水平。

学习目标

了解内容：跨境电子商务的概念，跨境电子商务产生和发展历程，我国跨境电子商务发展状况

理解内容：跨境电子商务的特点，跨境电子商务在国际贸易中的应用

掌握内容：跨境电子商务与境内电子商务的区别，跨境电子商务的功能，跨境电子商务的意义，跨境电子商务对国际贸易的影响

关键术语：跨境电子商务、国际电子商务、国际贸易电子商务、海淘、代购、出口跨境电子商务、进口跨境电子商务、丝路电子商务

第一节　跨境电子商务概述

一、跨境电子商务的概念

"跨境电子商务"（简称跨境电商）这个表述在 2010 年左右出现。2010 年

前后，发生了以下重要事件。

首先，有一批境内卖家开始在亚马逊（Amazon）和eBay等境外电子商务平台上售卖境内的产品。另外，阿里巴巴集团旗下面向境外消费者市场的速卖通（Aliexpress）平台在2010年创建，著名的移动跨境购物平台WISH也在2011年成立。

其次，出现了一批面向境外普通消费者的跨境B2C（B2C的定义参见第二章第一节）平台。当时以兰亭集势（2007年成立）、大龙网（2010年成立）等为代表的新型"外贸电商"企业蓬勃发展，引起了传统外贸行业的关注和重视，许多外贸企业开始在这个领域尝试和布局。

再次，境内普通消费者对于"海淘"或"跨境代购"已不再陌生，海淘业务开始了爆炸式的增长，在境内催生了一批海淘代购网站，并且取得了令人瞩目的成绩。

最后，一些省（市）政府高度重视跨境电子商务的发展，如2012年郑州获批成为跨境贸易电子商务服务试点城市，各项业务发展十分迅速，引起了国家层面的高度关注。

"跨境电子商务"这个表述在2012年后开始大范围传播，当时社会各界都在关注和讨论这个热点。"跨境电子商务"这个表述被真正地确认是在2014年，当年的政府工作报告中，首次出现了"跨境电子商务"一词。至此，"跨境电子商务"这个表述被官方和社会接受，在全国迅速普及。

但是如何定义"跨境电子商务"？至今，国际上并没有形成统一的意见，出现了诸如"Cross-border electronic business""Cross-border electronic commerce""Cross-border E-commerce""Online Cross-border shopping""global E-commerce"等不同的说法。2018年，世界海关组织发布了《跨境电商标准框架》，其中提到以下内容。

"为了制定本标准框架，跨境电商的特征概括为：
在线下单、在线销售、在线沟通，以及网上支付（如果可行）；
跨境交易和交付；
有实际物品；
实际物品被交付运往消费者或购买者所在地（出于商业目的或非商业目

的均可)。"

在我国，跨境电子商务被普遍提到的定义是：跨境电子商务，是指分属不同关境的交易主体，通过电子商务平台达成交易、进行支付结算，并通过跨境物流送达商品，完成交易的一种国际商业活动。[①] 该定义着重强调了跨境电子商务的交易方式、交易过程，是对其交易模式的描述，它突破了地域的限制，有利于企业在更广阔的市场空间寻找商业伙伴。

总体来看，对"跨境电子商务"概念的表述虽然不同，但还是反映了一些共同的特点：一是渠道上的电商性，即以电子商务网络平台为基本的交易途径；二是空间上的跨境（关境）性，即由一个经济体境内向另一个经济体境内提供货物和服务；三是表现上的数字化，即以现代信息技术和网络渠道为主要表现方式，实现信息流和部分物流的跨境流动。

在教学和研究中，2015 年之前，学者们一般使用"国际电子商务""国际贸易电子商务（外贸电商）""跨境在线贸易""跨境网购"等词语来描述相关现象。这些词语被大家混用，在不同的语境下产生了不同的含义。2015 年后，随着"跨境电子商务"名称的传播和发展，业界的认知和研究越来越深入，大量的以"跨境电子商务"或"跨境电商"为题眼的文章、教材和专著涌现出来，"跨境电子商务"得以逐渐替代了以前的各种表述。

但是在不同的场合，也有不同的学者仍使用不同的表述来表达认知上的差异。从实践来看，"跨境电子商务"的含义和其他相关表述的关系，可以从 3 个层面来理解。

第一，宏观层面。"跨境电子商务"是利用计算机网络及移动通信等技术在国际上进行商务活动的行为，这个概念基本等同于对"国际电子商务"的一般理解。"国际商务"所包含的内容非常广泛，从国际贸易的角度来看，既包括货物贸易也包括服务贸易。如果更加细化，国际商务包括国际的采购、生产、销售、商贸磋商、价格比较、经营决策、营销促销、宣传公关、售前/售后服务、客户关系、咨询服务、国际旅游、国际金融、国际运输、国际通信、服务外包等活动。这些国际商务活动都可以部分或完全借助"跨境电子"的

[①] 中国政府网．http：//www.gov.cn/gzdt/2013 – 10/04/content_ 2500356.htm.

方式进行。因此，从宏观角度看，跨境电子商务所涉及的领域和范畴非常广泛。

第二，中观层面。"跨境电子商务"是指电子商务在国际货物贸易流程中的应用，是传统国际贸易商务流程的电子化、数字化和网络化。从贸易活动的角度来看，电子商务几乎可以在外贸活动的各环节中应用，即从市场调研、寻找客户开始，到洽谈、订货、网上收付货款、在线租船订舱、在线投保，再到电子报关、电子纳税等流程都可以通过计算机网络来完成。从这个意义上来看，"跨境电子商务"基本上等同于"国际贸易电子商务（外贸电商）"，它涉及许多方面的活动，包括货物的电子贸易、在线交易数据传递、电子货款支付、电子单据单证等，在国际贸易环节中只要涉及电子商务应用都可以纳入这个范畴。

第三，微观层面。"跨境电子商务"是指通过电子商务技术将货物销售到境外市场，或者将货物从境外进口并且通过电子商务方式销售到境内市场（即简单意义上的"全球买，全球卖"）。在微观层面，跨境电子商务主要有三个特点：一是"商务"一般仅仅指货物贸易，不包含服务贸易；二是主要从企业（或卖家）的视角来阐述问题，很少涉及政府或其他监管机构的视角；三是从企业（或卖家）的角度主要强调 B2B 和 B2C 两种基本电子商务模式（参见第二章第一节）。

另外，从更加狭义和业界实践的角度来看，跨境电子商务实际上基本等同于"跨境 B2C 模式"。这种模式也被称为"跨境电商零售"，简单说就是企业在跨境电子商务平台（如亚马逊、速卖通、eBay 等）上，将货物直接销售给境外消费者，在线完成货款的支付，货物则由国际物流体系在线下完成。

实际上，"B2B 模式"早在 2000 年左右就出现了（阿里巴巴是在 1999 年创建的），并不是新鲜的事物。新鲜的事物是 2010 年左右发展起来的"B2C 模式"，其目前更加受到业界的关注。跨境电子商务在国际上常见的名称是"Cross–border E–commerce"，主要指的也是跨境 B2C 模式。

从数字经济发展的角度来看，跨境电子商务可以说是电子商务和国际贸易在数字经济下的发展和延伸，它最直接和主要的表现就是贸易方式的数字化和贸易对象的数字化，即"数字贸易"。因此，可以说跨境电子商务是数字经济重要的组成部分。

总之,"跨境电子商务"这个概念所包含的意义非常宽泛,在讨论的时候应该注意识别其具体的范畴。

专栏1.1　　　　　　　　数字贸易

数字贸易,依托互联网和数字交换技术,正逐步改变着全球的商业面貌。数字贸易不仅是数字化信息的交换,更是一种全新的商业模式和商业思维。

数字贸易的核心在于利用电子商务手段优化贸易流程、降低交易成本、提高交易效率。这种优化不仅直接体现在成本节约上,更重要的是为企业带来了前所未有的商业机会和全球市场触达能力。通过数字贸易,企业能够轻松地跨越地理边界,与全球的客户和供应商建立紧密的联系,从而实现业务的快速增长和全球化布局。

此外,数字贸易对于企业的组织结构、核心竞争力及业务流程也产生了深远的影响,它促使企业重新审视自身的运作方式,推动企业内部和外部的协同创新,进而带来了新的市场机会和商业模式。在这个过程中,数字贸易不仅改变了企业的经营方式,更从根本上重塑了人们对于商业的认知和理解。

随着数字技术的不断发展和融合,数字贸易正在成为全球经济发展的新引擎,它加速了全球经济一体化的步伐,推动了全球商业运作方式的转型和升级。在新的经济体系下,数字贸易将继续发挥重要的作用,引领全球企业走向更加繁荣和创新的未来。

请思考:数字贸易和跨境电子商务有什么关系?
资料来源:作者收集整理,2024年3月

二、跨境电子商务的特点

近些年来,随着全球互联网、电子商务,以及现代物流和支付的发展,国际贸易越来越倚重网络数字化信息技术(包括各种电子化平台及无纸化运作

方式）对商务信息进行传递并完成贸易中的有关环节。经过多年的发展，相对传统国际贸易形式而言，跨境电子商务呈现出了自己的新特点。

第一，进入全球市场的门槛更低。跨境电子商务突破了传统实体商务的地理限制，消除了距离和时差的障碍，提高了国际贸易的便捷性，降低了相关方进入全球市场的成本。企业通过在线平台和数字营销手段能够直接触及全球市场，消费者也可以享受到更多样化的商品。

第二，贸易呈现多边化和网状的结构。传统的国际贸易主要表现为两个国家（地区）之间的双边贸易，即使有多边贸易，也主要是通过多个双边贸易实现的，呈线状结构。跨境电子商务意味着一个国家（地区）的电子商务平台可以连接多个国家（地区）的商家和消费者，促成多个国家（地区）之间的贸易活动，具有更大的多边性和网络化特征，重构了世界经济贸易的格局。

第三，交易更加直接化和高效率。在传统的国际贸易中，交易通常需要多个中间商的参与，包括进口商、出口商、批发商、分销商等。在跨境电子商务模式下，通过在线平台，出口方和进口方可以直接进行交易，简化了物流和支付流程，提高了交易的效率，为企业和消费者创造了更多的价值和便利。

第四，产生了"多频次，碎片化，小额化"的交易。相对于传统外贸批发性质的大批量、低频次的特点，在跨境电子商务中，由于电子商务平台的便利性和数字化技术的支持，交易可以以小规模、小批量、高频次的方式进行。同时，这种交易模式也促进了供应链的协同和优化，提高了市场的响应速度和资源的利用效率。

三、跨境电子商务的功能

（一）跨境电子商务的基本功能

从较宏观的角度看，跨境电子商务的基本功能包括内容管理、协同处理与交易服务。

1. 内容管理

跨境电子商务的内容管理功能主要包括以下3个方面。

第一，信息沟通的渠道与信息的发布。内容管理包括建立和管理企业与客户的信息沟通渠道，如社交媒体平台、在线客服等。同时，企业需要发布和更新各种信息，包括产品信息、促销活动、公司新闻等，以吸引客户的关注并提供最新信息。

第二，信息服务。企业需要收集和整理相关信息，如行业报告、市场趋势、竞争对手信息等，为做出决策和制定战略提供参考。此外，企业还需要提供有效的搜索功能，使客户能够快速找到他们所需的信息。

第三，信息安全。企业需要采取措施，防止敏感信息泄露，如客户个人信息、交易记录等。同时，企业需要提供真实和准确的信息，以获得客户的信任。另外，企业还需要保障信息的可靠性，确保网站和系统的稳定运行，防止信息丢失或被篡改。

2. 协同处理

跨境电子商务系统能够支持不同组织、部门和个人之间的协同工作，主要包括以下3个方面。

第一，组织间的协同。跨境电子商务涉及多个组织之间的合作，如企业与企业之间的合作、供应链上下游的协同等。协同处理通过建立通信系统和自动处理业务流程系统，实现不同组织之间的信息共享、资源调配和任务分配。这样，各组织可以更加紧密地协同工作，提高工作效率，降低成本。

第二，部门间的协同。企业内部的各部门之间也需要进行有效的协同工作。协同处理通过管理信息系统和内部网络，在部门之间实现信息的共享和交流。例如，销售部门可以及时将销售订单传递给库存管理部门，以便及时备货；财务部门可以与采购部门协同，进行预算和支付的管理。这样，企业内部各部门之间的协同工作更加紧密，提高了工作效率。

第三，与政府机构的协同。跨境电子商务企业需要与政府机构进行合规性和监管方面的协同工作。协同处理通过建立外部网，实现了企业与政府机构之间的信息共享和协同工作。例如，企业可以通过外部网上报海关手续和单证，实现快速通关；政府机构可以通过外部网向企业发布政策法规和监管要求，以便企业及时了解和遵守。

3. 交易服务

跨境电子商务的交易服务功能主要包括市场与售前服务、销售活动、客户服务、电子货币支付，以及数据分析和营销支持等方面（具体见下文），这些功能使得跨境电子商务交易变得更加简便、安全和高效。

（二）跨境电子商务的交易功能

跨境电子商务具有以下 8 个交易功能。

1. 跨境网络营销

跨境电子商务为企业提供了多种方式来进行网络营销和信息发布。企业可以通过建立自己的网站、利用 B2B/B2C 电子商务平台、电子邮件、黄页、社交媒体平台和企业数据库等渠道，在全球范围内进行广告宣传。通过这些渠道，企业可以展示自己的形象，发布各种商品和服务信息，提升企业的品牌认知度和产品可见度，吸引潜在客户的注意和兴趣，为企业带来更多的曝光和销售机会。

2. 跨境磋商洽谈

跨境电子商务为企业提供了多种形式的异地磋商和洽谈方式，包括非实时的工具如电子邮件，实时的工具如 WhatsApp、Skype、视频会议等，这些工具可以进行文字、语音和视频的交流。企业可以利用这些工具进行实时洽谈、解决问题和协商合作事宜，提高沟通的效率和准确性，大大降低了企业之间沟通和交流的成本，同时也消除了地理位置上的障碍，为企业带来了便利和机遇。

3. 跨境网上订购

跨境企业可以在平台上创建店铺或商品页面，展示产品信息、价格和促销活动等。通过跨境电子商务平台，境外客户可以随时随地访问平台，浏览各类商品的详细信息，比较不同产品的价格、特点和评价等，找到适合自己需求的产品，进行订购操作，享受便捷的跨境购物体验。同时，跨境电子商务企业可以实时跟踪客户的订单信息，快速而高效地处理订单、安排生产和发货等环节，并与客户进行实时沟通和交流，确保订单的准确性和及时性。

4. 跨境电子支付

境外客户可以通过网络方式，采用各种电子支付方式进行跨境的网上支付。常见的跨境电子支付方式包括信用卡、电子钱包、电子支票和电子现金等。通过跨境电子支付系统，可以实现安全、快速、可靠的支付，包括建立和管理与境内外银行、支付机构的合作关系，处理不同货币间的结算和兑换，并且防止欺诈和非法行为等。总体来讲，跨境电子支付具有多样性、灵活性和便捷性的特点，可以满足不同客户的支付需求。

5. 跨境产品传递

跨境电子商务可以通过物流和网络等方式传递产品和服务。对于有形的商品，企业可以利用物流系统对境内和境外的仓库进行物流调配，实时跟踪配送信息，以保证及时、准确、安全地完成货物配送。对于无形的信息产品如电子读物和信息服务等，企业可以通过跨境电子商务系统将其直接传递给境外客户，为客户提供更加便捷、快速、灵活的服务。

6. 跨境服务管理

跨境电子商务系统提供丰富的产品信息、客服系统和订单管理等功能，通过实时聊天、留言或邮件等方式与客户进行沟通，帮助企业开展售前服务、售中服务和售后服务，为客户解答疑问、处理退换货、回应咨询和处理投诉。这些服务可以使企业能够及时响应和解决问题，建立起与客户的良好关系，提升客户的体验度、信任感和满意度，并且塑造企业良好的品牌形象。

7. 跨境市场调研

跨境电子商务系统可以进行市场调研，通过数据分析和挖掘技术，收集客户对商品和销售服务的反馈意见及需求信息。跨境电子商务企业可以及时了解市场需求、产品缺陷和改进等方面的情况，并且快速进行产品更新和服务调整。同时，跨境电子商务系统还可以通过数据分析和市场推广等手段发现市场的商业机会，开拓新的市场领域和客户群体，实现企业的商业增长和市场扩张。

8. 跨境交易管理

跨境交易管理涉及人、财、物，以及各方面的协调和管理。跨境电子商务系统可以为跨境交易提供良好的网络环境和多种多样的应用服务系统，从而有效管理跨境交易过程，如跨境支付管理、跨境物流管理、跨境关务管理、跨境合规管理、数据安全与隐私保护等。总之，跨境电子商务系统提供了全面的解决方案来协调和管理跨境交易，有助于实现高效、可靠和安全的跨境交易。

四、跨境电子商务与境内电子商务的区别

跨境电子商务与境内电子商务虽然在实现技术上基本相同，但是却有着显

著的区别。

（一）交易主体的差异

跨境电子商务的交易主体包括来自不同国家（地区）的企业和消费者，这意味着需要考虑不同国家（地区）间的语言和沟通的问题。同时，还要考虑不同国家（地区）的消费习惯、文化心理、生活习俗，以确保产品和服务能够与目标市场相匹配，并且为消费者提供良好的购物体验。相比之下，境内电子商务交易的主体是在同一个国家（地区）内的企业和消费者，存在较少的文化和消费差异。

（二）业务环节的差异

相较于境内电子商务，跨境电子商务业务环节更加复杂，在交易过程中需要处理更多的环节和程序，如跨境物流、通关、检验检疫等。这些环节需要与境外供应商、国际物流公司、国际支付机构、海关和相关政府机构进行协调和合作，涉及更多的参与者，线长面广，风险更大。相比之下，境内电子商务交易的业务环节相对简单，主要涉及物流配送和支付结算等。

（三）适用规则的差异

跨境电子商务相对于一般境内电子商务需要适应更多、更复杂的规则，包括国际贸易规则、进出口管制、关税制度、知识产权保护及贸易协定等。此外，不同国家（地区）的电子商务交易平台也有其相应的规则和要求，需要了解和遵守各国家（地区）和各平台的规则。

（四）交易风险的差异

相对于一般境内电子商务，跨境电子商务存在一些特定的风险，如政策和法律的差异以及税收问题、合同和交易有效性的认可问题、消费者隐私权和数据保护的问题等。同时，跨境电子商务交易平台的法律责任和争议解决也可能面临多个国家（地区）法律体系的影响，处理起来更加复杂。

第二节　跨境电子商务与国际贸易

一、跨境电子商务对国际贸易的影响

从宏观角度来看，跨境电子商务与国际贸易密切相关，它促进了国际贸易

的发展，使贸易过程更加便利，拓宽了贸易渠道和市场，为企业参与国际贸易提供了新的机遇和方式，为构建开放、包容、平衡和普惠的全球贸易体系作出了积极贡献。同时，跨境电子商务的发展也对外贸行业产生了巨大的影响，主要体现在以下方面。

（一）跨境电子商务改变了国际贸易的运行环境

跨境电子商务通过网上信息的交换，形成了网络市场，突破了以往地理界限的制约，商品与服务等有关信息能在全球范围内充分准确地流动，表现出公开、完整和实时等特性，减少了进出口双方信息的不对称现象，从而避免或减少了因市场信息不完全引起的扭曲。信息流动加速了资本、商品、技术等生产要素的全球流动，促使全球"网络经济"的崛起，在网络贸易的环境下，各国家（地区）间的经贸联系与合作大大加强。

但是，电子商务运用于国际贸易，交易者、交易方式、交易意向和交易标的的表达方式都是虚拟化的，交易过程与结果的不确定性增加，加之网络黑客侵扰及经济犯罪威胁，跨境交易的信用风险、质量风险和技术风险都大大增加。

（二）跨境电子商务使国际贸易经营主体和经营方式发生变化

跨境电子商务技术简化了国际贸易的流程，为中小企业进入国际市场提供了有力的武器，扩大了国际贸易的经营主体。同时，跨境电子商务冲击着国际贸易中介组织结构，使国际贸易经营方式发生了变革。在传统的贸易方式下，专业的进出口贸易公司作为国家（地区）间商品和服务买卖的媒介，地位十分重要。现在，境内生产者与境外消费者之间通过网络直接接触，网络平台成为最大的媒介，从而引发了国际贸易中间组织结构的革命，即"去中间化"，传统的贸易中间商、代理商和专业的进出口公司的地位相对降低。

（三）跨境电子商务使国际贸易成本结构发生变化

在传统的国际贸易交易中，支出的成本主要来自买卖过程中所需要的信息搜寻、合同订立和执行、售后服务等方面，而跨境电子商务这种交易形式则改变了支出成本的结构。通过跨境电子商务进行国际贸易，既可节省大量的文件处理费用，又可缩短交易结算的时间，加快资金周转，还可节省利息开支，成本优势十分明显。另外，跨境电子商务平台直接把生产企业和进口商的供求信息整合在网络上，减少了大量中间环节，交易费用显著下降，双方都得到了实惠。

但是，跨境电子商务这种交易形式又额外引入了技术成本、安全成本、法律成本等新的成本，包括开发电子商务平台、建立电子支付系统、进行网络安全加固，还需要花费时间和资源来了解和遵守贸易规定、知识产权保护、消费者权益保护等方面的规定。

（四）跨境电子商务创造新的国际贸易营销模式

跨境电子商务给市场营销带来了巨变，促进国际贸易营销创新，产生新的市场营销式——网络营销。与传统的国际营销方式比较，跨境网络营销的主要优势包括以下方面。

1. 低成本、高效率

企业通过互联网平台进行市场推广和销售，直接触达全球消费者，避免了传统渠道的中间环节和费用，减少了市场推广的时间和人力资源投入。

2. 数据驱动决策

企业可以根据消费者的行为数据、市场趋势和竞争情报等信息，进行精确的市场定位和个性化营销策略制订。数据驱动决策不仅提高了决策的准确性，还加快了营销活动的实施和调整速度。

3. 高互动性与参与度

企业可以通过社交媒体平台和在线讨论、用户评论等方式，与消费者进行实时互动，了解他们的需求和意见，并且及时调整营销策略和产品。这种互动性能够提升品牌的形象和消费者的忠诚度。

4. 营销方式种类繁多

比如搜索引擎营销、内容营销、社交媒体营销、电子邮件营销、搜索引擎优化、网络广告等诸多方式，通过整合各种网络营销方式，并且协调它们的运作，有助于显著增强营销效果。

（五）跨境电子商务使国际贸易的竞争方式发生变化

在跨境电子商务环境下，企业之间的竞争不再局限于产品或服务本身，而是涉及多个方面。首先，在商务模式上，跨境电子商务提供了不同的商务模式和销售渠道以供选择，使得企业可以通过创新的商业模式来获得竞争优势。其次,在技术应用上,跨境电子商务中技术的应用速度和水平成为企业之间竞争的重要因素。企业需要不断引入先进的技术,如人工智能、大数据分析、物联网等来提高生产效率、优化供应链、改进客户体验等,能够更快地应用最新技术的企业将赢得竞争的主动权。

另外,在供应链管理上,跨境电子商务强调供应链的重要性。通过电子交易和信息共享,企业可以更加高效地管理供应链,实现及时生产、发货和调度,并且最大程度地降低库存和在途时间、加快响应速度,从而在市场竞争中获得优势。

(六)跨境电子商务使国际消费趋势发生了重大变化

首先,跨境电子商务通过提供全球范围内的商品和服务,为消费者提供了更多的选择机会。消费者可以通过在线搜索和比较功能,方便地比较不同国家(地区)和品牌的产品,找到最适合自己需求和预算的商品。其次,跨境电子商务使得购物不再受地理位置限制,消费者足不出户就能够购买来自世界各地的商品。同时,安全、便捷的跨境支付和结算服务也为消费者带来了更好的购物体验。另外,跨境电子商务加速了信息的传播和全球化,消费者可以更容易地获取来自世界各地的消费理念、时尚趋势和新品发布等信息,这带来了国际消费偏好的趋同,即不同国家(地区)的消费者对于某些产品和服务具有相似的偏好和需求。

二、跨境电子商务在一般外贸流程中的应用

从贸易活动的角度看,跨境电子商务几乎可以在外贸活动中的各环节应用,即从市场调研、寻找客户开始,到洽谈、订货、网上收付货款、在线租船订舱、在线投保,再到电子报关、电子纳税等流程都可以通过网络来完成。从这个意义上看,跨境电子商务重新塑造了国际贸易的交易手段,使国际贸易发生了重大的变革,提高了工作效率。

(一)交易前的准备

1. 国际市场的调研

在电子商务的环境下,外贸企业可以迅速、准确、低成本地获取全球市场信息。通过跨境电子商务网络,企业可以实时了解市场的供求状况、价格动

态、消费者购买能力，以及各国家（地区）的进出口法规和贸易政策。这种信息的高效流通使得企业能够更精准地选择目标市场，并制订出更为合理的市场布局策略。

2. 寻找客户并与之建立业务关系

在跨境电子商务的助力下，企业可以轻松地通过网络平台搜寻潜在客户，迅速获取客户相关信息，并及时、低成本地与客户建立联系。此外，企业还可以利用网络对客户的支付能力、经营范围、经营能力、信用状况等进行深入调查，从而筛选出成交可能性大的客户。

3. 企业和产品的宣传与展示

通过各种网站发布企业和产品信息，有助于吸引更多的潜在客户，增加贸易机会。买方主要通过网络来获取自己所需要的商品信息，而卖方则主要利用网络发布商品广告，积极推出自己的商品信息。这种双向的信息流通使得买卖双方能够更快速地找到对方，从而达成交易。

（二）外贸交易磋商与外贸合同的签订

1. 外贸交易磋商

传统的外贸交易磋商通常涉及多个烦琐的环节，包括面对面的会议、电话沟通、邮寄文件等。然而，在电子商务时代，这些环节都可以通过电子邮件和即时通信软件等高效、便捷的电子商务方式来完成。询盘、发盘、还盘、接受等交易磋商的各步骤都可以在线上进行，大大节省了时间和成本。此外，电子商务方式还提供了更加丰富的沟通工具，如视频会议、在线聊天室等，使得交易双方能够更加直观地了解彼此的需求和意图，提高了磋商的效率和成功率。

2. 外贸合同的签订

在传统的贸易中，合同的签订形式多种多样，包括书面形式、口头形式和以行为表示的形式。然而，在电子商务的环境下，电子合同成为了一种新的合同形式，它可以通过电子数据交换系统（EDI）或其他类似的电子手段进行签订。电子合同不但具有与传统合同同等的法律效力，而且更加便捷、高效。它可以在任何时间、任何地点进行签订，无须交易双方面对面或通过邮寄等方式交换纸质文件。此外，电子合同还提供了更加完善的合同管理和存储功能，使得合同的执行和跟踪变得更加容易和可靠。

（三）外贸合同的履行

跨境电子商务的快速发展为外贸合同的履行带来了极大的便利和效率提升。在电子商务系统的支持下，外贸合同履行的各环节都能够实现电子化、自动化处理，极大地减少了业务员的工作量。

在备货环节，通过电子商务系统，企业可以实时掌握库存情况，快速制订生产计划，并及时采购所需原材料，确保按时交货。报验、签发原产地证等环节也可以在电子商务系统上完成。企业可以通过系统提交相关单证和资料，由相关部门进行审核和认证，大大缩短了办理时间。在催证、审证、改证环节，电子商务系统提供了在线沟通和协作的功能，使得业务员能够实时与客户交流，快速确认合同细节和修改意见，避免了因为沟通不畅而导致的延误。在租船订舱、投保等环节，企业可以通过电子商务系统与船运公司、保险公司等服务商进行在线对接，快速完成相关手续的办理。在报关、装运环节，电子商务系统可以实现与海关、物流等部门的数据共享和交换，使得报关和装运过程更加顺畅、高效。制单结汇、出口收汇等环节也可以通过电子商务系统完成，企业可以通过系统提交相关单证和资料，银行和其他金融机构可以快速进行审核和结算，大大缩短了收款周期。此外，出口退税、索赔与理赔等环节也可以在电子商务系统的支持下实现电子化处理。企业可以通过电子商务系统提交退税申请、索赔资料和理赔要求，相关部门可以快速进行处理和反馈。

三、跨境电子商务对我国经济和外贸行业的意义

党的二十大报告提出"推动货物贸易优化升级，创新服务贸易发展机制，发展数字贸易，加快建设贸易强国"。作为一种新业态新模式，跨境电子商务已成为我国外贸发展的新动能、转型升级的新渠道和高质量发展的新抓手，对我国整体经济、外贸行业和外贸企业都具有重要意义。具体而言，主要体现在以下几个方面。

（一）加速数字经济建设，有助于打造新的经济增长点

跨境电子商务是数字经济的重要组成部分，它加速了我国数字经济建设的进程。通过数字技术和在线平台，跨境电子商务实现了信息流、物流和资

金流的高效链接，推动数字化、智能化的商业模式和运营方式的发展。同时，随着跨境电子商务的发展，围绕跨境电子商务产业诞生了新的庞大的经济链，涌现出许多相关的服务行业，如数字营销等，这有助于促进经济和就业的增长。

（二）推进高水平对外开放，有助于构建新型贸易关系

跨境电子商务为我国提供了更广阔的国际市场和资源配置平台。通过跨境电子商务平台，企业可以直接与全球消费者和供应商进行交易，实现全方位、多元化的对外开放。通过跨境电子商务平台，我国可以与其他国家（地区）建立更紧密的经贸联系，推动贸易合作的深入发展，为我国与其他国家（地区）之间形成新型贸易关系提供了新途径。这有利于应对全球贸易新挑战，也有助于提高我国在全球市场中的影响力和竞争力。

（三）促进外贸行业转型升级，有利于建设贸易强国

跨境电子商务有助于改变我国传统国际贸易分工格局中产品低端的局面。通过参与跨境电子商务，我国企业可以利用互联网和数字技术，进行创新设计、品牌建设和市场定位，提高产品附加值，增加高附加值产品出口，向价值链中高端环节迈进。这将有助于提升我国在全球价值链中的地位，实现贸易结构的优化和升级，提高我国外贸的整体质量和我国在全球贸易中的竞争力。

（四）创造新的发展空间，有助于外贸企业拓展全球市场

通过跨境电子商务，企业可以利用在线平台直接参与全球市场，打破传统渠道的限制和垄断，拓宽贸易渠道和市场，享受经济全球化红利。跨境电子商务也为广大中小企业提供了更平等和普惠的机会，创造了新的发展空间。因此，跨境电子商务加速了企业的全球化运营，减少了中间环节和交易成本，形成虚拟数字化的销售网络，为企业创建和提升品牌知名度提供了有效途径，在推动外贸企业实现全球市场拓展方面具有显著的促进作用。

（五）推动内外贸一体化发展，有助于构建国内国际双循环新发展格局

跨境电子商务打破了境内外市场的分割，促进了内外贸市场的融合，使得内外贸资源要素更加顺畅地流动和高效地配置。一方面，通过跨境电子商务，企业可以更加便捷地参与国际分工和合作，推动国内产业链、供应链、价值链的升级和重构。另一方面，跨境电子商务也推动了国内企业提升产品质量和服务水平，为消费者提供了优质、多样的进口商品，满足了消费升级的需求。由此可见，跨境电子商务在推动内外贸一体化发展和构建国内国际双循环新发展格局中发挥着重要作用。

（六）推进实体经济和数字经济融合，有助于行业数智化转型

实体经济和实体产业是经济发展的基础，也是跨境电子商务高质量发展的根本。推动实体经济与以跨境电子商务为代表的数字经济融合发展，是新一轮产业变革的必由之路。首先，通过数字化改造，传统制造业可以实现智能化生产，提高产品质量和生产效率。其次，通过大数据、人工智能等技术的应用，实现精准营销、智能推荐、供应链优化等功能，从而提高行业的运营效率、降低成本、提升用户体验。此外，实体经济和数字经济融合还有助于构建更加完善的产业生态环境，在跨境电子商务的不断发展中，各类企业可以更加紧密地联系在一起，形成互补优势。

第三节 跨境电子商务发展历程与现状

一、出口跨境电子商务发展历程

作者根据多年来从事跨境电子商务相关工作的经验，以及对于跨境电子商务的研究和理解，将出口跨境电子商务发展历程划分为5个阶段。

（一）出口B2B模式初创期（1995—2002年）

1995年成立的"环球资源网（www.globalsources.com）"是一个国际贸易在线平台，它主要为全球买家提供整个亚洲采购的咨询和服务，为买家和卖家建立了一个在线交流和合作的平台。"中国制造网（www.made-in-china.com）"于1998年成立，也是一个重要的中国外贸电子商务平台，它提供了很多中国制造商和供应商的信息，帮助全球买家寻找并与合适的中国供应商进行贸易合作。在1999年，"阿里巴巴（www.alibaba.com）"成立，标志着中国外贸电子商务B2B模式的正式出现。阿里巴巴是全球知名的电子商务平台，它为全球买家和卖家提供了广泛的商业服务，包括在线交易、供应链管理等。以上这些平台的出现和发展，极大地促进了中国与其他国家（地区）之间的贸易合作和交流，推动了中国的外贸发展。它们为全球买家提供了更加便捷、高效的采购渠道，也为中国制造商和供应商提供了更多的商机和拓展全球市场的机会。

这一阶段的平台主要侧重于构建一个在线的商务展示平台，为买家提供查找和了解供应商的渠道，并为供应商提供宣传推广和信息服务的机会，基本完成了外贸电子商务产业链中的信息流整合，但并不涉及在线交易。平台通过向展示信息的企业收取会员费以实现盈利，同时还提供竞价广告、咨询服务等增值服务，为供应商提供全面的信息流服务。

（二）出口 B2B 模式快速发展期（2003—2009 年）

2003 年，外贸电子商务平台成为供应商和采购商之间重要的沟通桥梁，承担起传统贸易沟通渠道的任务。同时，供应商意识到通过在线平台可以触达更广泛的国际市场，而采购商则发现通过在线交易可以更迅速地找到合适的供应商，并且通过在线平台进行直接的商业合作，大大提高了交易的效率和速度。这种认知的加深推动了在线贸易的发展。

在这个时期，B2B 模式蓬勃发展，并且出现了许多新的功能和创新。首先，电子商务平台在整合服务和资源方面发挥了重要作用，有效打通了上下游供应链。平台不仅提供了产品展示和信息交流的功能，还实现了线上交易、支付和物流等流程的电子化，为跨境贸易的在线交易提供了便利。其次，第三方平台在这一阶段实现了营收的多元化。除传统的会员收费方式外，某些平台引入了按照交易佣金收取费用的模式。根据成交的效果来收取一定比例的佣金，能够更加精确地根据业务的实际效果来定价和收费，激励平台和商家共同增加交易量和销售额。此外，平台还通过提供增值服务来获得额外的收益。例如，通过提供营销推广服务，帮助商家增加曝光度和销售量；提供支付服务，方便用户快速安全地完成交易；提供物流服务，保证商品的顺利配送。这些增值服务不仅提升了平台的竞争力，也为平台带来了额外的收益来源。

（三）出口 B2C 模式成型期（2010—2013 年）

在 2010 年以前，少数中国卖家开始在国际电子商务平台上销售产品，主要通过个人店铺进行交易，但数量有限，没有形成集中、规模化的交易。在 2010 年后，随着大量卖家进入跨境电子商务市场，初步形成了出口 B2C 模式的雏形。同时，2010 年后，一些优秀的跨境电子商务平台迅速崛起，如速卖通、WISH等，为卖家提供了更广阔的境外市场和买家资源。另外，越来越多的物流公司提供面向客户端的国际运输服务，帮助卖家解决了跨境物流的难题。

但是，总体上看，这段时间中国出口B2C跨境电子商务行业仍处于摸索和试验阶段，仍有许多不完善的地方。比如，在这个阶段，平台上的商品信息通常相对较少，缺乏详细的介绍和图片等；平台的规则和政策在这个时期还不够完善和透明，卖家和买家面临诸多的交易纠纷和风险；境内卖家接受跨境支付的渠道有限，很难快速、便捷地完成收款；国际物流服务在这个时期相对较少，而且速度较慢、服务质量较差，这给卖家和买家带来了物流上的困扰和不确定性。尽管存在这些问题和挑战，中国跨境电子商务行业在2010年至2013年期间仍然取得了一定的发展。

（四）出口跨境电子商务成熟和壮大期（2014—2021年）

2014年之后，随着国家政策支持力度的加大，出口跨境电子商务全产业链都出现了商业模式的变化，整体业态开始成熟和不断壮大，主要表现在以下几个方面。

首先，跨境电子商务、数字贸易与传统外贸的融合已越来越深入，涵盖了国际贸易的方方面面，包括贸易、营销、物流、供应链、通关、货币支付、信用保险、金融服务等全部外贸流程和外贸业务。可以说，跨境电子商务和数字贸易实现了对传统贸易的改造和整合，将线上和线下、数字经济和实体经济紧密结合，也为全球跨境贸易带来了巨大的发展机遇，使得贸易更加开放。

其次，出口跨境电子商务的卖家主体从2013年以前的小微企业和个体商户逐渐转向工厂、外贸公司和品牌商家。这些主流企业拥有更强的生产、供应链管理和品牌推广能力，提供了更多高质量、独特和创新的产品。同时，许多企业开始意识到规模化、品牌化和当地化运营的重要性，努力提升自己在跨境电子商务中的地位和价值，通过扩大业务规模、建立品牌形象、提供本地化服务等方式来增加竞争力。这种转变使得企业能够更好地满足消费者的需求，并且在全球市场中获得更大的份额。

再次，出口跨境电子商务的基础设施也得到了极大的改善。新的物流模式和技术的应用，如全球网络化的仓储和配送系统、智能物流追踪技术等，使得物流速度得以显著提高。同时，物流服务商在运营和管理方面的优化，也大大降低了货物运输过程中的差错率，提高了物流的准确性和可靠性。各种在线支付平台和支付机构提供的跨境支付服务越来越多样化和便捷化，并且不断加强支付安全性和风险控制措施，为商家和消费者提供了更多的选择。

最后，出现了许多新的跨境电子商务赛道和模式，如独立站、跨境直播等。通过独立站，跨境电子商务卖家可以自主管理和运营在线商店，完全掌握用户体验和品牌形象，并建立与境外消费者的直接关系。跨境直播则是一种结合了直播技术和跨境电子商务的销售模式。通过跨境直播，卖家可以实时展示产品并进行产品介绍、互动问答等，提供了更直接、有趣和便捷的购物体验，提升了消费者对产品的信任感，吸引观众并直接促成销售。这些新的跨境电子商务赛道和模式为企业提供了更多样化的选择和机会，使其能够更好地适应市场需求并拓展境外市场。

（五）出口跨境电子商务平稳发展期（2022年至今）

2022年至今，全球经济面临着增长乏力的困境，跨境电子商务市场也逐渐显现出饱和的趋势，竞争日益加剧。这种变化不仅影响了跨境电子商务企业的盈利能力和市场拓展，还对整个国际贸易格局产生了一定的影响。此外，各国家（地区）对跨境电子商务政策的调整和收紧也增加了企业的运营成本和市场不确定性。例如，加强监管和税收征管、限制产品范围或提高进出口关税等措施，都使得跨境电子商务企业在国际市场上的竞争力受到了一定影响。

然而，尽管跨境电子商务行业面临着诸多挑战，但并不意味着它的发展前景黯淡。事实上，跨境电子商务仍然是一个具有巨大潜力的领域。随着全球经济的逐步复苏和消费者需求的不断变化，跨境电子商务企业仍然有机会通过创新业务模式、优化产品结构、提升用户体验等方式来寻求新的增长点。

二、进口跨境电子商务的发展历程

作者根据多年来从事跨境电子商务相关工作的经验，以及对于跨境电子商务的研究和理解，将进口跨境电子商务的发展历程分为探索阶段、起步阶段、发展阶段及成熟阶段，如图1.1所示。

第一章 导 论

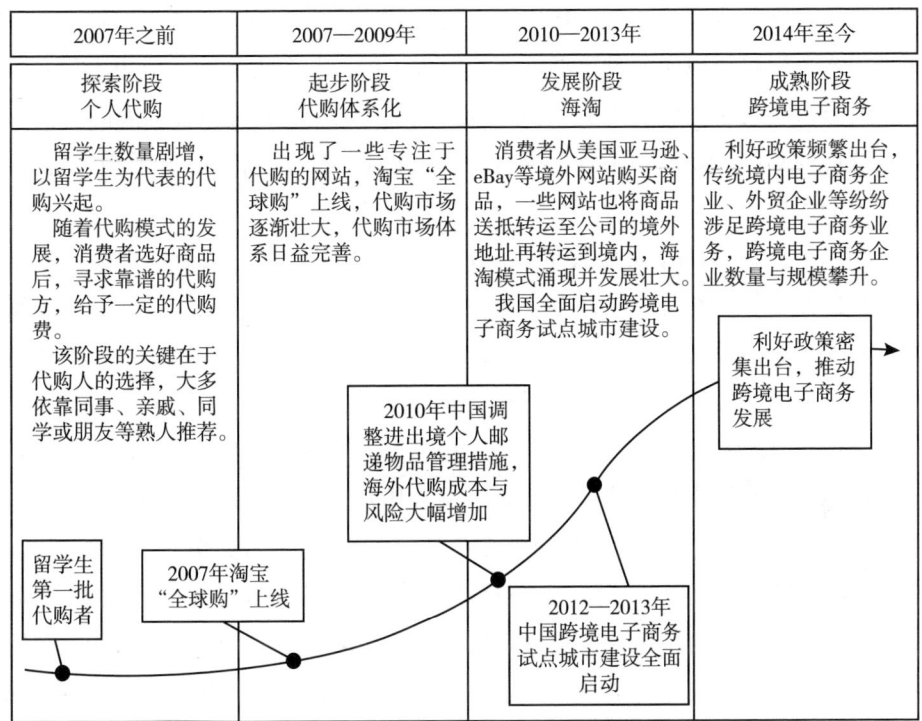

图1.1 进口跨境电子商务的发展

2007年之前，随着留学生数量的剧增，以留学生为代表的第一批个人代购兴起，这个阶段主要表现为熟人推荐的境外个人代购模式。所谓代购，是指通过身在境外的个人从当地购买买方所需要的商品，通过国际邮政包裹、快递等方式递送到买方所在地，或者随人直接携带入境。随着网络购物的发展和我国消费水平的提高，又出现了"海淘"现象。所谓海淘，是指通过互联网搜索境外商品信息，并以电子订单形式发出购物需求，通过境外购物网站由国际快递或转运公司代收货物，再转寄到买方所在地。

2007年淘宝上线"全球购"，随后一些专注于代购的网站不断涌现，境外代购行业发展壮大。2010年后，境内消费者从美国亚马逊、eBay等境外网站购买商品，海淘的品类也从母婴商品扩展到保健品、电子产品、服装鞋帽、化妆品、奢侈品等。

在多种因素刺激下，进口跨境电子商务的形式也不再局限于海淘与个人代购，逐渐实现了规模化、企业化发展。传统的境内电子商务企业、外贸企业等相继涌入进口跨境电子商务市场，逐渐取代了海淘与个人代购，成为进口跨境电子商务市场的主力军。但是经此种途径进口商品得不到监管机关的有效监管，致使商品的质量良莠不齐，损害消费者的权益，同时也造成了相关税收、外汇等的流失。

2012年5月，国家发展改革委、海关总署共同开展国家跨境贸易电子商务服务试点工作，跨境电子商务发展进入快车道。自2014年7月起，各类政策不断出台，涉及海关、商检、物流、支付等环节，刺激并规范了进口跨境电子商务的发展，使其逐渐步入了正常发展的轨道。

2018年12月，海关总署公告2018年第194号《关于跨境电子商务零售进出口商品有关监管事宜的公告》发布，从适用范围、企业管理、通关管理、税收征管、场所管理、检疫、查验和物流管理、退货管理等方面作出了详细规定。

2021年3月发布的《商务部 发展改革委 财政部 海关总署 税务总局 市场监管总局关于扩大跨境电商零售进口试点、严格落实监管要求的通知》（商财发〔2021〕39号），将跨境电子商务零售进口试点扩大至所有自贸试验区、跨境电子商务综合试验区、综合保税区、进口贸易促进创新示范区、保税物流中心（B型）所在城市（及区域）。

2022年1月11日、1月19日和5月26日，《国务院办公厅关于做好跨周期调节进一步稳外贸的意见》《国务院办公厅关于促进内外贸一体化发展的意见》《国务院办公厅关于推动外贸保稳提质的意见》先后发布，强调促进跨境电子商务零售进口规范健康发展，进一步调整优化跨境电子商务零售进口商品清单，推进跨境电子商务综合试验区建设。

至此，我国跨境电子商务产业进入成熟期，行业规模稳定增长，供应链各环节趋向融合，企业逐渐向精细化运营、本土化运营转变，新零售、直播营销等创新模式持续渗透。

三、中国跨境电子商务发展概况

（一）跨境电子商务行业规模增量提质

2023年，我国跨境电子商务进出口总额达到2.38万亿元，增长15.6%。

其中，出口1.83万亿元，增长19.6%；进口5483亿元，增长3.9%[①]。在贸易伙伴方面，出口目的地和进口来源地均呈现多元化趋势，包括美国、英国、德国、俄罗斯、新加坡、日本、加拿大、法国、泰国、菲律宾、马来西亚、巴西、越南等国家（地区）。消费品（服饰鞋包、电子产品、家居家纺、美妆洗护、食品生鲜等）在跨境电子商务中的占比进一步提升，出口和进口消费品均占据主导地位。此外，跨境电子商务的发展呈现明显的头部效应，广东、浙江、福建、江苏等地区的跨境电子商务业态发展较为活跃。

（二）国内政策环境不断完善

一是国务院高度重视跨境电子商务等新业态新模式的发展，印发了《国务院办公厅关于做好跨周期调节进一步稳外贸的意见》《国务院办公厅关于推动外贸保稳提质的意见》《国务院关于同意在鄂尔多斯等27个城市和地区设立跨境电子商务综合试验区的批复》《国务院关于同意在廊坊等33个城市和地区设立跨境电子商务综合试验区的批复》等一系列政策文件。

二是国家相关部门为充分发挥跨境电子商务在畅通双循环中的作用，出台了发挥外贸创新平台作用、优化调整跨境电子商务零售进口商品清单、支持外贸新业态跨境人民币结算、加强跨境电子商务知识产权保护、支持跨境电子商务进出口商品退货等跨境电子商务相关政策文件。

三是跨境电子商务综合试验区加强探索创新，取得积极成效，包括加快跨境电子商务金融服务创新、促进海外仓服务模式新突破、持续提升特色综合服务能力等。

（三）跨境电子商务国际合作有序推进

一是"丝路电商"朋友圈不断扩大，与我国建立双边电子商务合作机制的伙伴的数量不断增加，在政策沟通、产业对接、能力建设、地方合作等方面开展多层次、宽领域务实合作，为加快双边跨境电子商务协同发展提供了契机。

二是《区域全面经济伙伴关系协定》（Regional Comprehensive Economic Partnership，RCEP）有序落地。2022年1月1日RCEP在文莱、柬埔寨、老

---

① 中国一带一路网．https：www.yidaiyilu.gov.cn/p/OJPOMQMJ.html．

挝、新加坡、泰国、越南、中国、日本、新西兰和澳大利亚等国正式生效，在通关便利化、线上消费者保护、关税、网络安全、计算机设施、争端解决等方面达成区域电子商务合作机制，为我国跨境电子商务企业拓展新兴市场营造了良好的国际环境。

专栏 1.2　　　　　　　　　丝路电商

2016 年，中国与共建"一带一路"国家智利首签电子商务合作谅解备忘录，开启"丝路电商"国际合作序幕。

中国与各伙伴国开展政策交流和经验分享，推进能力建设和地方合作，支持企业合作，通过电子商务促进优质产品贸易，加强物流、移动支付等领域合作，助力双边经贸关系向更高水平发展。

作为促进"丝路电商"发展的长效机制之一，在"2022 全国网上年货节"期间，商务部重点打造"上合组织国家特色商品电商直播"活动，组织俄罗斯、哈萨克斯坦、乌兹别克斯坦、阿塞拜疆、巴基斯坦等上合组织国家 20000 多件特色商品，在电子商务平台官方账号开展直播带货。同时，上合组织国家驻华使节首次走进直播间，向中国消费者推荐上合特色产品，积极拓展"丝路电商"合作，促进互利共赢。"第四届双品网购节暨非洲好物网购节"，通过大使直播、主播连线、开设国别销售专栏等方式，在让中国消费者领略独特非洲风情的同时，让非洲优质产品和特色商品高效对接中国市场，有效助推伙伴国商品在华销售。

随着中国扩大进口和金砖国家电子商务迅速发展，在中国电子商务平台上，巴西的松子、蜂胶，印度的手工艺品、香料等特色产品已成为热销产品。中国和其他金砖国家企业在电子商务销售、物流、支付等方面也一直积极开展合作，给中俄跨境物流带来了飞跃式发展，给印度带来了支付方式的变革。中国移动支付技术也改变着南非人的支付习惯，这种便捷的支付方式正被越来越多的南非消费者所接受。"丝路电商"平台通过建立良好的双边电子商务合作机制，积极加强政策沟通和协调，有效推动优质特色产品贸易，增进了彼此交流，也促进了伙伴国电子商务加速发展。

资料来源：《中国电子商务报告（2022）》，商务部官方网站，2023年6月

  思考与实训

1. 跨境电子商务企业是外贸企业还是电子商务企业？如果二者必须选其一，你更倾向于选择哪一个？
2. 举例说明跨境电子商务的功能。
3. 想一想外贸企业如何利用跨境电子商务进行交易运作？
4. 跨境电子商务对于外贸企业有何作用？
5. 登录速卖通、敦煌网、eBay、亚马逊网站，研究其功能和运作模式。

第二章　跨境电子商务模式、产业链和技术

随着跨境电子商务的不断发展，出现了多种多样的商务模式，包括 B2B、B2C、C2C、M2C 等，并且正在衍生出更多更新颖的商务模式。跨境卖家（出口生产商、贸易商）和买家（进口贸易商、消费者）、境内及跨境电子商务交易平台、第三方关联组织或企业、政府监管部门等主体组成了复杂的跨境电子商务产业链体系，具备基础技术、基础服务、衍生服务、贸易规则与政策制定以及监管等功能。跨境电子商务所使用的技术较为复杂，除基础的网络技术外，现在许多公司又充分利用了移动互联网、大数据、云计算以及区块链、人工智能等新技术，使得跨境电子商务的可靠性、操作性、易得性大大提高。

学习目标

了解内容：跨境电子商务基本技术、移动互联网、大数据、云计算、区块链、人工智能

理解内容：跨境电子商务产业链模式、跨境电子商务产业链参与方及其作用

掌握内容：按照交易主体划分的跨境电子商务模式、按照平台服务类型划分的跨境电子商务模式、按照平台运营方式划分的跨境电子商务模式、跨境电子商务产业链体系的组成

关键术语：跨境电子商务模式、B2B、B2C、C2C、M2C、信息服务平台、在线交易平台、第三方开放平台、自营平台、混合平台、出口跨境电子商务、进口跨境电子商务、跨境电子商务产业链体系、综合服务提供商、云计算、大数据、区块链、人工智能

第一节　跨境电子商务模式

所谓商务模式，主要是指商务的运行和营利模式。根据不同的划分标准，跨境电子商务模式的分类也不一样，主要有以下几种。

一、按照交易主体划分

按照交易主体划分，跨境电子商务可以分为 B2B（Business to Business，企业对企业）模式、B2C（Business to Consumer，企业对客户）模式、C2C（Consumer to Consumer，客户对客户或个人对个人）模式等多种模式，并且以这些模式为基础衍生出了许多新的模式。

（一）B2B 模式

B2B 模式是不同国家（地区）企业间的电子商务交易模式，即各国家（地区）企业与企业之间通过互联网进行产品、服务及信息的交换。

B2B 模式交易次数少，但单次交易金额大，适合企业与供应商、客户之间大宗货物的交易与买卖活动。另外，B2B 模式交易对象广泛，它的交易对象可以是任何一种产品，即中间产品或最终产品。因此，目前世界上大部分的电子商务交易是通过 B2B 模式完成的。对于我国跨境电子商务或外贸企业来讲，因为国际贸易中绝大部分交易都是企业与企业之间的大宗交易，所以从交易额上来看，B2B 模式占据主导地位。

（二）B2C 模式

B2C 模式是指一个国家（地区）的企业通过国际互联网络向另一个国家（地区）的客户（通常指直接消费者、小客户或个人客户）提供商品或服务的商务活动模式。它是一种电子化的零售模式，采用在线销售，以网络手段给境内企业对境外公众提供消费品和服务，并实现与其相关的付款方式电子化。例如，境内企业利用 eBay、速卖通、亚马逊等第三方平台直接将产品销售给境外消费者。这种模式越来越受到跨境电子商务企业或卖家的重视，所占份额逐渐增加。

另外，跨境电子商务独立站也是 B2C 模式的一种重要实现方式。在跨境电子商务独立站中，企业通过自建网站或平台，在境外市场上销售产品给境外消费者，实现跨境销售。消费者可以直接在独立站上浏览商品信息、下订单并进行支付，而企业则负责处理订单、配送商品和售后服务等环节。这种模式也被称为跨境电子商务"DTC（Direct to Consumer）"模式，即企业直接触达消费者。

（三）C2C 模式

C2C 模式是指一个国家（地区）的个人通过国际互联网络向另一个国家（地区）的个人（客户）提供产品或服务的交易模式。这种模式通常是通过 C2C 电子商务平台来完成的，比如 eBay。

从运营的角度看，通过第三方平台的 C2C 模式和 B2C 模式的流程几乎是一样的，区别仅在于前者的卖家是个人，后者的卖家是企业。C2C 模式门槛较低，卖家众多，管理难度较大，带给买家的体验感在逐渐下降，因此各平台都对这种模式进行限制，导致这种模式在跨境电子商务中所占的份额较小。

（四）M2C 模式

M2C 模式是近几年新出现的一种模式，即 Manufacturers to Consumer（生产厂家对消费者），生产厂家（Manufacturers）直接为消费者（Consumers）提供自己生产的产品或服务的一种商业模式。这实际上可以看作 B2C 的一种特殊形式，即这里的"B"是 Manufacturers。另外，与 M2C 几乎同义的一个模式是 F2C，即 Factory（工厂）to Consumer。随着许多生产厂家直接参与跨境电子商务，M2C 或 F2C 的模式也越来越常见。

（五）B2B2C 模式

B2B2C 是英文"Business to Business to Customer"的简称。第一个"B"指广义的出口方（即成品、半成品、材料提供商等），第二个"B"指交易平台，即提供出口方与进口方的联系平台，同时提供优质的附加服务（如客户管理、信息反馈、数据库管理、决策支持等），"C"即指进口方。这种模式的典型例子是京东，京东既有"自营"货品，又有招商入驻的"店中店"，"店中店"即属于 B2B2C 模式。在跨境电子商务中，亚马逊、沃尔玛等平台都有这样的运营模式。大部分情况下，也可以把它看成 B2C 模式的一类变种。

二、按平台服务类型划分

按平台服务类型,跨境电子商务平台可以分为信息服务平台和在线交易平台。

(一)信息服务平台

信息服务平台主要是通过第三方跨境电子商务平台进行信息发布(如产品描述、规格、价格等)或信息搜索(买家可以基于关键词、类别、地理位置等条件来搜索符合其需求的商品或服务)来完成交易撮合的服务,即传递供应商等卖家的商品或服务信息,以及采购商等买家的需求信息,促成双方完成交易。有代表性的信息服务平台有阿里巴巴国际站、环球资源网、中国制造网等,这些平台主要提供B2B服务。

(二)在线交易平台

在线交易平台不仅能够展示企业、产品和服务等多方面信息,还提供了完整的购物链环节,包括搜索、咨询、对比、下单、支付、物流和评价等功能。通过在线交易平台,买家可以浏览供应商或卖家提供的产品和服务信息,进行搜索和对比,并且在平台上进行咨询和下单。支付功能允许买家在线上安全地完成付款,而物流功能则提供了订单的配送和物流跟踪服务,使买家能够及时了解商品的运输状态。除此之外,在线交易平台还为买家和卖家提供了评价和评论的渠道。

在线交易平台模式正在逐渐成为跨境电子商务的主流模式。有代表性的在线交易平台有亚马逊、eBay、Shopee、速卖通等,这些平台主要提供B2C服务。另外,敦煌网、阿里巴巴国际站、环球资源网、中国制造网等B2B平台也对适用的商品提供了在线交易服务。

三、按照平台运营方式划分

按平台运营方式,跨境电子商务平台可以分为第三方平台、自营型平台和混合型平台。

(一)第三方平台

第三方平台是指非卖方和买方所拥有的平台,如亚马逊、速卖通、敦煌网、环球资源网、阿里巴巴国际站等。这些第三方平台作为中介机构，提供了一个在线的商业交易平台，连接卖方和买方，并且提供一系列的服务和工具来促进交易的进行。第三方平台的营利模式通常包括两部分：一是收取卖家佣金，即卖家根据销售额或交易金额支付一定比例的佣金给平台；二是提供增值服务并收取相应的费用，如广告推广、数据分析、售后服务等。

第三方开放平台入驻门槛相对较低，它们通常提供简单的入驻流程和技术支持，卖家可以很快地开启跨境电子商务业务，是中小型跨境电子商务企业和初入跨境电子商务领域卖家的首选。但入驻平台也面临着诸多限制，如平台会根据卖家的运营情况和表现，给予相应的考核和奖惩措施。卖家需要遵守平台的规则，提高服务质量，才能获得更多的流量和订单，但这也有可能导致卖家失去自主性和个性化的发展机会。

（二）自营型平台

自营型平台是指企业自行在线搭建购物网站或平台，消费者可以直接在网站上浏览商品、下订单并进行支付。在跨境电子商务中，自营型平台通常以独立站的形式出现。这意味着平台方会建立一个独立的电子商务网站或应用程序，通过自己的品牌和购物平台来销售商品。平台方可以完全掌控自己的电子商务运营，包括产品定价、促销策略、售后服务等。

在自营型电商的经营模式中，平台方以较低的进价采购商品，并以较高的售价出售商品来获取利润。这种利润模式相对简单，但也存在挑战和风险，如供应链管理困难、库存管理压力大、市场竞争激烈等问题。有代表性的自营型平台有兰亭集势、米兰网等。

（三）混合型平台

混合型平台是既有自营，又允许卖家入驻的平台，如亚马逊、沃尔玛、新蛋网、Shein 等。

四、其他分类方式

按照货物流通方向的不同，跨境电子商务可以分为跨境电子商务进口和跨境电子商务出口。进一步细分可以分为跨境 B2B 电子商务进口、跨境 B2C 电子商务进口，以及跨境 B2B 电子商务出口、跨境 B2C 电子商务出口等。

第二章 跨境电子商务模式、产业链和技术

按照海关监管方式的不同，跨境电子商务又可分为一般跨境电子商务和保税跨境电子商务。一般跨境电子商务主要用于一般进出口货物，保税跨境电子商务主要是用于保税进出口货物，二者在通关手续等方面有明显不同。

按照商品标的的不同，跨境电子商务可以分为跨境货物电子商务和跨境服务电子商务。目前的研究主要集中在跨境货物电子商务，关于跨境服务电子商务的研究不多。

第二节 跨境电子商务产业链

一、跨境电子商务产业链体系

跨境电子商务产业链体系是指在完成跨境电子商务活动的过程中，各参与主体组成的链式关系。如图2.1所示，跨境电子商务基本的参与主体包括跨境卖家（出口生产商、贸易商）和买家（进口贸易商、消费者），以及跨境电子

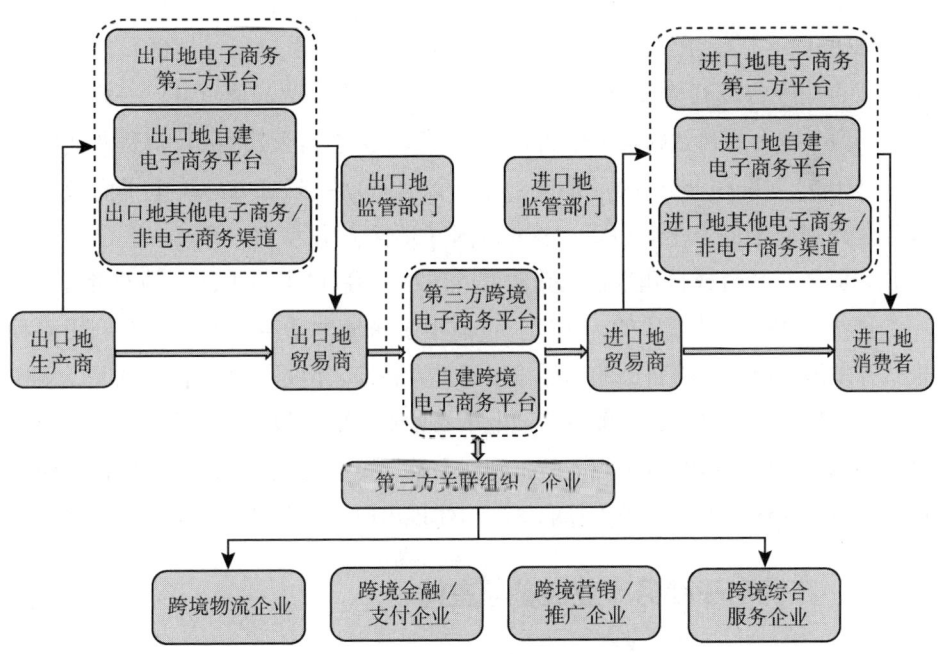

图2.1 跨境电子商务产业链体系

商务交易平台、第三方关联组织或企业、政府监管部门等。

这些参与主体提供了基础技术（跨境电子商务信息交换、与交易实现有关的各类平台和应用软件和硬件等）、基础服务（物流、支付、贸易通关等）、衍生服务（代运营、咨询培训、翻译、店铺美工等）、贸易规则与政策制定以及监管（海关、税务、结算、进出口管制政策等）等支持。

从整体上看，跨境电子商务产业链的各环节构成有机的系统，即各环节要素间的关系是相互依存和制约的，并且在多个方向相互连接并形成一个复杂而层次分明网络体系，进而发挥创造价值、传递价值的作用。

根据跨境电子商务产业链体系，跨境电子商务模式可以进一步细分为以下几种。

M2B2B2C。出口国（地区）生产商（M）→出口国（地区）内第三方平台或自建平台或其他渠道（2）→出口国（地区）贸易商（B）→第三方跨境电子商务平台或自建跨境电子商务平台（2）→进口国（地区）贸易商（B）→进口国（地区）内第三方平台或自建平台或其他渠道（2）→进口国（地区）消费者（C）。

M2B2C（Ⅰ）。出口国（地区）生产商（M）→出口国（地区）内第三方平台或自建平台或其他渠道（2）→出口国（地区）贸易商（B）→第三方跨境电子商务平台或自建跨境电子商务平台（2）→进口国（地区）消费者（C）。

M2B2C（Ⅱ）。出口国（地区）生产商（M）→第三方跨境电子商务平台或自建跨境电子商务平台（2）→进口国（地区）贸易商（B）→进口国（地区）内第三方平台或自建平台或其他渠道（2）→进口国（地区）消费者（C）。

这些模式并不是互斥的，相反，目前很多跨境电子商务企业同时利用多种模式开发国际市场，将自己的产品输出到世界各地。但是，需要注意的是，事实上，受低价竞争的挤压，当前各跨境电子商务平台更希望能直接接触工厂、原产地，平台方从原来接纳贸易商入驻，到如今希望更多的工厂入驻，中间商在跨境电子商务产业链中的作用越来越弱，这也体现出电子商务"去中间化"的特点。

二、跨境电子商务产业链参与主体

（一）生产商（制造商）

生产商在跨境电子商务产业链中占据了基础的地位，生产商提供产品，直接或间接通过贸易商,在跨境电子商务方式下将货物出口到境外。跨境电子商务为生产商提供了广阔的市场空间,有助于其拓展境外业务、探索全新经营渠道、打造全球品牌。

生产商相对于贸易商而言,有更加低廉的价格、更加可控的供应链体系、更加可靠的产品质量。因此,在与贸易商合作的同时,越来越多的生产商趋向于重视自营跨境电子商务,各大跨境电子商务第三方平台也更重视吸引生产商的入驻,比如提供单独的入驻通道和运营指导,或者提供流量倾斜扶持等。

(二)进口和出口贸易商

近年来,随着跨境电子商务行业的快速发展,出现了像兰亭集势、傲基科技、有棵树、通拓科技、赛维时代等著名的贸易型跨境电子商务企业。这些企业年销售额达到几亿乃至几十亿美元,并且在纳斯达克、国内 A 股主板和新三板上市,成为跨境电子商务行业的佼佼者。同时,由于跨境电子商务门槛相对较低,出现了大量的中小贸易商(卖家),如夫妻店、3~5人的团队。当前,跨境电子商务贸易商的数量远远超过了生产商。

贸易商相对生产商而言更加灵活,销售的产品种类更加丰富,能够整合更多的供应链。同时,有实力的贸易商逐渐向工贸结合方向发展,通过自主设计、外包加工、贴牌生产等方式逐渐提升自己的竞争力。但是,随着跨境电子商务竞争的日益加剧,红利逐渐减少,中小贸易商的利润空间越来越低,生存压力明显加大。

专栏2.1　　深圳龙岗跨境电商"实力出圈"

在业界,有这样一句话:中国跨境电商看深圳,深圳跨境电商看龙岗。龙岗区作为深圳市跨境电商大区,基本形成了以跨境电商卖家、独立站、制造商、物流服务商和境外营销服务机构为主的全产业链,并已形成多个功能各异的跨电商集聚区,如华南城、星河 WORLD、康利城,并且集聚了全国名列前茅的傲基科技、赛维时代、通拓科技、有棵树、蓝思网络、泽汇等跨境电商头部企业。

以坂田街道为例，过去三年，跨境电商成为坂田街道发展速度最快、潜力最大、带动作用最强的新业态。在亚马逊、阿里巴巴国际站、速卖通、Lazada、eBay等平台，坂田占据了深圳卖家的一半，庞大的卖家群体和市场规模奠定了坂田跨境电商的基本盘。据不完全统计，坂田街道的跨境电商企业有1万家左右，保守估计营收总额达千亿元以上。

同样的聚集效应也出现在华南城，目前华南城集聚了包括通拓科技、傲基科技、有棵树在内的300多家电子商务企业，跨境电商年交易额超300亿元，成为龙岗区产业发展的特色名片。

资料来源：《深圳龙岗跨境电商"实力出圈"》，澎湃广东，2023年8月

（三）消费者（买家或客户）

随着电子商务的普及、消费观念的转变，以及国际经贸关系的不断改善，各国家（地区）消费者对其他国家（地区）产品的接受能力越来越强，对通过网络采购其他国家（地区）产品的这种贸易方式也越来越认同。因此，可以预见，各国家（地区）间的经贸往来会随着跨境电子商务的不断发展而进一步增强，反过来，这也促进了跨境电子商务的进一步发展，跨境电子商务的世界市场将不断扩大。

（四）跨境电子商务平台及境内电子商务平台

跨境电子商务平台包括第三方中介型和自建型两种，在跨境电子商务产业链中起到了关键的作用。各国家（地区）企业或卖家通过各种跨境电子商务平台发布企业和产品信息，进行全球的网络宣传，寻找世界范围内的客户，甚至在线直接达成交易，实现资金的在线转移。跨境电子商务平台使得企业国际化运作的成本相对传统方式大大降低，效率得到了极大提高。买家通过跨境电子商务平台在世界范围内寻找合适的供应商、其他国家（地区）不计其数的产品，扩大了消费者选择范围，丰富了其消费体验。

境内电子商务平台也在跨境电子商务产业链中起到了重要的作用，例如出口国（地区）贸易商利用境内电子商务平台进行在线采购，进口国（地区）

贸易商利用境内电子商务平台将商品销售给消费者或最终用户等，所以境内电子商务平台也是跨境电子商务产业链中必不可少的一环。

（五）第三方跨境服务企业

在跨境电子商务产业链中，还存在着大量的第三方跨境服务企业。这些专业的第三方跨境服务企业不参与交易，但帮助企业发展跨境电子商务业务，依靠服务费营利。这些为从事跨境电子商务活动的企业提供专业服务，包括推广、营销、客服、支付、物流、培训、法律咨询等服务的企业，具体可以分为以下几种。

1. 跨境电子商务综合服务提供商

跨境电子商务综合服务提供商为跨境电子商务企业提供一体化供应链管理服务，其业务领域由通关、仓储、配送、结汇、退税等环节进行集成，其本质上是供应链管理企业，提供商流、物流、信息流、资金流的供应链管理服务，服务对象以中小型跨境电子商务企业为主。

2. 跨境电子商务物流企业

跨境电子商务物流企业的主要任务是帮助跨境电子商务企业将商品从卖方所在国家（地区）运送到买方所在国家（地区），确保货物能够准时、安全地送达目的地。除此之外，物流企业还提供了很多的附加服务，比如仓储、分拣、包装、处理退货、货物追踪等。目前，国内比较有名的跨境电子商务物流企业包括菜鸟、万邑通、纵腾集团、递四方、燕文物流等。

3. 跨境金融支付企业

现阶段提供支付服务的企业包括银行及第三方支付机构。在企业之间的跨境交易中，银行在结算过程中发挥着重要的作用。通常情况下，买卖双方的银行会协助完成支付和结算事务，包括信用证、托收、汇款等方式。在企业与个人之间的跨境交易中，第三方支付机构是主要的结算主体。这些支付机构通过在线支付平台提供便捷的支付和结算服务，使得消费者可以通过各种渠道（如电子支付、信用卡支付等）进行支付。

4. 跨境网络推广企业

跨境电子商务推广服务商可以通过互联网平台、社交媒体、搜索引擎等渠道，帮助企业在跨境市场中进行线上营销，具体方式包括通过建设和维护企业的官方网站，帮助企业在境外社交媒体平台上建立和管理账号，制订社交媒体营销计划，提高在跨境搜索引擎上的排名，并通过精准的广告投放和内容推送，吸引目标用户，增加用户点击量并增加用户互动和转化，以提升品牌曝光和销售机会。

5. 其他服务企业

某些服务企业可以为跨境电子商务提供跨境税务规划、法律合规、知识产权保护等方面的支持。一些专业的跨境税务咨询公司或会计师事务所可以提供专业的税务筹划和咨询服务，帮助企业合理规划税务结构、解决跨境税务争议等问题。律师事务所或法律服务机构可以为跨境电子商务企业提供法律意见、合同起草、纠纷解决等相关服务。知识产权代理机构可以为企业提供专业的知识产权管理和保护服务，协助企业在境内外申请商标、专利等知识产权，并参与解决知识产权纠纷。

（六）监管机构

出口国（地区）和进口国（地区）的监管机构也在跨境电子商务产业链中起重要作用。目前，涉及的监管机构主要包括各国家（地区）的海关、税务、质量监督、外汇管理等部门。这些监管机构的职责是确保跨境电子商务交易的合法、安全和公平。跨境电子商务企业需要遵守各国家（地区）的法规和要求，与监管机构合作，履行相关的申报、缴税、外汇管理等义务，以确保经营活动的合规性，避免潜在的法律风险。

第三节　新兴数字技术与跨境电子商务

一、新兴数字技术对跨境电子商务的影响

近几年，我国高度重视数字经济发展，积极探索数字经济和实体经济融合路径，在国家顶层战略和重要会议中频繁出现与"数字经济"相关的内容。《中华人民共和国国民经济和社会发展第十四个五年规划和2035年远景目标纲要》中提出"打造数字经济新优势""充分发挥海量数据和丰富应用场景优势，促进数字技术与实体经济深度融合，赋能传统产业转型升级，催生新产业新业态新模式，壮大经济发展新引擎"。党的二十大报告指出，"加快发展数

字经济，促进数字经济和实体经济深度融合，打造具有国际竞争力的数字产业集群"。5G 技术、物联网、大数据、人工智能、区块链、虚拟/增强现实等新兴数字技术在电子商务领域的集成创新和融合应用，为跨境电子商务行业带来全新的发展机遇，成为跨境电子商务发展的重要驱动力量。

首先，数字技术在跨境电子商务生产、采购、交易、支付、物流、仓储、营销等环节的深度应用，推动外贸全流程优化提升，加快了跨境电子商务行业的变革。通过综合运用区块链、机器学习等新技术，可以更好地解决跨境电子商务物流监测、跨境支付、征税退税，以及质量追溯等难题，提高运营的透明度和可信度。

其次，数字技术的成熟和普及催生了跨境电子商务 SaaS（Software as a Service，软件即服务模式）、数字营销、跨境直播、数据算法分析等新服务领域。这些新服务领域为跨境电子商务提供了更多的选择和支持，帮助企业实现数字化转型，提升市场竞争力。

最后，人工智能、数字虚拟人、AR/VR[①] + 购物、数字货币等新应用发展，为跨境电子商务带来新产品、新渠道、新支付、新体验，产生全新的跨境电子商务购物链路。

伴随着数字技术应用场景广度和深度的拓展，技术应用将重塑跨境电子商务产业链条，助力跨境电子商务效率升级和模式创新，驱动跨境电子商务迭代升级。数字技术与跨境电子商务的深度融合，将进一步推动跨境电子商务服务行业的数字化、智能化、专业化发展，催生出更多应用新场景，加快打造丰富、有活力、智慧的服务新生态，推动跨境电子商务发展迈入新阶段。

二、5G 和物联网技术

5G 技术具有高速传输、低延迟和高安全性等特点，而物联网允许连网设

---

① AR 指增强现实（Augmented Reality），是一种将计算机生成的虚拟信息与真实世界场景相结合的技术。通过使用 AR 技术，用户可以在现实场景中看到虚拟元素，例如游戏、广告、教育、医疗等领域都有 AR 应用。AR 技术通常需要使用摄像头和显示器等设备来呈现虚拟信息。
VR 指虚拟现实（Virtual Reality），是一种通过计算机模拟的技术，创造出一个虚拟的环境，让用户感觉自己置身其中。VR 技术通常需要使用头戴式显示器、手柄等设备，以及专门的虚拟现实软件来呈现虚拟环境。VR 技术在游戏、教育、军事、医疗等领域都有应用。

备共享数据，电子商务企业更容易收集数据并触发基于实时的操作或响应，这些特性极大地促进了跨境电子商务的发展。

首先，5G技术的高速传输能力和低延迟特性将使得境外消费者可以更快速地浏览商品和下单购买。畅通的网络将给用户提供更好体验，网页加载时间短、响应速度快，从而吸引更多的境外消费者参与跨境购物。

其次，5G和物联网技术可以为物流企业提供更加可靠的数据传输和实时监控，同时也简化了货物进出仓库的流程，使得商品的运输和交付过程更加高效和准确。消费者可以更加方便地追踪和查看订单状态，提高了整个购物流程的透明度和消费者满意度。

最后，5G和物联网技术还将带来更多的创新业务模式。通过与AR/VR、等技术的结合，跨境电子商务可以提供更丰富、更直观的购物体验，消费者可以更好地了解和感受商品，增强购买的决策能力并提升满意度。

在跨境电子商务中，5G和物联网技术对移动跨境电子商务的迅猛发展提供了必要的基础设施保障。移动跨境电子商务就是利用手机、PDA[①]及掌上电脑等无线终端进行的跨境电子商务。据估计，跨境电子商务的移动端流量占比已达总量的75%。可以预见，未来将会有越来越多的网上购物行为从PC端转移到移动设备（尤其是智能手机和平板电脑）上。移动跨境电子商务有以下几个特点。

广泛性。移动跨境电子商务可以随时随地应用，保证了信息的实时传输，这在如今竞争激烈的跨境电商市场显得尤为重要。

便捷性。在无线网络环境中，买家跨境购物会感受到很大的便利，而且随着技术的发展，设备体积很小，但功能越来越强大，网络连接速度越来越快。

互动性。使用移动设备，跨境交易、沟通、服务中的互动性都更强了，移动设备的优势更加明显。

个性化。移动设备具有比台式计算机更高的可连通性与可定位性，因此跨境电子商务的卖家可以更好地发挥主动性，为不同顾客提供差异化的服务。

---

① PDA（Personal Digital Assistant），个人数字助手，即辅助个人工作的数字工具，主要提供记事、通讯录、名片交换及行程安排等功能。

> **专栏 2.2**   移动电子商务
>
>   在全世界范围内,移动电子商务得到了飞速发展。其原因有以下几点。
>
>   移动设备增加。Statista 的统计数据显示,2017—2022 年全球手机用户总规模呈现稳定的逐年上升趋势。2021 年全球手机用户为 63.78 亿,同比增长 5.3%;2022 年全球手机用户规模进一步提高至 66.48 亿,同比增长 4.2%。消费者使用手机访问电子商务网站的频率超过使用其他任何设备。
>
>   移动购物已经很普遍。全球平均有 75% 的移动互联网用户在移动设备上购买过商品或服务;在移动设备上购买过商品的消费者表示,1/3 的消费支出是在移动设备上实现的;移动购物已经成为一种习惯,近 1/4 的消费者每周都在移动设备上消费。
>
>   阻力减少。原先严重阻碍移动电子商务发展的困难正在被一一解决,尤其是在付款方式和身份识别认证方面,各电子商务巨头都在集中精力解决这类难题,推出了 PayPal、Apple Pay、Amazon Payments、Android Pay 等解决方案。
>
>   App 和移动网络优化。目前,智能手机性能的不断提高、技术的不断成熟,使得众多的零售商能够通过 App 和移动浏览器等途径,满足消费者多样化的消费体验。
>
>   分布式商务。零售商已将注意力转向通过大众化和分布式渠道与消费者进行互动,如社交媒体、消息传送、浏览器和网络移动跨境电子商务平台。移动设备不仅作为购物者的参与媒介,还帮助购物者与品牌商完成交易。
>
>   资料来源:作者收集整理,2024 年 3 月

三、云计算

  "云"是网络、互联网的一种比喻说法。所谓云计算(Cloud Computing),是分布式计算的一种,是指通过网络"云"将巨大的数据计算处理程序分解

成无数个小程序，然后通过多部服务器组成的系统进行处理和分析这些小程序以得到结果并返回给用户。

云计算的可贵之处在于高灵活性、可扩展性等。与传统的网络应用模式相比，其具有如下优势和特点。

（一）虚拟化技术

在云计算中，虚拟化技术可以将物理服务器划分为多个虚拟机，每个虚拟机可以运行不同的应用程序和操作系统。通过创建虚拟机或容器，可以快速搭建测试环境和开发环境，进行大数据算法的开发和调试，并且不会干扰实际生产环境。

（二）动态可扩展

在使用云计算平台时，用户可以根据需要快速增加或减少计算资源，以适应不同的工作负载和流量变化。这种弹性的资源分配可以通过自动化的方式进行，根据预设的条件和策略自动调整资源的配置。

（三）按需部署

在云计算平台上，用户可以根据自己的需求选择合适的虚拟机，并在几分钟之内进行部署。用户只需支付实际使用的计算资源，无须关心底层硬件资源的采购和维护。此外，云计算平台还可以提供一些高级服务，如数据库、存储、网络等，使用户能够更方便地部署和管理应用程序所需的各种资源和服务。

（四）兼容性高

云平台支持多种操作系统和开发框架，用户可以根据自己的需求选择合适的软件环境来部署应用程序。同时，云平台提供了丰富的应用程序接口（API），如数据库、消息队列、缓存等，使得应用程序能够在不同平台和系统下无缝运行，实现跨平台和跨系统的兼容。

（五）可靠性高

通过虚拟化技术，云平台将应用程序和数据分布在不同的物理服务器上，形成一个资源池。当某个物理服务器发生故障时，平台可以自动将受影响的虚拟机迁移到其他运行正常的物理服务器上。这种自动迁移和恢复的能力可以快速恢复受影响的应用程序，从而减少了服务器故障对业务的影响。

（六）性价比高

云平台根据用户实际需求动态分配和调整资源，避免了资源的浪费。当计算需求较小时，可以按需使用较少的计算资源，减少费用开支；当计算需求增加时，可以按需扩展资源，满足用户的需求。这种灵活的资源配置方式可以提高资源的利用率，实现更高的投入产出比。

在跨境电子商务中，所要处理的数据信息量巨大、服务器的采购成本高昂、相关技术人员缺乏，导致无法实现网络平台的建设。在这种情况下，云计算服务广泛的计算、存储和网络产品组合优势就凸显出来，可以使跨境电子商务企业大大减少前期基础架构建设成本及后期运营成本的支出，经济高效地实现其所需功能。

四、大数据

大数据（Big Data），指的是具有体量巨大、来源多样、生成极快、多变特征并且难以用传统数据体系结构有效处理的包含大量数据集的数据。

在电子商务中，IT系统、应用和技术基础设施每秒都在产生数据。大数据技术的战略意义不在于掌握庞大的数据信息，而在于对这些含有意义的数据进行专业处理。大数据非结构化或者结构数据都代表了所有用户的行为、服务级别、安全、风险、欺诈行为等更多操作的记录。

在跨境电子商务中，大量的数据是非常宝贵的资源。企业可以利用这些数据进行有效的数据挖掘和分析，以获得更多的商业价值和竞争优势。比如企业可以开展以下工作：

跨境电子商务企业收集海量消费者的数据，通过大数据分析，挖掘出消费者的消费趋势，提前了解消费者的需求，继而提前开展业务、开发相关产品和服务；

跨境电子商务企业通过追踪和记录消费者的网络行为，根据客户的购买习惯为其推送可能感兴趣的商品信息，或者是在大量客户中快速识别出最有价值的客户，进行精准营销；

跨境电子商务企业通过对销售和库存数据进行分析，智能化决定采购数量、频率、时间、成本等，或者以利润最大化为目标来定价和清理库存；

跨境电子商务企业通过对物流数据的分析，能够更合理地选择派送方式，选择最优的交通路径,提高物流服务的效率,节省物流成本。

五、区块链

狭义来讲,区块链是一种按照时间顺序将数据区块以顺序相连的方式组合成的一种链式数据结构,也是以密码学方式保证其内容不可篡改和不可伪造的分布式账本。广义来讲,区块链技术是利用块链式数据结构来验证与存储数据,利用分布式节点共识算法来生成和更新数据,利用密码学的方式保证数据传输和访问的安全,利用由自动化脚本代码组成的智能合约来编程和操作数据的一种全新的分布式基础架构与计算范式。

区块链具有以下特点。

去中心化。由于使用分布式核算和存储,不存在中心化的硬件或管理机构,任意节点的权利和义务都是均等的,系统中的数据块由整个系统中具有维护功能的节点来共同维护。

开放性。系统是开放的,除交易各方的私有信息被加密外,区块链的数据对所有人公开,任何人都可以通过公开的接口查询区块链数据和开发相关应用,因此整个系统信息高度透明。

自治性。区块链采用基于协商一致的规范和协议(比如一套公开透明的算法)使得整个系统中的所有节点能够在去信任的环境自由安全地交换数据,使得对"人"的信任转变为对机器的信任,任何人为干预均不起作用。

信息不可篡改。一旦信息经过验证并添加至区块链,就会永久存储起来,除非能够同时控制住系统中超过51%的节点,否则任何对数据库的修改是无效的,因此区块链的数据稳定性和可靠性极高。

匿名性。节点之间的交换遵循固定的算法,其数据交互是无须信任的(区块链中的程序规则会自行判断活动是否有效),因此交易对手无须通过公开身份的方式让对方自己产生信任,对信用的累积非常有帮助。

在跨境电子商务和国际贸易中,区块链技术应用越来越多。例如,供应链行业往往涉及诸多实体,包括物流、资金流、信息流等,这些实体之间存在大量复杂的协作和沟通。传统模式下,不同实体各自保存各自的供应链信息,严重缺乏透明度,造成了时间成本和金钱成本较高,而且一旦出现问题(冒领、货物假冒等）难以追查和处理。通过区块链各方可以获得一个透明可靠的统一信息平台，可以实时查看状态，降低物流成本，追溯物品生产和运送的整个过程，从而提高供应链管理的效率。当发生纠纷时，举证和追查也变得更加容易。

专栏 2.3　马士基和 IBM 推出首个基于区块链的行业级跨境供应链解决方案

IBM 和马士基计划与由货运公司、货运代理商、海运承运商、港口和海关构成的物流网络合作，构建全新的全球贸易数字化解决方案。该解决方案利用区块链技术在各方之间实现信息透明，可以大大降低贸易成本和复杂性，旨在帮助企业减少欺诈和错误，缩短产品在运输和海运过程中所花的时间，改善库存管理，最终减少浪费并降低成本。

区块链是一种不可篡改、高度安全且透明的共享网络，可以根据每个参与者的权限级别为其提供端到端的可见性。供应链生态系统中的每个参与者都能查看货物在供应链中的进度，了解集装箱已运输到何处。他们还能查看海关文件的状态，以及提货单和其他数据。通过实时交换原始供应链事件和文档改善对集装箱在供应链中所处位置的详细追踪。未经网络中其他方的同意，任何一方都不能修改、删除，甚至附加任何记录。这种级别的透明度有助于减少欺诈和错误，缩短产品在运输和海运过程中所花的时间，改善库存管理，最终减少浪费并降低成本。

对货运公司而言，这一解决方案可以帮助公司减少贸易备案和处理工作的成本，解决由于转移文书出错而产生的延迟问题。该解决方案还可以实时跟踪在供应链中移动的集装箱。对海关而言，该解决方案的作用是提供实时跟踪，带来更多可用于风险分析和确定目标的信息，从而增强安全性，提高边境检查清关手续的效率。

该解决方案可以通过一个与供应链生态系统参与方相连的数字基础架构或数据管道来实时交换原始供应链事件和文档。这可以将运输流程与合作伙伴进行整合，建立具有更高透明度且能进行可信访问的评估框架，从而推动实现可持续的运输。该解决方案将端到端的供应链流程数字化，可帮助企业管理和跟踪全球数千万个船运集装箱的书面记录提高贸易伙伴之间的信息透明度并实现高度安全的信息共享，大规模应用后有望为该行业节省数十亿美元。

资料来源：《马士基和 IBM 推出首个基于区块链的行业级跨境供应链解决方案》，搜狐网，2017 年 3 月

六、人工智能

人工智能（Artificial Intelligence）是以计算机科学（Computer Science）为基础，交叉融合计算机、心理学、哲学等多学科的交叉学科和新兴学科。该领域的研究包括机器人、语言识别、图像识别、自然语言处理系统等。最近几年，以 ChatGPT（Chat Generative Pre-trained Transformer）为代表的人工智能在跨境电子商务中得到了广泛应用，取得了良好的效果。人工智能对跨境电子商务也产生了深刻的影响，主要影响如下。

（一）提升用户体验

人工智能通过个性化推荐系统、智能客服和聊天机器人等技术，可以为用户提供更好的购物体验。个性化推荐系统能够精准地推荐用户感兴趣的商品，提高购物转化率；智能客服和聊天机器人能够实时回答用户提出的问题，提供即时支持，提升用户满意度。

（二）优化运营效率

人工智能可以通过自动化和智能化的方式，减少人力资源的投入，提高运营效率。例如，智能客服和聊天机器人可以处理大量重复性问题，减轻人工客服的负担；智能供应链和物流优化可以提高物流效率，降低成本。

（三）数据分析和预测

对于跨境电子商务产生的大量交易数据和用户行为数据，人工智能可以通过数据分析和机器学习算法，挖掘出其中有价值的信息，帮助企业制订更精准的市场营销策略和库存管理计划。同时，人工智能还能进行销售预测和需求预测，避免库存积压或缺货。

（四）欺诈识别和安全保障

跨境电子商务常面临欺诈风险，人工智能可以通过分析用户行为和交易数

据，快速识别潜在的欺诈风险，并且采取相应措施保护消费者和商家的权益。同时，人工智能还能加强数据安全和隐私保护，提供更安全的交易环境。

（五）创新商业模式和服务方式

人工智能的发展为跨境电子商务带来了创新的商业模式和服务方式。例如，基于人工智能的虚拟试衣技术、增强现实购物体验等，可以提供更直观、个性化的购物体验，激发消费者的购买欲望。

总之，可以预见，随着人工智能技术的不断发展和应用，其对跨境电子商务行业的影响将持续深入。

 思考与实训

1. 跨境 B2B、B2C、C2C 电子商务的模式有什么区别？你认为 M2C 或 F2C 在未来的发展趋势是什么？

2. 跨境电子商务产业链有哪些组成要素？各组成要素的作用是什么？

3. AI 在跨境电子商务中有哪些用途？

4. 在跨境电子商务中能够获得哪些数据？如何利用大数据来促进跨境电子商务的发展？

5. 请思考各种跨境电子商务的模式、产业链以及技术的发展，你认为跨境电子商务对传统外贸最大的变革是什么？

第三章　跨境 B2B 电子商务

跨境 B2B 电子商务除为进出口双方提供买和卖的服务外，还可以提供跨境协同商务及供应链优化功能，即不同国家（地区）、不同企业或组织间通过网络进行沟通交流、协同合作、信息共享、供应链优化等活动。跨境 B2B 电子商务涵盖了多种业务模式，如第三方跨境 B2B 交易平台、独立的跨境 B2B 门户网站、商业名录等，这些业务模式为企业提供了丰富的选择，能够满足其不同的业务需求。通过网络，企业能够迅速扩大其活动范围，并且以更低的成本进行运营，这是跨境 B2B 电子商务的显著优势。跨境 B2B 电子商务平台，如阿里巴巴国际站、环球资源网、康帕斯、欧洲黄页等，已经成为各国家（地区）外贸企业进行交易的重要场所。

学习目标

了解内容：跨境 B2B 电子商务的概念、类型，常见的跨境 B2B 电子商务平台

理解内容：跨境 B2B 电子商务的特点，以及为进出口双方带来的利益

掌握内容：第三方跨境 B2B 交易平台、独立的跨境 B2B 门户网站、商业名录

关键术语：跨境 B2B 电子商务、出口方主导型、进口方主导型、跨境多方交易型、信息服务平台、在线交易平台、垂直 B2B 电子商务、水平 B2B 电子商务、独立的跨境 B2B 门户网站、第三方跨境 B2B 交易平台、商业名录、阿里巴巴国际站、环球资源网、康帕斯、欧洲黄页

第一节 跨境 B2B 电子商务概述

一、跨境 B2B 电子商务概念

跨境 B2B 电子商务（Cross – Border Business to Business E – commerce）指的是不同国家（地区）的企业间通过网络开展的商务交易活动。这种交易有的是在不同国家（地区）的采购商与供应商之间进行，有的则是企业与其他国家（地区）的政府机构或是其他商业（非商业）组织之间的交易。因此，此处的"企业"可以泛指各类组织，包括公司、政府机构、国际组织等，不论其私有的还是国有的，营利的还是非营利的。

随着技术的不断进步和商业环境的变化，B2B 电子商务不断演进。从早期的网上目录和在线采购到现在的跨境协同合作和供应链优化，B2B 电子商务已经成为企业之间进行交流和交易的重要手段。从国际视角看，B2B 电子商务的发展已经进入了第五代[①]，五代 B2B 电子商务如图 3.1 所示。在第五代 B2B 电

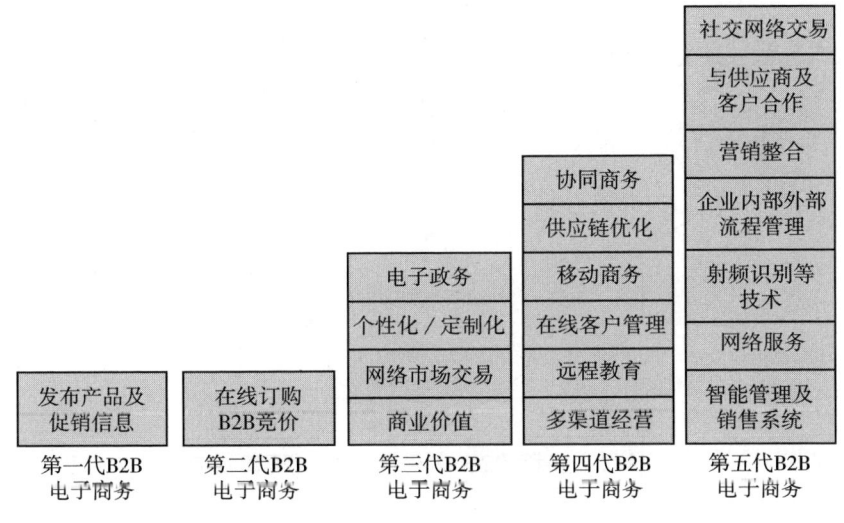

图 3.1 五代 B2B 电子商务

---

① 埃弗雷姆·特班，戴维·金，李在奎，等. 电子商务：管理与社交网络视觉 [M]. 北京：机械工业出版社，2016.

子商务中，企业利用社交网络和智能营销系统，能够更好地与供应商、买家和其他合作伙伴进行沟通和合作，共同优化供应链并提升业务效率。此外，第五代 B2B 电子商务还强调企业内部的整合与协同，通过信息技术的运用，实现企业内不同部门之间的协调与合作，提高工作效率和资源利用率。

由于行业、产品、服务、交易量与交易规模等各方面差异很大，B2B 电子商务表现形式多样，但是构成跨境 B2B 电子商务的基本要素区别不大，主要包括各国家（地区）的供应商、采购商、零售商、制造商、中介平台、服务供应商、各种支持组织等，他们之间的关系如图 3.2 所示，各构成要素通过互联网进行协同合作，实现在线销售、在线采购、在线信息传递、在线资金转移等各种功能。

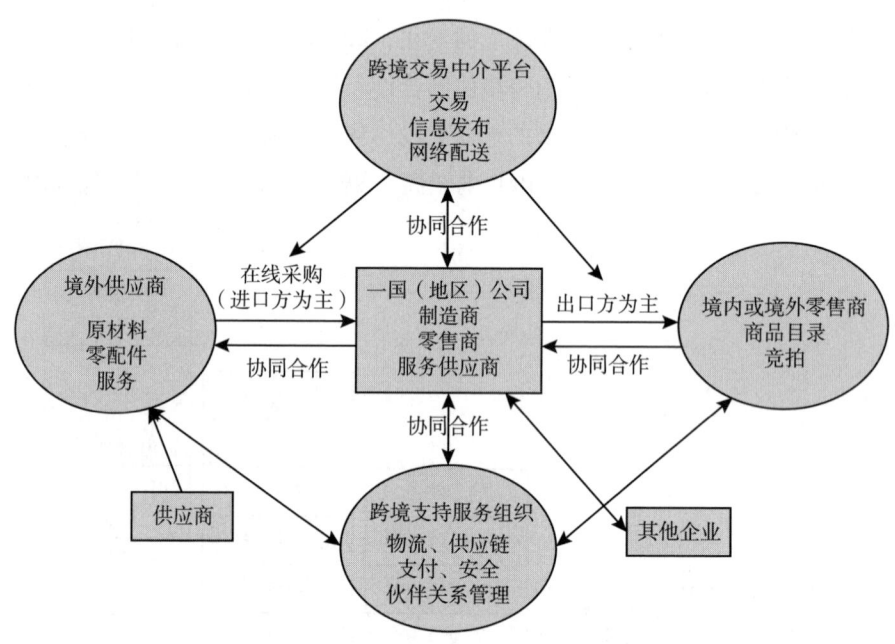

图 3.2　跨境 B2B 电子商务构成要素关系

二、跨境 B2B 电子商务类型

根据不同的划分标准，跨境 B2B 电子商务可以划分为不同的类型。目前主要有以下几种划分方式。

（一）根据参与方的数量和参与形式划分

根据参与方的数量和参与形式不同，可以分为以下 4 种类型，如图 3.3 所示。

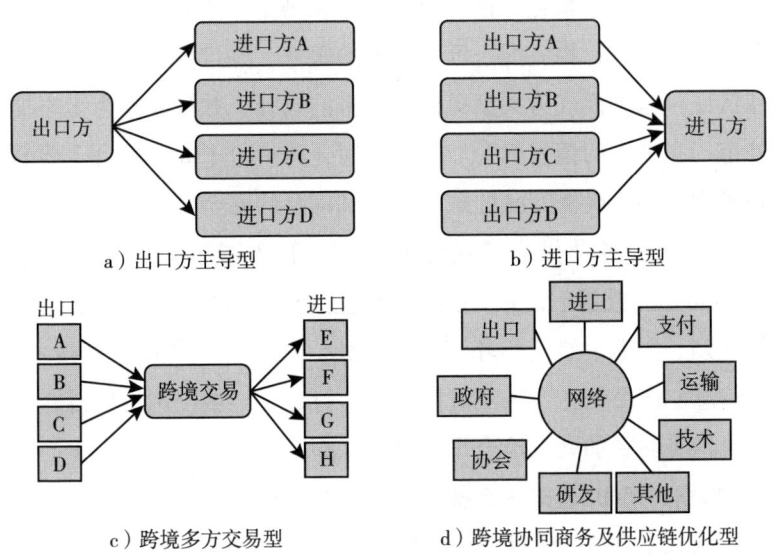

图 3.3　跨境 B2B 电子商务类型

1. 出口方主导型，即一个出口卖家，多个进口买家，又被称为"一对多"模式。在这种模式下，出口方在其网站或其他电子商务平台上发布产品信息，吸引境外采购商进行浏览和采购。出口方需要开发和维护自己的商务网站，并且提供相应的在线服务，包括商品信息展示、在线支付、物流配送等，以吸引更多的境外采购商。这种模式使出口方有更多的主动权和控制权，在经营过程中也能够更好地把握市场情况和变化趋势，更好地管理采购商关系。

2. 进口方主导型，即一个进口买家，多个出口卖家，又被称为"多对一"模式。在这种模式下，进口方通过建立网络采购平台发布所要采购产品信息，吸引世界各地的供应商参与竞价和报价，最终完成采购业务。在这个过程中，进口方需要扮演平台运营者和采购商的双重角色，负责平台的建设和维护，同时也要负责评估和选择供应商，与供应商进行洽谈、磋商和签订合同。这种模式使进口商更好地掌握产品采购流程和节约采购成本，并且有更多的选择权和控制权。

3. 跨境多方交易型，即多个国家（地区）的卖家对多个国家（地区）的买家，也被称为"多对多"模式。在这种模式中，跨境电子商务平台作为第三方机构，为全球范围内的卖家和买家提供撮合交易服务。卖家可以在平台上发布产品信息，同时买家可以在平台上搜索和浏览其感兴趣的产品。平台提供交易撮合、支付结算、物流配送等一系列的服务，并且负责对供应商和买家进行审核和认证。这种模式为买家提供了更多的选择，并且能够为卖家提供更广阔的境外市场和更多的销售机会。与此同时，跨境电子商务平台需要具备先进的技术和管理能力，确保交易的顺利进行和信息的安全可靠。

4. 跨境协同商务及供应链优化型，是指利用网络平台，实现不同国家（地区）、不同企业或组织之间的沟通交流、协同合作、信息共享，以及供应链（包括生产、采购、物流等环节）的优化。这种模式利用信息技术的支持，共享市场信息、产品信息、供应链信息等，打破了地域限制，使得全球范围内的企业和组织能够更加紧密地合作和协同工作。

（二）根据跨境 B2B 电子商务平台运营方划分

根据跨境 B2B 电子商务平台运营方不同，可以分为以下 2 种类型。

1. 进口方或出口方主导的 B2B 模式。即一国（地区）经销商可以与其他国家（地区）的上游供应商之间形成销货关系，或者一国（地区）生产商与其他国家（地区）的下游的经销商形成供货关系，与前文所述的出口方主导型和进口方主导型模式类似。

2. 面向中间交易市场的中介型 B2B 模式。其主要功能是为进出口双方提供一个信息平台和商务平台，即提供企业发布供求信息和其他企业信息，以及提供商务活动某些环节的网络化环境，如交易平台、投标招标、竞买竞卖、在线支付等，与前文所述的跨境多方交易型类似。大家熟知的阿里巴巴国际站、环球资源网、中国制造网等平台，均属于这一类型。

（三）根据跨境 B2B 电子商务服务的内容划分

根据跨境 B2B 电子商务服务的内容不同，可以分为以下 2 种类型。

1. 信息服务平台。主要是提供交易信息发布、信息搜索，以及完成交易撮合的服务，帮助供应商和采购商之间进行信息传递和交易促成。有代表性的平台有阿里巴巴国际站、环球资源网、中国制造网、Fibre2fashion 等。

信息服务平台的主要营利方式包括会员服务费和增值服务费。会员服务费是信息服务平台最基本的收费方式，平台向出口方收取一定的会员费并为其提供基础服务，如发布产品和企业信息、接收进口方询盘等。增值服务则是指给用户提供更高级别的服务以获取更多利润的方式，如竞价排名、点击付费、展位推广，以及金融服务、物流配送、品质检测、知识产权保护等一系列延伸服务，可以为平台带来更多的收入。

专栏 3.1　　　　Fibre2fashion：一个纺织行业的 B2B 门户网站

Fibre2fashion（见图 3.4）是为了支持和服务纺织行业而成立的一个 B2B 门户网站。

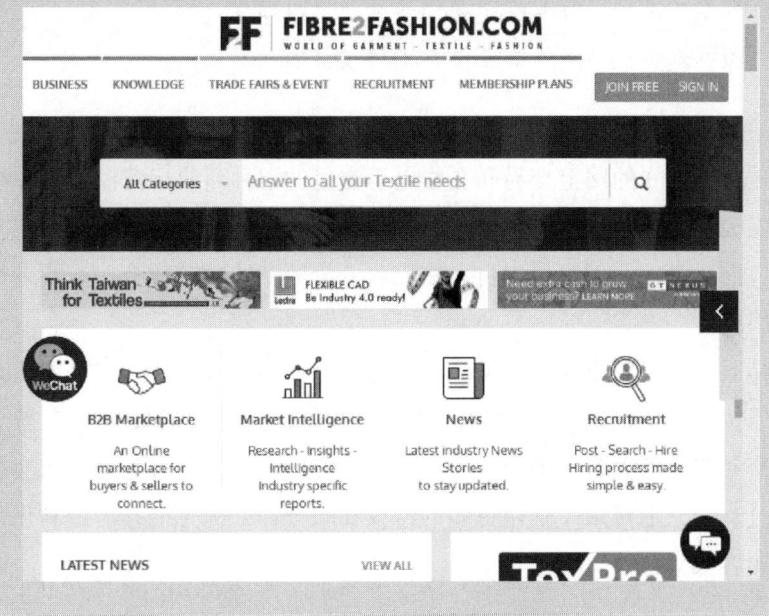

图 3.4　Fibre2fashion 首页[1]

Fibre2fashion 门户可以为各国家（地区）纺织企业提供多种服务，具体包括以下内容。

B2B 市场——为各种类型的纺织企业提供有效的解决方案；

---

[1]　网站页面以实际搜索到的为准，下同。

知识服务——通过深入调研的市场情报报告、文章和最新的新闻，提供关键的市场信息；

人才招聘——将顶级纺织企业和求职者的信息汇集到平台，并且实现精确配对；

交易会展——提供全球范围内有关纺织业的博览会、交易会或相关会议信息；

杂志刊物——每月出版一期刊物，为决策者提供纺织行业重要的信息和研究报告，包括最新的技术和趋势；

市场新闻——定期更新行业动态、最新的事态、产品发布，以及全球纺织市场的重要事件；

专家文章——行业专家提供的有洞见的行业分析。

资料来源：作者收集整理，2024年3月

2. 在线交易平台。在线交易平台指在互联网环境下，基于网络信息技术，实现供需双方之间的网上交易和在线电子支付的一种商业运营模式。在线交易平台不仅提供企业、产品、服务等多方面信息展示，还可以通过平台线上完成搜索、咨询、对比、下单、支付、物流、评价等全购物链环节。有代表性的平台是敦煌网。

交易服务的营利模式主要是收取交易佣金和会员服务费。交易佣金是指在成交以后按一定比例收取的费用，这种模式的优点是交易佣金与交易规模挂钩，当交易规模增大时，平台的收入也会相应增加。会员服务费是指会员用户可以通过支付一定费用，获得更多的特权和服务，如优先推荐、定制化需求处理、专属客服支持等。

专栏3.2　敦煌网：中小额B2B境外电子商务的创新者

敦煌网（见图3.5）成立于2004年，是国内首个为中小企业提供B2B网上交易服务的网站，致力于帮助中国中小企业通过跨境电子商务平台走向全球市场，开辟一条全新的国际贸易通道，让在线交易变得更

加简单、安全、高效。

敦煌网采取佣金制，免注册费，只在进出口双方交易成功后收取费用。敦煌网"为成功付费"的经营模式打破了以往的传统电子商务"会员收费"的经营模式，既降低了外贸企业面临的风险，又节省了不必要的开支。

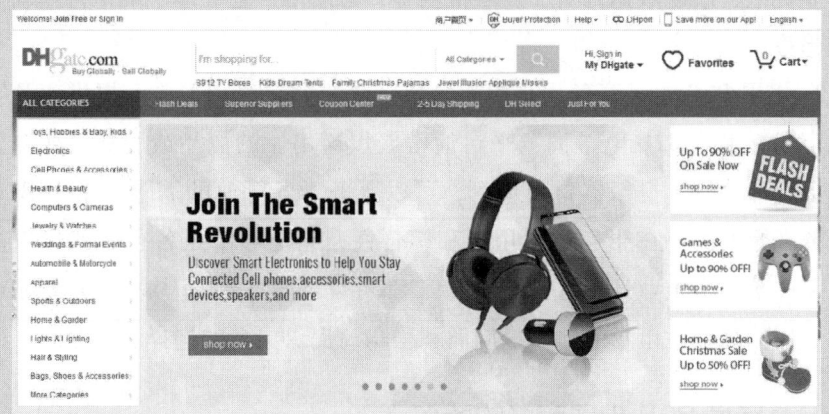

图 3.5　敦煌网首页（英文版）

在敦煌网上进行销售的流程是：卖家先把自己产品的信息（包括图片、价格、产品描述、售后服务等）上传到平台上；买家根据卖家提供的信息来生成订单，可以选择直接批量采购，也可以选择先少量购买样品，再大量采购；卖家接到境外买家的订单后备货和发货；买家收到货后付款，双方通过多种方式进行贸易结算。整个周期需要 5~10 个工作日。

一般情况下，这类订单的金额和交易数量不会太大。以普通的数码产品为例，买家一次的订单量在十几个到几十个不等，但是这种交易比较频繁。

资料来源：作者收集整理，2024 年 3 月

（四）根据交易的方向划分

根据交易的方向不同，跨境 B2B 电子商务可以分为以下 2 种类型。

1. 垂直 B2B 电子商务，是指只针对一个行业或行业细分的垂直市场，如

电子产品市场、汽车市场、医疗设备市场、钢材市场、化工产品市场等。垂直B2B电子商务平台的优势在于其专业性和精准性。由于专注于特定行业或行业细分，这些平台可以更好地满足行业内不同参与者的需求。供应商和采购商可以通过垂直B2B电子商务平台找到自己所需的特定产品和服务，提高交易的效率。此外，垂直B2B电子商务平台通常还会提供一些行业特定的增值服务，如行业资讯、市场数据分析、质量检测等，帮助用户更好地了解本行业动态和市场趋势。

2. 水平B2B电子商务，是指为各个行业的供应商和采购商提供商品或服务的市场。水平B2B电子商务平台通常聚焦通用性的商品或服务，如办公用品市场、计算机、打印器材市场等，可以服务于各行业的需求。水平B2B电子商务平台的优势在于广泛适用性和综合性，它能够满足各行业的供应链需求，无论是大型企业还是中小微企业，都可以通过平台获得所需的商品或服务。这样的综合性市场能够为供应商和采购商提供更多的选择和机会。

三、跨境B2B电子商务的特点

（一）跨境B2B电子商务单笔交易金额一般较大

相比于个人消费者，企业单笔订单的交易金额往往更大，这是因为企业的采购需要满足生产、运营等方面的需求，同时还需要考虑成本和效益等因素。虽然目前国际订单有小额化、碎片化的趋势，但是总体上跨境B2B单笔采购金额还是比跨境B2C的采购金额要大得多。

（二）跨境B2B电子商务的进出口双方做决策时都比较理性

跨境交易涉及更大的金额和更高的风险，因此参与者在做出决策时通常更加谨慎。与跨境B2C交易者相比，跨境B2B交易者会花费更多的时间和精力来研究对方的信息，并进行充分的调查。这种研究对于决策的准确性和风险控制至关重要，可以帮助双方做出明智的决策，避免遭受巨大的损失。

（三）跨境B2B电子商务交易更期望建立长期业务关系

因为企业在选择一个值得信赖的境外供应商时需要投入大量精力和成本，所以他们更愿意与可靠的供应商建立长期合作关系来确保交易的稳定性和持续性。相比之下，跨境B2C交易更多的是以"一锤子买卖"的形式进行，消费者往往更注重购买商品的价格、品质和便捷性，而不太关注与卖家的长期关系。

（四）跨境 B2B 电子商务定价波动较大

在跨境 B2B 交易中，价格通常是基于各种因素进行具体分析和确定的，比如供需关系、市场竞争、运输成本、采购数量、付款条件等，因此没有固定的价格。跨境 B2C 电子商务通常由于物流和付款条件相对固定，供应商可以更容易地设定统一的价格策略，这使得消费者可以更方便地比较和购买商品，同时也降低了交易的复杂性。

（五）跨境 B2B 电子商务模式的结算流程更加复杂

在跨境 B2B 模式中，确保资金安全和对交易风险的掌控是非常重要的。因此，进口方往往会选择更保守的结算方式，如汇付、托收及信用证等。虽然如今有一些平台提供在线结算服务，但是一般只限于小额的 B2B 交易。大额的 B2B 交易往往还是以传统的结算方式为主，以满足双方的安全和风险控制需求。跨境 B2C 消费者通常更倾向于在线直接支付，因为采用这种方式能够快速完成交易。

（六）跨境 B2B 交易更加关注运输的成本

跨境 B2B 交易一般涉及较大的贸易量，因此，在进出口双方考虑交易成本时，运输成本通常是重要的考虑因素。相比之下，跨境 B2C 消费者通常是通过在线购物平台下单购买商品，因此他们希望购买的商品能够尽快送达。尤其是在特定的节假日如圣诞节，他们更关注订单的交货速度是否能够满足他们的需求。

四、跨境 B2B 电子商务带来的利益

跨境 B2B 电子商务对于位于不同国家（地区）的进口方和出口方都可以带来明显的利益，主要表现在以下 8 个方面。

第一，对出口方而言，跨境 B2B 电子商务为其提供了全球销售机遇。通过在线平台，出口方可以直接接触潜在的全球客户，不受限于地理位置，极大地扩展了销售渠道和市场覆盖范围。

第二，相对于传统方式，跨境 B2B 电子商务降低了出口方的营销和销售

成本。传统的跨境贸易需要支出大量的差旅费用、营销活动费用等，而在线平台使得企业可以通过数字化方式进行销售和推广，节省了大量的成本。

第三，跨境 B2B 电子商务使出口方对全球市场信息的了解更加准确和及时，从而提高了生产的灵活性和配送的精细化。通过在线平台，出口方可以实时跟踪市场需求和趋势，并且根据需求进行生产和调整，同时也可以精确管理物流和配送，提高客户满意度。

第四，跨境 B2B 电子商务系统使出口方更容易了解境外客户的需求，并且通过平台提供的工具和功能，更高效地服务客户。出口方可以通过在线平台与客户进行实时沟通、了解客户意见、提供售后支持等，建立起更紧密的合作关系。

第五，对进口方而言，跨境 B2B 电子商务降低了搜索境外供应商和产品的时间和成本，进口方可以更便捷地获取全球优质产品。通过在线平台，进口方可以直接查找并筛选符合其需求的供应商和产品，节省了时间和费用。

第六，跨境 B2B 电子商务系统方便进口方对跨境产品和服务的配送和整个供应链的控制，有利于做好供应商关系管理。进口方可以通过在线平台实时追踪订单状态、库存情况等，确保及时交付和获得高质量服务。

第七，跨境 B2B 电子商务减少了跨境交易的中间环节，减少了纸质文档的使用，提高了信息传递的准确性和效率，加快了运营速度，降低了管理成本。双方可以通过在线平台进行即时沟通、文件共享和协同合作，大大简化了交易流程。

第八，跨境 B2B 电子商务增加了进出口双方协同合作的机会，改善了与客户和合作伙伴之间的关系。在线平台提供了更便捷的合作工具和沟通渠道，加强了双方之间的互动和合作，有利于建立长期稳定的合作关系。

第二节　跨境 B2B 电子商务平台类型

一、第三方跨境 B2B 交易平台

第三方跨境 B2B 交易平台是指众多的企业卖家和企业买家聚集在一起的网络市场，一般是由进出口双方之外的第三方建立的。在跨境电子商务中，

B2B 交易平台可以为处于不同国家（地区）的买卖各方提供市场信息、商品交易、仓储配送、货款结算等全方位服务。

（一）第三方跨境 B2B 交易平台的分类

在跨境电子商务领域，从涵盖行业范围来看，可以分为综合型的 B2B 交易平台和垂直型的 B2B 交易平台两种。

综合型的 B2B 交易平台面向所有行业，覆盖面广，专业化程度不高，以提供搜索引擎、信息资讯和信息撮合服务为主，这种 B2B 平台的主要代表包括阿里巴巴、中国制造网、环球资源网等。

专栏 3.3　　　　　　　　　环球资源网

环球资源网（见图 3.6）是一家面向全球的专业展览主办机构，其于 1995 年率先推出全球首个 B2B 在线电子商务跨境贸易站点——亚洲资源网站，后改名为环球资源网，现隶属于环球通商贸（深圳）有限公司。

图 3.6　环球资源网首页（英文版）

环球资源网是一家深受国际认可，致力于促成全球贸易的多渠道 B2B 贸易平台。公司以定制化的采购方案及值得信赖的市场资讯连接全球诚信买家与已核实供应商，助力买卖双方应时而变，快速把握新商机。

除平台外，环球资源网还通过 APPS、展会、商业配对、专业贸易杂志，媒体及采购直播等丰富渠道推动贸易发展。到如今，环球资源网已经为全球 100 强零售商中的 97 家以及其他超过 1000 万注册买家和用户提供服务。

资料来源：作者收集整理，2024 年 3 月

垂直型的 B2B 交易平台专注于某个垂直行业领域，通常有一定的行业背景，整合了某一行业内不同生产商、批发商、零售商，行业研究深入，服务对象明确，专业化程度高，所以也被称为"纵向 B2B 型模式"，以中国化工网、中国纺织网、我的钢铁网等为典型代表。

专栏 3.4　　　　　中国化工网

中国化工网（见图 3.7）是由浙江网盛生意宝股份有限公司创建的，总部设在杭州。中国化工网是一个面向化学专业领域的 B2B 平台，旨在为其用户提供交流化学品信息、技术信息和思想交流的平台。同时，中国化工网拥有一个巨大的数据库，包括 120000 个会员、300000 个产品记录，每天约有 800000 名访客通过其强大的搜索引擎进行访问。

对于买家，中国化工网提供以下服务：

买家可以浏览并选择信誉良好的金牌供应商，以确保产品质量和交货准时；

买家可以查看热门产品的信息和供应商，了解市场需求和趋势；

买家可以发布自己的求购信息，寻找特定的化学品或技术，以吸引相关供应商的报价；

买家可以在平台上进行交易，与供应商直接洽谈和购买化学品或技术。

对于卖家，中国化工网提供以下服务：

卖家可以在平台上添加自己的新产品信息，展示产品的特点、规格和优势；

卖家可以在平台上发布自己的产品目录，展示更多产品信息和公司介绍，吸引潜在客户；

卖家可以在平台上发布自己的销售信息，吸引买家关注并联系洽谈合作。

此外，中国化工网还为所有用户提供每日更新的化学新闻和最新的贸易展会报告，以帮助用户了解行业动态和市场信息。

图 3.7　中国化工网首页（英文版）

资料来源：作者收集整理，2024 年 3 月

（二）第三方跨境 B2B 交易平台的功能

美国学者埃弗雷姆·特班在其《电子商务：管理与社交网络视角》一书中，将第三方跨境 B2B 交易平台的功能归纳为以下三个。

1. 撮合进口方和出口方，具体包括：

- 确定能够提供的商品；
- 将可供销售的商品分门别类地展示；
- 提供商品价格及其他信息；
- 组织拍卖、竞标等交易；
- 撮合供给与需求信息，验证供求双方的资格；
- 提供商品价格及属性的比较；
- 提供进出口双方的名录；

- 支持双方的谈判；
- 保证信息安全。

2. 促进交易，具体包括：
- 提供交易平台和技术，例如将信息、商品、服务传递给进口方的物流系统；
- 提供商品目录，管理商品目录；
- 提供出账和支付信息，提供保险、物流、订约服务；
- 界定交易术语及谈判术语；
- 提供查询信息，包括行业新闻等；
- 向用户提供接入平台的便利，审核用户利用平台的资格；
- 收取交易费用，提供相应软件，如 EDI 系统等；
- 提供分析和统计数据；
- 接受进出口双方的注册，确定资格；
- 保证信息及交易的安全。

3. 制订交易规则，维护交易平台基础设施，具体包括：
- 保证交易符合商务规则，以及合同、进出口、知识产权相关法律法规等；
- 保证平台的技术支持，保证网站流量和速度；
- 向进出口双方提供标准的系统界面；
- 接受合适的网站广告商，收取广告费和其他费用。

（三）第三方跨境 B2B 交易平台的优势与面临的挑战

第三方跨境 B2B 交易平台的主要优势在于其拥有大量的注册会员和发布的买卖交易信息。这些会员都有明确的买卖意向，并且在平台上进行沟通交流，这使得平台充满商机，可以促进买卖双方之间的合作和交易。平台的市场价值主要取决于其所蕴藏的买卖力量，买卖力量越强大，平台的市场价值也越突出。

第三方跨境 B2B 交易平台提供的服务能够使进出口双方都大幅降低交易成本。进口方可以通过第三方跨境 B2B 交易平台同时向多家供应商发送询价，并且比较其价格、质量和服务等信息，以便做出更明智的采购决策。同时，平台上的供应商信息和产品信息通常非常详细，进口方可以获取到更多关于产品规格、特性及供应商信誉等方面的信息，有助于其进行准确的搜索和比较。

出口方可以通过第三方跨境 B2B 交易平台，展示自己的企业形象、产品信息和优势，更加便捷地接触全球潜在客户，降低开发客户的成本和难度。并且出口方也可以更好地管理订单，提高生产和交货的效率，满足买家需求，提升客户满意度。

另外，第三方跨境 B2B 交易平台提供的附加服务，包括咨询服务、博客、论坛、竞价、广告等，不但有力地拓展了平台的功能性，而且为平台聚集了人气，强化了平台原有的市场销售功能，使平台更具生态性。

不过，第三方跨境 B2B 交易平台也面临一些挑战。例如，对于出口方而言，由于第三方跨境 B2B 交易平台上同类企业众多，为了获得客户和提升市场曝光度，出口方可能需要支付一定的交易费和广告费，而且产品之间的竞争可能会变得异常激烈，导致利润率相对较低。另外，还存在老客户转向竞争对手的情况，导致价格竞争进一步加剧，出口方需要提供更多的增值服务来维持客户关系。对于进口商而言，在与陌生的供应商进行合作时，难以确定其服务和信用状况，存在着一定的风险。

二、独立的跨境 B2B 门户网站

独立的跨境 B2B 门户网站是由买方或卖方独自建设并运营的网站，主要的目的是为上下游的供应商或经销商提供业务服务，在跨境电子商务中即是"进口方或出口方主导的 B2B 模式"。

独立的跨境 B2B 门户网站的类型众多，根据其功能可以分为企业形象型网站与企业功能型网站。企业形象型网站的主要目的是宣传企业和产品，其内容主要包括企业简介、产品介绍、服务内容、价格信息、联系方式等基本内容，但互动性较差，功能相对简单。在具体功能上，网站的关注点在于打造企业形象和转化询盘，主要吸引境外采购商的关注，网站设置要求便于采购商进行询盘和收集产品信息，目前的功能主要有产品询盘、产品详情页、邮箱订阅、邮件提醒、在线客服软件对接，如 Whatsapp、Wechat、Skype 等。目前，我国大部分外贸企业的网站均属于此类。

企业功能型网站则是以在线销售或采购为最终目的。前者不仅包括企业和产品信息，同时也为客户提供在线订单、在线支付、在线咨询、售后服务等功能，网站设置需要照顾消费者的购物体验；后者则为供应商提供竞标、招标、谈判、签约、客户管理、付款审核或划拨等功能。

三、商业名录

商业名录也称为企业数据库，是一个按照行业类别列出企业信息的网站。它可以提供关于各种不同行业的企业联系方式、产品信息、公司简介等内容，有的商业名录还提供客户评论和反馈的功能。在线黄页（Yellow Pages Online）是商业名录的一种形式，将企业按照行业分类和地理位置进行排序。在外贸领域，使用商业名录和在线黄页是一种常见开发客户的方式，通过搜索特定行业或地区的企业信息，帮助企业发现新的商机和合作伙伴。

商业名录可以分为综合性商业名录和专业性商业名录。综合性商业名录包含各行业的公司信息，如美国黄页、欧洲黄页（见本章第三节）等。专业性商业名录一般只包含某行业的公司信息，如工业领域中著名的商业名录托马斯（ThomasNet.com）和康帕斯（见本章第三节）等。

专栏 3.5　　　　　　　托马斯商业名录

托马斯商业名录（见图 3.8）最早可以追溯到 1898 年由 Harvey Mark Thomas 出版的 *Hardware and Kindred Trades*，后改名为 *Thomas Register of American Manufacturers*（《托马斯美国制造商名录》）。20 世纪 90 年代中期，Thomas 将其数据库迁移到网上，并且于 2006 年停止出版其印刷产品。

托马斯商业名录是涵盖几十万家北美制造商、分销商和服务公司、数千个工业类别的工业产品企业和信息名录，提供了详细的公司简介，包括公司描述、地点、品牌（自有和经销）、产品规格/图像、设备清单、工作样本、CAD 图纸、新产品发布、质量认证、运营和财务风险报告、销售数据、所有权状态、成立年份、员工人数、主要联系人和社交媒体存在等信息，帮助买家评估供应商。

图 3.8　托马斯商业名录首页

资料来源：作者收集整理，2024 年 3 月

四、行业协会网站

行业协会网站是 B2B 信息较为集中的地方之一，尤其是对于特定行业的企业来说，行业协会网站是获取相关行业信息和建立联系的重要渠道。其优势包括以下三点。

第一，行业协会网站通常与特定行业密切相关，所提供的信息更加具有针对性。企业可以在行业协会网站上找到与自己产品或服务相关的行业资讯、市场行情、技术发展动态等，有助于了解行业趋势和市场需求。

第二，行业协会网站不仅提供基本的行业介绍，还提供市场调研报告、行业新闻、电子出版物、培训信息等丰富的资源。这些信息可以帮助企业深入了解行业发展状况、市场竞争格局，以及最新的技术和创新动向。

第三，行业协会网站上的会员列表通常包含了该行业的很多重要企业。通过查阅会员列表，企业可以获取潜在的合作伙伴信息，包括企业简介、联系方式和网站链接等，这些信息可以帮助企业找到与自己业务相关的合作伙伴。

专栏 3.6　　　　　美国钢铁产业协会

美国钢铁产业协会（American Iron and Steel Institute）成立于1855年，是美国钢铁行业的主要贸易协会和代表机构，致力于推进美国钢铁产业的发展和利益维护。美国钢铁产业协会的官方网站（见图3.9）是其重要的信息发布渠道之一，该网站提供了一系列有关美国钢铁行业的信息和服务，主要包括以下内容。

公共政策信息。网站上提供了有关钢铁行业在环境、贸易、基础设施等方面的政策和法规信息。

行业数据和市场分析。网站提供了关于美国钢铁行业生产、进出口、消费、价格等方面的最新数据和分析报告，有助于了解行业趋势和市场情况。

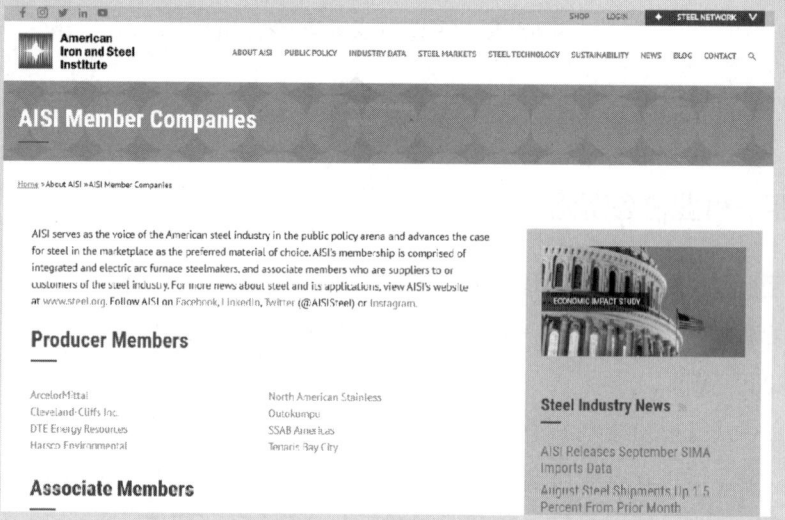

图 3.9　美国钢铁产业协会官方网站会员列表页面

生产技术。网站上分享了有关钢铁生产技术、工艺和创新的信息，包括炼钢、轧钢和生产自动化等方面的内容。

可持续性发展。网站上分享了关于环境保护、社会责任和经济可持续性等方面的信息和实践经验。

会员服务。成员企业可以通过网站获取有关会员资格、行业活动、技术培训和专业合作等方面的信息和服务。

资料来源：作者收集整理，2024年3月

五、国际展览会、博览会网站

展览会或博览会通常都会有专门的网站，以便为参展商和观众提供各种信息，并且促进 B2B 商业交流和合作。国际展览会、博览会网站提供的信息主要包括以下方面。

展会信息。网站上通常会提供展会的日期、地点、主题、规模和参展商等基本信息，以便参观者了解并准备参展。

参展商名录。网站上往往会列出参展商的企业名录，包括制造商、分销商、供应商等相关企业的信息。这对于 B2B 商业模式来说非常有价值，参观者可以提前了解和筛选有兴趣的企业，并且进行商务洽谈和合作。

行业信息。展会网站经常提供与该行业相关的新闻、趋势、市场报告和分析等信息，有助于参观者和参展商了解行业动态和发展方向。

活动安排。网站上通常会发布展会期间的各类活动、论坛、研讨会等安排，参观者可以根据自己的兴趣选择参加，扩展业务网络和知识储备。

专栏 3.7　　　中国进出口商品交易会

中国进出口商品交易会（The China Import and Export Fair，简称为广交会），创办于1957年，每年春秋两季在广州举办，由商务部和广东省人民政府联合主办，中国对外贸易中心承办。广交会是中国历史长、层次高、规模大、商品种类全、到会采购商多且分布国别（地区）广泛、成交效果良好的综合性国际贸易盛会，被誉为"中国第一展"。

广交会贸易方式灵活多样，除传统的线下展馆内交易外，还举办网上交易会，为参展企业提供网上店铺，用文字、图片、视频等方式展示产品和企业信息。同时，网上广交会还提供虚拟展馆（见图3.10），它是一种以传统展馆为基础，利用虚拟技术将展馆及其展品陈列到互联网上进行展示、宣传的三维互动体验方式。虚拟展馆突破了传统意义上的时间与空间的局限，可以让分散在世界各地的使用者在广交会进行场馆漫游与仿真互动。

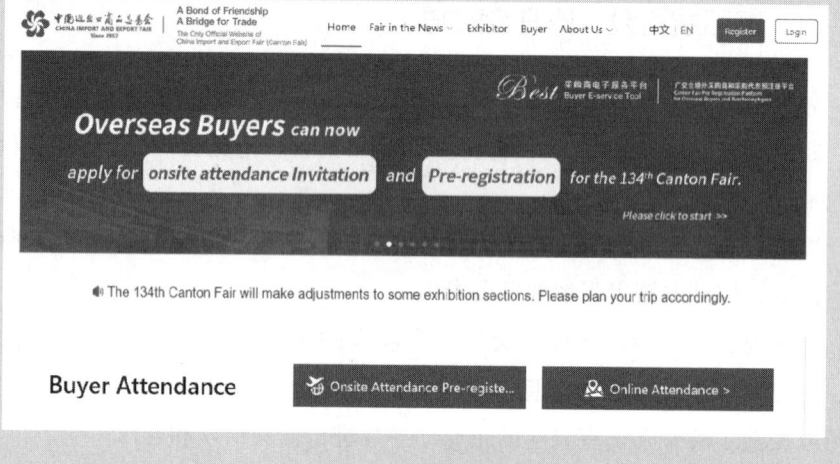

图 3.10　广交会虚拟展馆页面

资料来源：作者收集整理，2024 年 3 月

第三节　常用的跨境 B2B 电子商务平台

一、阿里巴巴国际站

阿里巴巴国际站（见图 3.11）成立于 1999 年，是阿里巴巴集团的第一个业务板块。作为跨境 B2B 电子商务平台的代表，阿里巴巴国际站已成为推动外贸数字化的主力平台。阿里巴巴国际站为全球买家和卖家提供了全场景的、全配套的一站式数字化跨境履约解决方案，主要包括以下内容。

（一）数字店铺

数字店铺是阿里巴巴国际站会员产品，成为会员后就可以在国际站上开店，享受国际站的基础权益，如不限量的商品发布、多媒体商品表达（包括

第三章　跨境 B2B 电子商务

图 3.11　阿里巴巴国际站首页

短视频、店铺直播等权益）、联系境外买家和报价、店铺数据效果分析、专属服务等，展示产品制造能力和企业实力。

（二）精准推广

阿里巴巴国际站为帮助企业提高品牌曝光度和销售效果，推出了"顶级展位"和"外贸直通车"等推广渠道。前者是将产品和企业信息通过视频、文字和图片等富媒体形式全方位展现给买家，位于搜索结果首页的第一位；后者是一种按照效果付费的精准网络营销服务，将产品展示在买家搜索的各种必经通道上。

（三）场景营销

阿里巴巴国际站为企业提供专属展示机会，以彰显其品牌实力。主要展现形式有品牌官方旗舰店、品牌专属市场、品牌搜索凸显、品牌联合营销等。另外，阿里巴巴国际站以行业导购为核心，为全球买家搭建具有行业特色的导购场景，通过类目导购、趋势新品、应用场景、热品榜单、行业资讯、行业优品、营销活动、个性化推荐等精准吸引海量买家。

（四）交易保障

阿里巴巴国际站打造了全球第一个跨境 B2B 中立的第三方交易担保体系，根据出口企业的基本信息、贸易交易额及其他信息综合评定后给予一定的信用保障额度，帮助他们向进口方提供货款的安全保障。同时，平台保障真实交易的卖家权益，比如有任何信用卡拒付发生，阿里巴巴会帮助卖家向银行等第三方机构提交抗辩资料。

（五）支付结算

阿里巴巴数字化跨境支付结算，覆盖 26 个主流币种，支持电汇（T/T）、信用证、信用卡、电子支票（Echecking）、Boleto（全称是 Boleto Bancário，是巴西一种常见的账单付款方式，买家在网站下了单之后须打印一份支付账单，凭该账单上的二维付款识别码，在 3~5 天内到银行、ATM 机、便利店或者网上银行授权银行转账）、Pay Later（买家在阿里巴巴国际站采购时可用的一种全新支付方式，买家使用 Pay Later 支付时，第三方金融机构将直接垫付资金给卖家，买家可获得最长 6 个月的贷款期，卖家可安全快速收款）以及各种在线支付方式，可实现在线秒级汇兑，全程资金链路透明可追溯，全球收汇可视化。

（六）跨境物流

阿里巴巴国际站联合菜鸟网络打造的货物运输平台，为买卖家提供海运拼箱、海运整柜、国际快递、国际空运、集港拖车、中欧铁路和海外仓等跨境货物运输及存储中转服务。通过其强大的物流系统，外贸企业可以享受到平台查价、在线比价、一键下单、跟踪运输轨迹等服务。

（七）金融服务

阿里巴巴国际站提供跨境交易一站式金融解决方案，主要包括专业把控信用证贸易风险，对开证国家（地区）、开证银行资质评估、规避外部风险；提供信用证资金融通，独创 100% 买断服务，让企业可以提前收汇。另外，阿里巴巴国际站还能够向企业提供信用融资贷款，帮助出口商解决备货期间的生产、采购资金需求，提升企业接单能力。

（八）综合服务

通过互联网技术优势，阿里巴巴国际站创新"互联网+外贸"服务模式，为外贸企业提供快捷、低成本的通关、收汇、退税及配套的外贸融资、国际物流等综合服务。通过电子商务的手段，简化企业外贸出口流程，提高工作效率，降低企业外贸交易成本，提供本地化、专业化、个性化贴身服务，解决外贸企业流通环节的难题。

二、中国制造网

中国制造网（见图3.12）创立于1998年，由焦点科技股份有限公司开发及运营，持续深耕于国际贸易领域，致力于为供应商和采购商挖掘全球商机，为双方国际贸易的达成提供一站式外贸服务。截至2023年年底，中国制造网提供多达16种语言的信息，全球注册会员覆盖千万级专业的采购商，遍布全球220个国家（地区），年访问量超22亿人次。

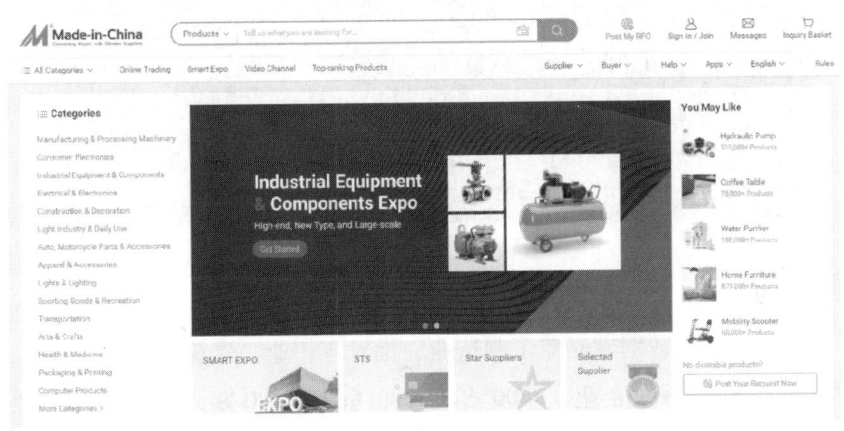

图3.12　中国制造网首页

中国制造网为供应商和采购商提供会员服务，会员可以通过虚拟办公室发布并管理企业、产品、商情信息，还可以使用网上展示厅、专业客服支持、全渠道多终端推广、智能化数字营销，以及获得在产品目录和搜索结果中优先排名的机会。

同时，中国制造网也为生产企业出口全球提供一站式外贸全流程解决方案，内容包括报关、船务物流、退税申报、外汇结收、出口信保、订单贷款，企业可根据自身需求定制服务。

三、康帕斯

康帕斯集团（见图 3.13）成立于 1947 年，致力于为企业提供准确、全面的商业信息及相关服务，帮助企业扩展业务、发现合作伙伴及开展国际贸易。康帕斯集团所创立并拥有独立知识产权的工业和产品分类系统是被联合国确认的国际标准工业分类系统（WorldFile）。依靠康帕斯集团创立的自有知识产权的产品分类系统和企业与产品数据库，康帕斯集团从小到大一步步发展成为拥有 66 个国家（地区）成员的专业化的商业服务企业集团。康帕斯的工商信息和分类系统被翻译成 38 种语言，在全球拥有超过 200 万家长期用户。

图 3.13　康帕斯首页

康帕斯集团的数据库涵盖了制造业、批发零售业、建筑业等多个领域的信息，包括 5300 多万家企业、7700 多万个联系人、800 多万个电子邮件地址、3300 多万个电话号码及 1500 多万个网址等，每月有超过 700 万独立的访客。通过这些信息，用户可以快速找到合适的商业合作对象，并且进行商务沟通和合作交流。除了商业数据库，康帕斯集团还提供一系列增值服务，如市场调研、商业咨询、数字营销等，帮助企业在全球范围开展业务并取得成功。

四、欧洲黄页

欧洲黄页（见图 3.14）是欧洲著名的 B2B 电子商务平台，收录了 260 多万家企业，包括制造商、服务供应商、批发商和经销商。截至 2023 年年底，欧洲黄页提供 26 种语言版本，有来自 210 个不同国家（地区）的用户注册使用网站服务，每月有超 400 万访客查询欧洲黄页高质量数据库。欧洲黄页主要提供以下服务。

图 3.14 欧洲黄页首页

登录与排名服务。也称欧洲黄页广告服务，主要分多媒体黄页（包括印刷黄页、光盘黄页和在线黄页）广告和在线黄页广告两种。

贸易机会服务。让企业发布供求信息，查询各类供求信息和订阅供求信息电子邮件，从而为企业创造国际贸易机会，把握每个商机。

公共项目招标信息服务。欧洲黄页每天提供 400~800 个新的由欧洲国家正式发布的项目承包招标邀请信息，让企业获得第一手欧洲招标信息。

五、GlobalSpec 与 MFG

GlobalSpec 与 MFG 是全球制造业领域比较著名的 B2B 电子商务平台。

GlobalSpec（见图 3.15）致力于为全球工业和电子行业的工程师和技术工程专家提供产品和供应商信息，是全球专业的电子及工业网站之一，超过 800 万行业专业人士通过 GlobalSpec 在研究、产品设计和采购过程中获取资源支持。该网站提供包括来自工业部门各供应商的超过 1.22 亿个零部件信息，160 万个标准文件的元数据和摘要，超过 9500 万个工程文件数据库（包括技术文章、报告、出版物、专利和电子书等），行业和市场新闻和观点信息，以及提供论坛、博客和相关资源。

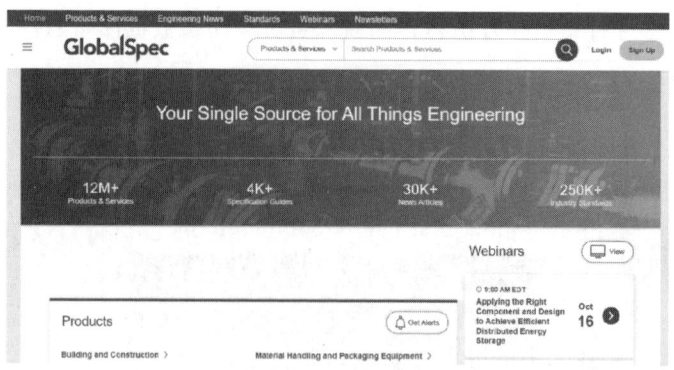

图 3.15　GlobalSpec 首页

MFG（见图 3.16）主要为定制零件的买家和制造商服务，使定制零件的买家和制造商能够轻松找到对方并进行合作。MFG 有四个主要的服务：一是制造商名录，MFG 拥有来自 26 个国家（地区）的 10 万多家制造商信息，买家可以搜索、浏览制造商资料并进行沟通；二是询价市场，买家提交报价即可收到来自世界各地或指定国家（地区）的制造商的报价；三是订单管理，买家可以使用 MFG 与制造商沟通、创建或上传采购订单、查看整个制造过程中的零件状态信息等；四是用户社区，参与者可以在其中与其他用户互动交流、在分类广告上销售、发布职位信息等。

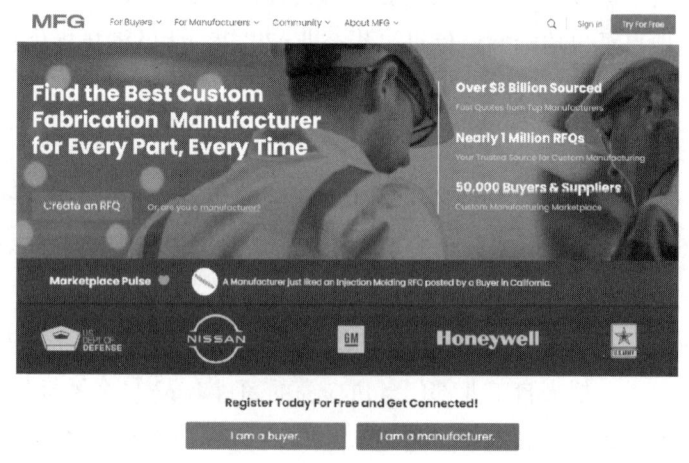

图 3.16　MFG 首页

六、EC21 和 Ecplaza

EC21 和 Ecplaza 是韩国著名的 B2B 电子商务平台。

EC21（见图 3.17）由韩国贸易协会于 1997 年创立，主要为发展韩国国内贸易以及扩大韩国的国际经贸服务。截至 2023 年年底，约拥有 250 万会员、700 万条产品链接，以及具有 250 万家全球采购商的数据库，每月访客数量约 350 万。

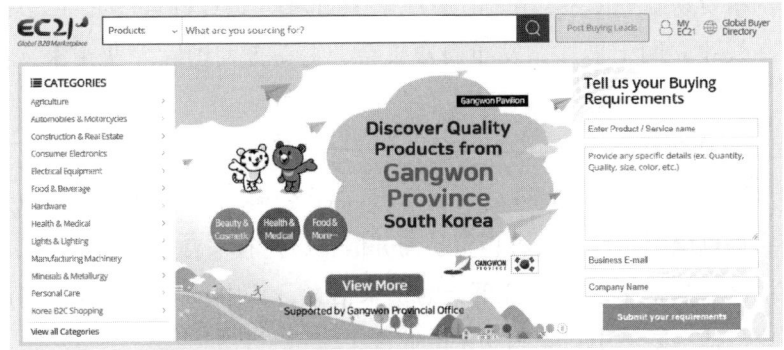

图 3.17　EC21 首页

Ecplaza（见图 3.18）是韩国著名的 B2B 电子商务贸易网站，成立于 1996 年，截至 2023 年年底，拥有来自世界 220 个国家（地区）的 100 万注册会员，拥有 400 万条商业信息。Ecplaza 采用线上和线下资源相整合，线上电子商贸工具和线下商务手段相结合的方式，为全球买家和卖家提供信息沟通及贸易成交服务。

图 3.18　Ecplaza 首页

七、其他 B2B 电子商务平台

1. TradeKey

TradeKey 成立于 2005 年，总部设在沙特阿拉伯，是中东地区影响力很大的 B2B 电子商务平台，运营中心设在巴基斯坦，以出口为导向，已成为全球 B2B 网站的领导者和受外贸企业欢迎的外贸 B2B 网站之一。TradeKey 提供一体化的网络贸易服务体系，包括 RFQ、P/I、P/O、L/C 等自动文件处理方式，企业可在线建立网上展厅、发布商业机会、主动查询国际专业买家、在线询价等。

2. 印度商贸网

印度商贸网由印度 Infocom Network Limited 公司于 1996 年创办，致力于为众多商家提供国际和印度的各种贸易商务信息，拥有来自全球上万个供应商及采购商的庞大数据库以及每日更新的供求信息，其中包括上千种不同产品目录。买家群体主要集中在美国和东南亚地区。

 思考与实训

1. 举例说明跨境 B2B 电子商务的模式有哪些。
2. 举例说明跨境 B2B 电子商务的功能有哪些，带来的利益有哪些。
3. 跨境 B2B 电子商务和跨境 B2C 电子商务的区别有哪些？
4. 尝试归纳各种 B2B 电子商务网站的特点，并且按照自己的标准为其分类。
5. 社交网络是如何影响跨境 B2B 电子商务的？

第四章　跨境 B2C 电子商务和独立站

近年来，面向境外个人消费者的中国跨境电子商务零售出口业务（如 B2C/C2C）蓬勃发展，大量的境内卖家通过 eBay、亚马逊、速卖通等跨境电子商务平台售卖商品。对于卖家来说，交易扁平化，简化原来传统外贸流程，降低了交易成本和门槛。对于消费者来说，跨境 B2C 电子商务则带来更丰富的境外产品与服务的供应，更多的供应商选择，产品和服务的价格更加低廉，等等。另外，跨境电子商务独立站也在快速发展中，为境内企业出海提供了独特的赛道。

学习目标

了解内容：跨境 B2C/C2C 电子商务概念、独立站的概念、第三方跨境 B2C 电子商务平台的营利模式

理解内容：跨境 B2C 电子商务发展的动力、跨境 B2C 电子商务的特点、常用的跨境 B2C 电子商务平台

掌握内容：跨境 B2C 电子商务的交易流程、卖家的运营模式、独立站的优劣势、独立站建站模式

关键术语：跨境 B2C/C2C 电子商务、第三方跨境 B2C 电子商务平台、自建型跨境 B2C 电子商务平台、混合型跨境 B2C 电子商务平台、亚马逊、速卖通、eBay、Shopee、独立站、铺货模式、精品模式、精铺模式

第一节　跨境 B2C/C2C 电子商务概述

一、跨境 B2C/C2C 电子商务概念

跨境 B2C 电子商务是指企业通过互联网将商品直接销售给境外消费者的一种模式。境外消费者在网络销售平台上浏览和购买商品，企业通过物流将商品送达境外消费者手中。跨境 B2C 电子商务的目标客户是境外个人消费者，因此单次交易购买金额一般较低、购买数量较少，不过交易频率较高，也被称为"跨境电子商务零售"。

根据跨境 B2C 电子商务平台的所有权和运营模式，可以将跨境 B2C 电子商务平台分为第三方、自建型及混合型三种类型。

第三方跨境 B2C 电子商务平台是指由买卖双方之外的第三方企业建立的，跨境电子商务卖家在第三方网站发布产品、接受订单和进行推广，如 eBay、WISH 等平台都属于第三方平台，其主要的功能是提供交易平台和技术服务，基本上不售卖自己的产品。

自建型跨境 B2C 电子商务平台是指企业自己设立网站直接向境外消费者提供产品，这种模式通常被称为"跨境独立站"（详见本章第三节）。

混合型跨境 B2C 电子商务平台是指平台既直接售卖自己具有所有权的产品（即"自营产品"），又允许其他卖家入驻并销售产品，如亚马逊、沃尔玛等都属于典型的混合型跨境 B2C 电子商务平台。

跨境 C2C 电子商务是指个体消费者之间通过互联网在全球范围直接进行的在线交易模式，消费者可以通过第三方平台或社交网络来销售和购买其他个人消费者的商品或服务。跨境 C2C 电子商务的主要优势之一在于消费者可以更加灵活地销售闲置物品、二手商品或自己制作的产品，也可以以更低廉的价格购买他人的商品。

相比于跨境 B2C 模式，跨境 C2C 模式在安全、可靠性、信用和成本方面存在一些挑战和限制。首先，个人卖家的信誉和产品质量难以保证，买家可能面临购买到不符合预期的商品或遭遇欺诈的风险。相比之下，跨境 B2C 模式中的卖家通常是具有资质和信誉的，买家可以更容易地参考评价和评级来做出

购买决策。其次，在跨境 C2C 交易中，售后和客户服务的质量和可靠性难以保证。个人卖家往往没有完善的售后体系和专业的客服团队，这可能导致消费者在遇到问题时难以得到及时解决。再次，个人卖家可能没有明确的退货政策，而纠纷处理也可能因为缺乏中立的第三方机构而更加困难。最后，相比于跨境 B2C 模式，跨境 C2C 交易往往缺乏规模化和专业化的供应链管理，这可能导致发货时效、物流质量和库存管理等方面的问题。

从发展趋势看，因为跨境 C2C 模式难以满足平台的发展要求、难以提升买家的消费体验以及难以满足相关国家（地区）对跨境电子商务的监管要求（比如对进口关税以及商品质量的监管），所以其在跨境电子商务各种类型中所占的比重越来越小。

二、跨境 B2C 电子商务发展的动力

近年来，跨境 B2C 电子商务市场正迅速发展，发展的动力来自多方面因素。

第一，技术进步、跨境信息流的便利化为买卖双方带来了更多的便利。随着互联网和移动信息技术的飞速发展，消费者可以通过跨境网购平台更快速地获取商品信息。此外，机器翻译等技术的发展也能帮助交易双方克服语言障碍，促进跨境交流。

第二，随着人们收入水平的提高和生活水平的提升，消费者对多样性和个性化的商品有了更强烈的需求。跨境 B2C 电子商务市场为消费者提供了更多选择，他们可以购买到境内市场上难以获得的商品。

第三，跨境支付模式的创新，包括第三方支付平台的发展、支付创新技术的应用、支付合规与监管的加强等，使得小额跨境交易变得更加便利。个人可以方便地进行跨境支付，流程更简化、成本更低、时效性更强。

第四，跨境物流服务的集约化和创新，包括基于大数据分析与预测的优化、运输与仓储的集约化、海外仓模式及物流技术创新等，有助于改善消费者体验，降低成本，并且提高物流效率。这些改进措施不仅促进了跨境 B2C 电子商务市场的发展，也为消费者提供了更便捷、高效的购物体验。

第五，移动互联网的普及也是推动跨境 B2C 电子商务市场发展的重要因

素之一。随着智能手机和平板电脑的普及,消费者可以随时随地进行跨境网购。这种便利性不仅提升了消费者的购物体验,也促进了跨境 B2C 电子商务市场的发展。

三、跨境 B2C 电子商务的特点

跨境 B2C 和 B2B 电子商务模式的本质都是通过互联网技术实现商品和服务的交易。但由于跨境 B2B 和 B2C 所面对的市场和消费者不同,它们存在很多差异,如表 4.1 所示,通过这些差异我们可以了解跨境 B2C 电子商务的独特之处。

表 4.1 跨境 B2C 与 B2B 电子商务模式的差异

项目	跨境 B2B 电子商务模式	跨境 B2C 电子商务模式
参与主体	企业之间的交易,供应商和采购商都是企业或机构	企业和消费者之间的交易,供应商是企业,而采购者是最终的消费者
购买者数量	购买者数量比较少,地理位置比较集中,客户类型差异明显	购买者数量很多,地理位置分散
交易内容	通常是大宗商品、原材料、设备、服务	家庭或个人使用物品,通常是零售商品和服务
市场定位	面向的市场是专业的、商业化的市场,需求较为复杂,涉及长期合作关系、批发和定制等	面向的市场是广大的消费者市场,需求相对简单明确,注重个人消费体验和时尚趋势
交易规模和频率	交易规模通常较大,订单金额高,交易频率较低,可能是长期合作关系	交易规模通常较小,订单金额相对较低,交易频率较高
销售策略和营销手段	销售过程通常需要与客户建立长期的合作关系,涉及谈判、签订合同等复杂的流程。营销手段主要依赖专业的销售团队、商务拜访、行业展会等	销售过程通常是快速的、单次交易,注重个人消费者的购物体验和推销活动。营销手段主要包括线上广告、社交媒体、电子邮件营销等
购买者使用产品方式	用于企业生产、消耗、使用或转售,企业经济用途决定其价值	用于个人使用或消费需求

续表

项目	跨境 B2B 电子商务模式	跨境 B2C 电子商务模式
购买者行为	企业购买行为是一个较长的过程，交易过程复杂；购买量较大，并且多为定制式需求；购买决策受众多人员影响；理性和专业性采购；多次销售咨询	消费者购买行为是一个单独的行动或事件；购买量小；购买决策可由一个人决定；交易过程简单、耗时短；感性和非专业性采购；通过零售商或中间商购买
买卖双方的关系	客户依存度大，可发展成长期、密切的合作伙伴关系	多为一次性购买和偶发式消费，黏性不高，关系松散

四、跨境 B2C 电子商务的影响

在跨境 B2C 电子商务发展之前，绝大部分跨境贸易是以 B2B2C 的多环节链状模式进行的，即一件消费品要经过进出口采购商、批发商、零售商等多个环节才能到达境外消费者手中。这一模式的弊端在于：消费者与产品提供商之间的互动与交流被阻断，生产商难以及时了解消费者需求；交易流程各环节的服务商体量巨大，容易形成垄断，使本应作为交易主角的买卖双方处于不对称的劣势，议价能力被压缩，难以取得产业链中的合理利益分配。跨境 B2C 电子商务的发展改变了这种情况，对于交易的各参与方都有深刻的影响。

首先，对于卖家而言，跨境 B2C 电子商务模式打破了传统的多环节链状模式，使得产品提供商能够直接面对消费者。通过数字平台，企业可以在网络上推广产品，与全球消费者建立高效的互动沟通，感知市场需求，创新产品，并且寻找销售机会。跨境 B2C 电子商务平台的数字化交易模式降低了交易成本，降低了中小企业和发展中国家供应商的参与门槛，使全球化受益更加平等和普惠。

其次，对于买家（消费者）而言，跨境 B2C 电子商务模式给消费者带来了显著的福利。消费者可以选择更丰富的境外产品和服务，享受更多的供应商选择，拥有更大的个性化空间。扁平化的线上交易模式减少了中间环节，降低了产品和服务的价格，并且缩短了交付时间，提高了购物体验。

最后，对于中间服务商而言，传统 B2B2C 模式下的中间服务商，如进出口代理商和线下零售商，仍然提供物流、通关和售后等服务，但它们需要在新生态系统中重新定位，在更广阔的线上空间创造价值。

总之，跨境 B2C 电子商务的发展给各方都带来了深刻的影响。新兴的数字平台以及数字化的交易模式，加速了贸易全球化、普惠化和平等化的进程，为全球经济的发展打开了崭新的大门。

第二节 第三方跨境 B2C 电子商务平台

一、第三方跨境 B2C 电子商务平台交易流程

实际上，第三方跨境 B2C 电子商务平台的交易流程与境内电子商务平台如京东、天猫等基本类似，虽然不同的第三方平台的交易规则不同，但是交易流程大同小异，如图 4.1 所示。

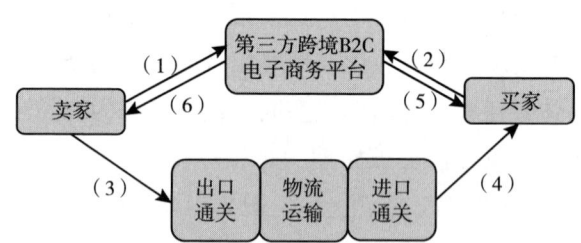

图 4.1 第三方跨境 B2C 电子商务平台交易流程

图中序号说明如下：
（1）卖家将商品信息上传至平台，设置好价格、付款方式及物流等选项。
（2）买家在平台下订单并付款。
（3）卖家处理订单，实际发货，并且将货运单号上传至平台声明发货。
（4）物流公司寄送货物，并且代理办理通关、报检手续。
（5）买家收货验货，确认送达，指示平台将货款支付给卖家；若买家未确认收货，则在规定期限内，平台将货款直接支付给卖家。
（6）平台将货款支付给卖家。

如果出现货物丢失、破损、货不对板、瑕疵等情况，买家可以在平台发起纠纷处理申请，卖家须及时回应，如果双方就争议无法达成一致意见，可以向平台申请按一定规则进行仲裁。

二、第三方跨境 B2C 电子商务平台的营利模式

跨境卖家主要通过在第三方跨境 B2C 电子商务平台上售卖产品赚取差价来获得利润。作为第三方中介型平台，第三方跨境 B2C 电子商务平台则有更多的获取利润的渠道，主要包括以下几种。

（一）服务费

服务费主要是指平台在向卖家提供售卖服务功能时收取的费用。不同的平台对此服务费的称谓不一样，如亚马逊北美站向专业卖家每月收取 39.99 美元的月租金，而 eBay 则需要缴纳"店铺费"和"刊登费"。eBay 卖家店铺分为三种类型，分别为普通店铺、高级店铺、超级店铺。费用有月度和年度两种收费方式，不同等级的店铺，每月免费产品链接的刊登数量、刊登费及成交费收取的比例均不相同。但店铺等级越高、免费刊登数量越多，其他费用的费率越低。eBay 店铺费和刊登费的收费规则如表 4.2 所示。

表 4.2　eBay 店铺费和刊登费的收费规则

店铺类型	月度店铺费用/月（美元）	年度店铺费用/年（美元）	一口价[1]每月免费刊登额度（条）	拍卖方式[2]在限定类目中每月免费刊登额度（条）	超出免费额度部分收取刊登费（每条）一口价（美元）	超出免费额度部分收取刊登费（每条）拍卖方式（美元）
普通店铺	24.95	239.4	250	250	0.20	0.25
高级店铺	74.95	719.4	1000	500	0.10	0.15
超级店铺	349.95	3599.4	10000	1000	0.05	0.10

注：1. 一口价的方式就是以定价的方式来刊登商品。
　　2. 拍卖即通过竞拍方式销售商品，卖家设置商品的起拍价格和在线时间，出价最高的买家就是中标者，商品即以中标价格卖出。

另外，一些平台还对一些特殊功能收费。例如，eBay 为了更容易吸引买家的关注，允许设置标题为粗体及设置副标题（subtitle，是指标题下方一个浅灰色的字体略小的标题），但是要根据情况收取 0.5 到 6 美元的费用。对于拍卖，若设置保底价，则如果保底价低于 75 美元，保底价功能的费用为 3 美元。如果拍卖超过 75 美元，保底价功能的费用为拍卖价格的 4%，但是最多不超

过 100 美元。如果设置了 1 天或 3 天的拍卖天数,也需要额外再收取 1 美元。

(二)佣金

当跨境交易成交以后,第三方跨境 B2C 电子商务平台会抽取一定的佣金,这也是许多平台主要的盈利来源。销售佣金费用根据销售价格乘一定比例的佣金费率计算。例如,速卖通佣金费率主要有 5% 和 8% 两档;eBay 有 3.5%、4%、6.15%、7.15%、8.15%、9.15% 等多档佣金费率;亚马逊有 8%、10%、12%、15% 等多档佣金费率,如表 4.3 所示。

表 4.3 亚马逊佣金费率表(部分)

商品分类	销售佣金百分比[1]	最低销售佣金(美元)
亚马逊设备配件	45%	0.30
美妆和个护健康、母婴	对于总销售价格不超过 10.00 美元的商品,收取 8%	0.30
	对于总销售价格超过 10.00 美元的商品,收取 15%	
商业、工业与科学用品,汽车用品	12%	0.30
服装和配饰	10%	0.30
小型电器	对于总销售价格中不超过 300.00 美元的部分,收取 15%	0.30
	对于总销售价格中超过 300.00 美元的部分,收取 8%	
	对于总销售价格中超过 100.00 美元的部分,收取 8%	
全尺寸电器、视频游戏机、消费类电子产品、电脑	8%	0.30
背包、手提包和箱包、家居及厨房用品、草坪和园艺、乐器和影音制作、办公用品、宠物用品、运动户外、工具和家居装修、玩具和游戏、鞋靴	15%	0.30
轮胎	10%	0.30

注:亚马逊将扣除基于适用百分比计算得出的销售佣金或适用的每件商品最低销售佣金(取二者中的较高者)。

(三) 广告推广费

为了提高产品曝光度，增加卖出机会，第三方跨境 B2C 电子商务平台一般都设置了许多内部的付费推广服务。例如，速卖通推出"直通车"功能，卖家可以出价购买关键词，当消费者搜索关键词时，出价较高的卖家产品排名较靠前，免费展示产品信息，但根据点击量付费，即消费者点击查看商品一次，卖家即需要缴纳出价的金额，而无论最后是否能够成交。

有的平台则根据最终的成交效果来收取推广费。例如，在 eBay 上设置了促销的刊登（promoted listing），产品会被推广出现在特定的位置。只有通过推广活动成功卖出商品后，eBay 才会收取相应比例的佣金。若只点击但并未售出，则不会产生广告费用。促销的刊登可以设置 1% 到 20% 的推广佣金比例，而这个佣金比例是按照成交价的一定比例来收取的，不包含物流费用。

(四) 物流仓储费

有些平台可以提供物流及仓储服务，卖家需要支付一定的费用。例如，使用亚马逊的 FBA 服务时，会产生配送费用、月仓储费用及库存配置服务费。物流配送费用（包括"订单处理费""取件及包装费""首重和续重费"）一般是按件收取，每件收取的费用又与产品的重量、尺寸有关。月仓储费用是根据产品尺寸按比例收费。库存配置服务费是指使用 FBA 服务时，亚马逊默认会将卖家的商品随机分仓到多个仓库。如果卖家认为分仓麻烦，可以先设置合仓，如果设置了合仓，亚马逊将按件收费，具体费用取决于选择的仓库目的地和商品数量。

(五) 其他服务费

有些平台会提供翻译、商标注册、税务代理等服务，都要收取相应的费用。

三、卖家在跨境 B2C 电子商务平台上的运营模式

(一) 精品模式

在精品模式下，店铺通常不会拥有大量的产品，而是专注于特定的垂直类目，主要集中在打造少量爆款产品，以实现稳定的销量和市场份额。这种模式的核心思想是关注产品质量和用户体验，这种专注有助于店铺深入了解目标消

费者需求，提高产品研发和设计能力，以及提升品牌形象和口碑。

此外，精品模式也有助于降低库存成本和管理复杂性。由于产品数量较少，库存管理变得更加简单和高效，从而降低了库存成本和滞销风险。同时，由于产品线较为集中，店铺可以更专注于特定产品的研发和改进，提高产品质量和竞争力。

然而，精品模式也面临着挑战。首先，精品店铺需要精准地预测和满足消费者需求，否则可能会导致产品滞销或库存不足。其次，由于产品数量较少，一旦出现质量问题或设计缺陷，可能会对整个店铺产生重大影响。此外，精品模式还需要卖家具备一定的品牌意识和品牌运营能力，提高消费者对产品的信任度和忠诚度。

（二）铺货模式

铺货模式（也被称为泛品模式）是指通过在平台上大量上传多样化的产品，覆盖各种不同的品类和细分市场。这种策略的核心思想是以量取胜，目的是提升店铺的曝光率，覆盖更广泛的目标客户群体，增加销售机会。

在实践中，铺货模式经常与店群模式结合使用。店群模式指的是在跨境电子商务平台上同时开设多个店铺，卖家可以在不同的市场、不同的产品类别中拓展业务，获取更多的流量和销售机会，提高销售额，同时分散风险和增加抗风险能力。

然而，铺货模式也存在一些缺点。首先，需要大量的时间和资源来管理和更新产品信息，否则可能导致产品管理混乱或滞销。其次，由于产品数量众多，难以对每个产品进行精细化的运营和推广，可能导致部分产品的销售效果不佳。此外，大量上传相同或相似的产品可能导致价格战和利润下降。

（三）精铺模式

精铺模式是一种介于精品模式和铺货模式之间的运营策略。这种模式注重选择部分具有市场潜力的产品进行精细化运营和打造，选择少数具有潜力的产品进行重点推广，同时保持一定的产品线多样性。

精铺模式的优点在于能够集中资源对少数产品进行精细化运营，提高产品质量和品牌知名度。同时，精铺模式可以降低库存成本和风险，提高资金的利用效率。相比于铺货模式，精铺模式的产品选择更加精准，能够更好地满足消费者需求，提高客户满意度和忠诚度。

然而，精铺模式需要卖家具备一定的市场洞察力、产品策划能力和运营经验，对产品的选择和运营需要更加精准和精细。同时，需要注重产品质量和客户体验，提供优质的服务和产品，以吸引和留住消费者。

四、主要的跨境B2C电子商务平台

（一）亚马逊

亚马逊公司（见图4.2）成立于1995年，总部位于美国华盛顿州西雅图市，是一家大型网络零售电子商务公司。亚马逊网站为客户提供数百万种商品，如图书、电子和计算机、家居园艺用品、玩具、婴幼儿用品、食品、服饰、鞋类和珠宝、健康和个人护理用品、体育用品、户外用品、汽车、工业产品、影视、音乐和游戏、数码下载服务等。亚马逊在全球设置了20余个站点，包括亚马逊美国、英国、德国、法国、加拿大、日本、印度、意大利、西班牙、墨西哥、巴西、澳大利亚、阿联酋、沙特阿拉伯和波兰等，在全球拥有400多个运营中心，雇员超过100万名，服务全球数亿客户。另外，亚马逊还为卖家提供FBA（Fulfillment by Amazon）物流服务，即卖家可以将产品存储在亚马逊的仓库中，由亚马逊负责商品的包装、发货和售后处理。

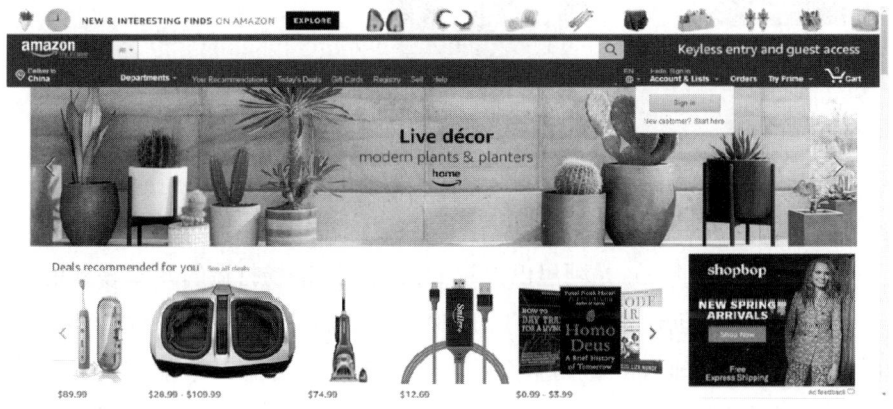

图4.2 亚马逊首页

（二）eBay

eBay（见图 4.3）创立于 1995 年 9 月，最初是一个拍卖网站，现在已经发展成为拥有超过 4 万个品类、15 亿活跃产品链接、全球近 1.5 亿活跃买家、连接全球 190 多个市场数以亿计的买家与卖家的著名购物网站。eBay 上的商品种类非常丰富，从服装、鞋子、电子产品到家用电器、汽车甚至艺术品等。买家可以通过多种方式获取所需商品，并且可以在 eBay 上找到一些稀有的或者难以在其他地方找到的商品。eBay 的商业模式主要包括 B2C 和 C2C 两种交易方式。eBay 的特点之一是它采用了竞拍和一口价两种销售方式，让卖家可以根据商品特点选择合适的销售模式。作为全球最大、最受欢迎的在线市场之一，eBay 在全球多个国家（地区）设立了分支机构，并提供多种语言版本的网站，为全球用户提供便捷的购物体验。

图 4.3　eBay 首页

（三）速卖通

速卖通（见图 4.4）是阿里巴巴旗下面向国际市场打造的 B2C 模式的跨境电子商务平台，其创建于 2009 年，于 2010 年正式上线，已经开通了 18 个语种的站点，覆盖全球 200 多个国家（地区）。速卖通覆盖 3C、服装、家居、饰品等 30 多个一级行业类目，其中优势行业主要有服装服饰、手机通信、鞋包、美容健康、珠宝手表、消费电子、计算机网络、家居、汽车摩托车配件、灯具等。同时，速卖通拥有大量优质卖家，其中很多是中国制造的优质品牌和工厂，他们通过速卖通平台将商品销往全球。速卖通在俄罗斯、巴西、韩国、西班牙、法国等国家（地区）具有一定影响力。

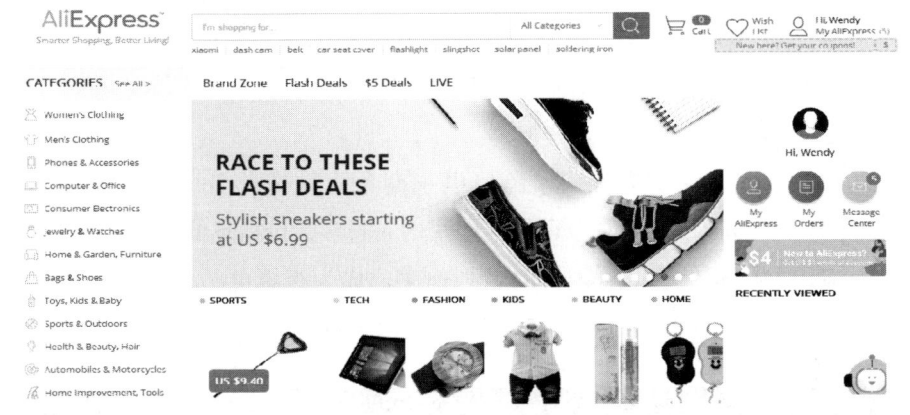

图 4.4　速卖通首页

（四）Shopee

Shopee（见图 4.5）成立于 2015 年，总部位于新加坡。它是一家专注于东南亚市场的跨境电子商务平台，在东南亚地区的发展非常迅猛。Shopee 已经覆盖了新加坡、马来西亚、菲律宾、印度尼西亚、泰国、越南等国家（地区），拥有超过 2 亿的注册用户。Shopee 平台的商品种类非常丰富，涉及电子产品、

图 4.5　Shopee 新加坡站点首页

时尚服装、家居用品、图书音像等多个领域。Shopee 平台的特色在于其采用本土化运营模式,针对不同国家(地区)的消费习惯和市场需求进行差异化运营,为消费者提供本土化的购物体验。Shopee 还专门为消费者和卖家提供一些特殊服务,如 Shopee 保险,以确保消费者的购物体验安全可靠;再如 Shopee 视频,消费者可以通过视频观看产品演示并直接购买。

（五）Temu

2022 年 9 月,拼多多推出了跨境电子商务购物平台 Temu(见图 4.6)。Temu 意为"Team Up, Price Down",即买的人越多,价格越低。自 Temu 上线后,其应用下载量在欧美地区长期名列前茅,成为跨境电子商务领域的一匹黑马。

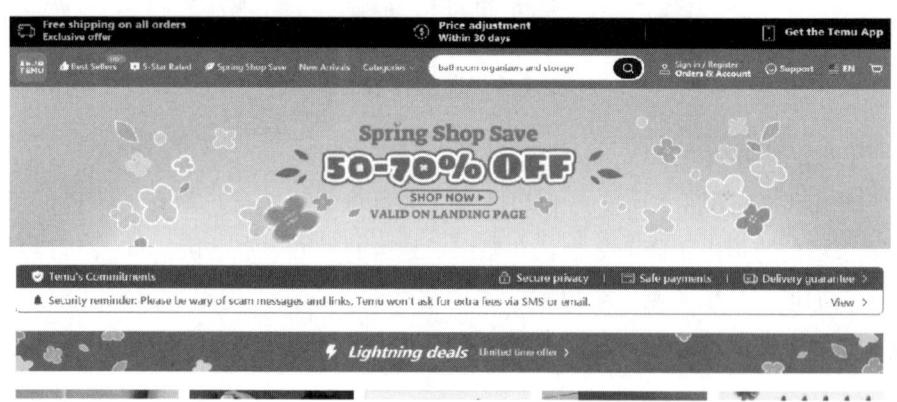

图 4.6　Temu 首页

Temu 具有极致的性价比,帮助其迅速在境外市场打开局面,赢得了许多用户的青睐。相关数据显示,Temu 上的鞋服、日用品等比竞争对手价格要低 30%～50%。

Temu 所推出的全托管模式能够解决商家的运营难题,吸引了大量商家入驻,为平台发展起到了积极作用。在 Temu 的全托管模式下,商家只需要供货,将货物提前运送至平台仓库,其他环节如运输、运营等均由平台负责,极大地降低了商家的参与门槛和运营难度,商家也无须考虑后续环节。

第三节　跨境电子商务独立站

一、跨境电子商务独立站的概念

独立站①，顾名思义它就是一个独立的网站，跨境电子商务企业拥有这个网站独立的域名和独立的服务器。跨境电子商务企业通过自己的独立站进行跨境交易活动、自主设置支付结算方式和物流配送方式等来完成交易。

独立站在世界各地都具有优势和发展潜力。欧美及日本、韩国等市场对自由品牌接受度高，购买客单价也高，为独立站提供了良好的发展环境；东南亚和非洲市场还在快速发展期，并且社交媒体渗透率高，为独立站提供了广泛而便利的市场拓展空间；中东和拉美市场的消费者重视品牌认可度，对品牌溢价接受度高。

近几年我国对跨境电子商务企业发展独立站给予了大力支持。2021年7月印发的《国务院办公厅关于加快发展外贸新业态新模式的意见》中提出，"鼓励外贸企业自建独立站，支持专业建站平台优化提升服务能力"，各地方政府也纷纷出台政策进行支持。数据显示，我国跨境电子商务企业在境外已经建立超过20万个独立站②。

专栏4.1　　　　　　　　兰亭集势

> 兰亭集势（见图4.7）成立于2007年，是我国第一批B2C跨境电子商务独立站的典型代表，其注册用户有数千万，累计发货目的地国家（地区）多达200个，遍布北美洲、亚洲、欧洲和南美洲。兰亭集势销售的商品涵盖服装、电子通信产品及其零件配件、园艺产品、家居装饰、美容产品、玩具、户外运动产品、3C产品等十几大类。

---

① 需要指出的是，从广义上讲，根据主流的B2B和B2C模式划分，独立站也分为B2B型和B2C型，B2B型实际上就是第三章中所述的"独立B2B门户网站"。从狭义上讲，目前在业界，一般讲的"跨境电子商务独立站"均指B2C模式。

② 商务部：我国跨境电商主体已超10万家 建设独立站超20万个，中国网财经，2023年5月。

图 4.7　兰亭集势首页

资料来源：作者收集整理，2024 年 3 月

二、跨境电子商务独立站的优势

跨境电子商务独立站之所以获得大力发展，是因为其有独特的优势。

第一，独立站不受第三方平台限制，拥有更多自主权。相比之下，第三方跨境电子商务平台虽然提供了开店便利和平台流量，但同时也会限制卖家的运营规则，并且平台政策变化频繁，这可能导致卖家账号的不稳定，甚至可能造成巨大损失。此外，各平台也会根据法律和自身品类管理政策禁止售卖某些产品。独立站在遵守法律法规的前提下，基本上没有太多类别上的限制，卖家可以更自由地经营各类产品。这为独立站提供了更大的灵活度和自主权。

第二，独立站更有利于企业积累运营数据，沉淀自己的私域资源。与第三方平台不同，独立站上的买家真实数据掌握在企业手中，买家的所有信息，包括订单信息和购买行为，都保存在企业数据库中。客户信息的积累有两个好处：一方面，可以作为后续再营销的基础数据库；另一方面，通过运用数据分析工具和方法，可以深入挖掘用户的交易行为特征，针对产品、页面、客服、售后等环节进行优化。

第三，独立站拥有更自由的定价权，可以提升溢价空间。在第三方平台上，由于竞争对手众多且产品同质化严重，价格竞争非常激烈，导致利润水平难以提高。然而，在独立站上，由于没有直接的竞争对手，并且买家相对难以进行比价，卖家可以设定较高的价格。此外，独立站上的卖家可以通过打造品牌形象、提供灵活的赠品或搭配套餐等策略，结合差异化的服务（如定制和延保），来提升每个订单的价格，从而获取更多利润。

第四，独立站有更多更灵活的方式来获取流量。在第三方平台上，卖家通常需要与其他卖家竞争有限的站内流量。这种情况下，卖家更多地依赖平台的推广和排名来获取流量和曝光。在独立站上，卖家可以利用多种营销手段来吸引大量的站外流量，包括搜索引擎、电子邮件营销和社交媒体等。

第五，独立站更有助于打造自主品牌形象。相较于第三方平台上千篇一律的展示布局，独立站可以更加灵活地建设自己的网站，构建独特的品牌形象。通过独立站，卖家可以完全掌控网站的设计、布局和风格，以及商品的呈现手段，如图片、文案、视频等。这使得卖家可以根据自身品牌的定位，打造与众不同的用户体验，以吸引目标受众并增强品牌认知度。

第六，独立站可以通过更多的途径为客户提供服务和交流机会。第三方平台上的买卖双方交流渠道相对较少，通常仅限于站内信和评论等工具。但是在独立站上，卖家可以通过在线客服系统、即时通信工具（如 Skype、WhatsApp 等）、电子邮件、社交媒体等渠道，与买家建立更直接的交流渠道，为其提供更具个性化的服务。

第七，独立站可以提供更多更灵活的销售方式。跨境电子商务企业可以通过独立站上的多种销售方式，如预售、定制、众筹、团购、批发等，创新营销模式，吸引更多的消费者关注，满足消费者不同的需求和购买行为。

第八，独立站和第三方平台可以共同运作，实现协同。例如，企业通过独立站可以把流量引入第三方平台的店铺，或者通过建立品牌独立站，扩大知名度和影响力，有助于影响第三方平台上的买家的购买决策。同时，第三方平台上的用户也可以通过企业的独立站获取更详细的信息和个性化的服务，如在线咨询、定制化需求的满足等。

三、跨境电子商务独立站的劣势

虽然跨境电子商务独立站有诸多优势，但是相比于第三方跨境 B2C 电子商务平台，还是存在着一些劣势，主要包括以下几点。

第一，技术和成本要求高。搭建跨境电子商务独立站需要具备一定的技术知识和开发能力，还需要考虑支付、物流、通关等特殊需求。同时，自建独立站需要投入较高的成本，包括网站开发、服务器租用、系统维护等费用。相比之下，使用第三方平台可以节约自行开发和维护网站的成本，对于技术的要求也不高。

第二，需要投入更多时间和精力。建设跨境电子商务独立站需要从零开始，需要投入大量时间和精力来建立品牌形象、吸引流量和培养用户群体。使用第三方平台，卖家可以更快速地上线销售，节省了建设和推广的时间。

第三，运营能力要求较高。跨境电子商务独立站需要卖家具备更多的运营能力，包括网站推广、数据分析等，或者需要雇佣专业人员或团队进行运营推广。在第三方平台上销售，卖家可以借助平台的资源和工具，简化运营流程和难度，减少运营压力。

第四，缺乏平台的流量和用户基础。相较于知名的第三方平台，独立站的访问量和用户基础较小，卖家需要花费更多的成本和资源来吸引流量和培养用户。这对于大多数实力一般的卖家来说可能是一个挑战。

第五，缺乏平台生态和品牌认可度。知名跨境电子商务平台具有庞大的用户群体和完善的生态系统，买家更倾向于在这些平台上购物，而对于独立站品牌的信任度相对较低。因此，卖家需要在建立品牌形象和信誉方面付出更多的努力。

第六，风险和责任更大。跨境电子商务独立站需要卖家独立承担网站运营的各种风险和责任，包括技术故障、网络安全、消费者权益等问题。相比之下，使用第三方平台可以将一部分风险转嫁给平台方。

虽然跨境电子商务独立站存在一些劣势，但随着跨境电子商务技术的发展和市场环境的变化，越来越多的卖家开始意识到独立站的重要性，预计未来会有更多的独立站涌现出来。

四、跨境电子商务独立站运营模式

（一）铺货模式

铺货模式在独立站中的应用较为广泛，其核心在于上传大量的商品信息。铺货模式主要包括杂货铺货和泛精品铺货两种类型。杂货铺货涵盖了各类商品，缺乏明显的网站特色和产品特色，而泛精品铺货则集中在一类或几类商品之内，产品种类虽多但不会过于繁杂。这两种铺货模式各有优劣，但都能帮助卖家快速上线商品并进行销售。

铺货模式的优点在于操作简单，适合缺乏经验的卖家快速入门，同时产品上线速度快。然而，铺货模式也存在一些缺点。首先，设计简陋、产品杂乱和风格混乱会影响品牌建设和用户体验，难以形成稳定的目标客户群。其次，工作量大且推广成本高，流量主要依赖付费渠道，难以获得大量自然流量。另外，由于产品众多，独立站通常采用 Dropshipping 模式，即无货源或代发模式，需要与供应商合作来处理产品库存和发货工作。

（二）精品模式

精品模式通过细分市场和垂直品类进行产品研发和选品，注重差异化定位和品牌价值塑造，以建立自己的品牌和提供优质的产品、供应链、售后服务来占据市场。在设计上，精品独立站通常注重美观大方、精美的产品图片和清晰的导航栏，以提供更好的用户体验。

在营销方面，精品独立站会进行深入的市场调研，确定品牌定位和目标受众，并且采用精细化的品牌营销布局，包括选择适合目标受众的媒体渠道和采用新兴的营销策略，如网红营销和直播营销。此外，精品独立站还会通过博客等方式展示品牌故事，与用户进行互动。在售后方面，精品独立站通常注重与用户的持续联系，提升用户的售后体验和促进复购。

然而，需要指出的是，独立站精品模式对卖家的实力和独立站运营人员的能力要求较高。除产品质量和供应链能力外，还需要具备品牌建设、营销策略和用户关系管理等方面的专业知识和技能。因此，卖家在选择精品模式运营独立站时需要充分评估自身实力和资源，确保能够有效地进行独立站的精细化运营。

专栏 4.2　宠物品牌 FUNNYFUZZY，专注独立站出海

FUNNYFUZZY（见图 4.8）品牌于 2021 年上线，产品主线为宠物纺织类目，涵盖居家狗床、狗毯子，车载狗床、坐椅/垫/套，出行宠物背袋、猫包、牵引绳及服装等产品；产品辅线有玩具、喂食器、美容产品等类目。由此可见，FUNNYFUZZY 致力于为宠物主及其爱宠打造一种舒适、安全、温馨且充满爱的养宠生活方式。

品牌化是 FUNNYFUZZY 一开始就制订的战略目标，因此出海的渠道优先选择了独立站，他们认为只有在独立站的商业生态环境下才更有可能打造品牌。不仅是私域流量运营，还有大量低成本试错的可能性，比如高频产品优化、设计验证、品牌价值输出等的系统化打造。独立站是一个销售渠道，DTC 是一个数字化系统，品牌是一个围绕人货场的系统，好产品、卖对人、服务优缺一不可。当系统小的时候就是一个小品牌，当系统大的时候就是一个大品牌。将这三者整合一起则构成了 FUNNYFUZZY 的完整商业模型：一个让养宠生活更有趣的数字化全球品牌！

与大部分卖家关注 GMV[①] 利用广告测品的逻辑不同，FUNNYFUZZY 更关注"爆品率"。其依靠广告大数据洞察用户需求并以周为单位优化产品，从设计图纸到生产作业指导书，从物流打包到用户签收的每一个环节都进行优化。每一次优化都会进行实际生产和销售，然后通过客户访谈验证其迭代的有效性。数据的颗粒度会精细到一个用户、一个订单、一个会话、一个事件，从而提升并保持商品转化率、留存率、复购率等。

FUNNYFUZZY 不仅注重打磨产品，还非常重视客户体验和服务质量。据了解，该品牌在中国、英国、美国均设有工厂和仓库，这在一定程度上可以让其通过最短的路线运输客户的货件，以保障物流时效。与此同时，FUNNYFUZZY 的不同站点还推出了一系列客户关怀活动，如产品包邮、免费退货、满减优惠、互动抽奖赢取产品折扣等，为客户提供全面及贴心的服务。

---

① GMV，全称为 Gross Merchandise Volume，商品交易总额

图 4.8 FUNNYFUZZY 网站页面

资料来源：作者收集整理，2024 年 3 月

五、跨境电子商务独立站建站模式

（一）全自主开发建站

全自主开发建站是指跨境电子商务企业通过招聘相关专业人员，自行完成网站的建设和维护。对于跨境电子商务企业来说，全自主开发建站具有许多优点。首先，它赋予了企业更大的自主权。企业可以根据自身的发展战略和品牌形象，灵活地进行网页的编辑和设计。这种自主性使得跨境电子商务企业能够更好地与目标市场匹配，随时调整网站的布局、内容和功能，以提升用户体验和市场竞争力。其次，企业内部的专业人员负责网站的建设和维护，可以更加快速地处理网页错误和系统问题，不仅可以减少潜在的停机时间，还能够保证用户的访问和购物体验，提高用户满意度。此外，全自主开发建站也有利于保护企业的商业机密和核心竞争力，减少对外部服务供应商的依赖。

然而，全自主开发建站也面临一些挑战。首先，招聘与培养相关专业人员需要投入一定的时间和资源。这些人员包括计算机工程师、网站设计师、前端开发人员等，他们需要具备一定的技术和专业知识来完成网站的建设和维护工作。其次，建设与维护网站所需的硬件和软件也需要一定的资金支持。对于刚起步的跨境电子商务企业来说，这些成本可能会对企业的财务状况带来一定压力。

（二）基于开源软件建站

开源软件是一种可以公开获取和自由使用的计算机软件，其代码可以被任何人查看、使用、修改和分享，而不需要支付任何版权费用或许可费用（但是若需要使用一些高级的功能或者插件，则可能需要支付一定的费用）。目前，市面上有许多可供选择的开源软件可被用来建设跨境电子商务独立站，如 Magento、WooCommerce 等。

这些开源软件具有一定优势。第一，开源软件提供了丰富的功能和插件，可以满足企业的各种需求。无论是购物车管理、支付系统集成还是物流追踪等，开源软件都能提供相应的解决方案，帮助企业打造一个完整的电子商务平台。第二，开源软件具有较高的可定制性，企业可以根据自身品牌形象和市场需求进行网站设计和功能扩展，实现个性化的网站布局。第三，由于开源软件是社区驱动的，用户可以通过社区资源获取技术支持、解决问题，这在一定程度上降低了维护成本。但是，使用开源软件进行建站后，也需要企业具备一定的技术能力和人力资源来进行维护。随着企业经营规模的不断扩大，可能需要专业人员来负责更高级和复杂的维护任务。

（三）SaaS 建站模式

SaaS（Software as a Service，软件即服务）建站模式是跨境电子商务中常用的模式之一。卖家可以通过 SaaS 服务商的平台来搭建自己的电子商务独立站，无须购买软件授权或自行开发代码。常见的 SaaS 独立站软件供应商包括店匠 Shopify、Wix、Shoplazza 等。这些平台通常不提供源代码，而且可能收取一定的费用。

SaaS 建站模式具有许多优点。第一，它通过提供简单易用的界面和功能，让企业能够快速搭建自己的电子商务独立站，并且无须投入大量的时间和资源。通过使用 SaaS 服务，企业可以大大减少固定人员成本、软硬件投入成本和运维成本，无须雇佣专门的技术团队进行开发和维护，而是将这些任务交给了 SaaS 平台提供商。第二，SaaS 平台背后有一群专业人士可以提供高质量的软件服务，这使得跨境电子商务卖家可以获得稳定、高质量的技术支持和维护，无须担心软件版本更新和安全性问题。第三，SaaS 平台通常会不断推出新的功能和服务，以满足企业不断变化的业务需求，帮助企业实现业务的创新和扩展。

总的来说，SaaS 建站模式通过提供简单易用的平台和专业的技术支持，为跨境电子商务企业提供了一种快速、便捷和效益高的建站方式，企业可以根据自身需求快速调整网站布局和功能，保持一定的灵活性和自主性。因此，SaaS 建站模式在跨境电子商务行业得到了广泛应用，并且为企业的发展提供了有力的支持。

 思考与实训

1. 跨境 B2C 电子商务为什么发展得如此迅速？

2. 上网找一个第三方中介型跨境 B2C 电子商务平台，搜集资料，写一篇 1000 字左右的简介。

3. 上网找一个自建型跨境 B2C 电子商务平台，搜集资料，写一篇 1000 字左右的简介。

4. 你认为如何才能做好跨境电子商务独立站？

5. 你认为哪些产品适合跨境 B2C 电子商务，为什么？

第五章　跨境电子商务网络营销

网络营销是跨境电子商务的核心功能之一。通过网络营销，跨境电子商务企业可以在全球范围内进行网络调研、面向全球在线销售、服务全球客户、维护全球客户关系、打造全球网络品牌。在跨境电子商务实践中，有多种多样的营销方式，其中最为重要和实用的有搜索引擎营销、社会化媒体营销、电子邮件营销、网红营销、联盟营销等。搜索引擎营销主要利用人们搜索的习惯向客户传递信息，社会化媒体营销则主要依据六度分隔理论将信息在社群里传播，电子邮件营销直接向客户发送商品信息，联盟营销主要依据营销效果来付费。

学习目标

了解内容：网络营销的概念和特点，跨境电子商务中常用的社会化媒体营销、联盟营销、网红营销

理解内容：跨境电子商务网络营销的概念和特点、搜索引擎营销的概念和作用、搜索引擎优化、社会化媒体营销的概念和特点

掌握内容：搜索引擎关键词广告、社会化媒体营销在跨境电子商务中的作用、跨境电子商务网络营销的功能

关键术语：网络营销、跨境电子商务网络营销、搜索引擎营销、关键字广告、搜索引擎优化、社会化媒体营销、电子邮件营销、联盟营销、网红营销

第一节　跨境电子商务网络营销概述

一、跨境网络营销的概念

网络营销是指借助网络、通信和数字媒体技术等实现营销目标的商务活动。跨境网络营销是指通过互联网技术，将产品或服务销售到其他国家（地区）的一种营销方式。常见的跨境电子商务网络营销方式包括邮件营销、社会化媒体营销、搜索引擎营销、联盟营销、网红营销等。

另外，在理解跨境网络营销的时候还需要注意以下三点。

跨境网络营销不同于跨境网上销售。跨境网上销售是跨境网络营销的主要目的之一，但是跨境网络营销不限于跨境网上销售，它涵盖了更多的方面。除了跨境网上销售，跨境网络营销还包括提升企业国际品牌价值、加强与境外客户沟通等活动。这意味着跨境网络营销是一个更宽泛的概念，旨在通过网络手段在国际市场上推广和销售产品。

跨境网络营销与跨境电子商务既有联系又有区别。它们共享技术基础，跨境网络营销是跨境电子商务整体战略的核心环节之一。然而，两者关注的问题角度和重点不同。跨境电子商务从企业全局出发，根据市场需求对各种电子商务活动进行系统设计和组织；跨境网络营销则从市场需求出发，关注如何在跨境市场上销售和推广产品。

跨境网络营销和跨境网络推广也既有联系又有区别。经常有人将跨境网络营销等同于跨境网络推广，但是实际上二者有所不同，即网络推广主要着重于"推广"二字，目的是利用各种网络推广方法，使产品尽可能让更多的人知道，有发布"广告"的意思；网络营销则重在"营销"二字，它更注重的是推广产生的经济效益。

二、跨境电子商务网络营销的优势

（一）传播范围广，不受时间和空间的限制

通过互联网，跨境电子商务网络营销可以将广告信息迅速传播到世界各

地，不受地域和时间限制。

（二）成本低，传播速度快，更改灵活

跨境电子商务网络营销广告的制作周期短，能够快速根据客户需求完成制作，并且投放速度快。相比而言，传统广告制作成本高，投放周期固定，而且发布后不易更改。

（三）多维营销

跨境电子商务网络营销通过将文字、图像和声音有机地结合在一起，可以传递多感官的信息，让客户感受到更加真实、生动的商品或服务体验，更直观地了解产品的外观、功能和特点，激发其购买欲望。

（四）完善的统计和跟踪

跨境电子商务网络营销能够进行详细的统计和跟踪，通过监测广告的浏览量、点击率等指标，广告主可以了解有多少人看到了广告，有多少人对广告感兴趣并进一步了解了详细信息。这使得广告主能够更好地跟踪广告受众的反应，及时了解客户和潜在客户的情况。

（五）针对性投放

跨境电子商务网络营销通过搜集网络数据，能够建立完整的客户数据库，包括客户的地域分布、年龄、性别、收入、职业、婚姻状况、爱好等。这些信息可帮助广告主更好地分析市场与受众，有针对性地投放广告，并根据客户特点进行定点投放和跟踪分析，从而客观准确评估广告效果。

三、跨境电子商务网络营销的特点

跨境网络营销更加强调全球性和国际性，所以跨境电子商务网络营销与一般的境内网络营销有一些不同，这主要表现在以下三个方面。

第一，网络营销的目标客户不同。境内网络营销面向境内市场，而跨境电子商务网络营销则主要面向境外市场。营销目标客户的不同决定了营销思路和方式也有所不同。跨境电子商务网络营销需要更加精准地定位境外市场的目标客户。这包括对目标市场的消费者需求、购买力、文化背景等进行深入研究，以便更好地制订营销策略和内容。

第二，网络营销的思路不同。因为跨境电子商务网络营销的目标客户是境

外客户，其语言、文化、政治、交易习惯等均与境内不同，所以跨境电子商务网络营销需要更加重视有关跨文化传播的问题，企业需要适应和尊重目标市场的特点，在内容创作、品牌形象、广告语言等方面进行调整和适配。

第三，网络营销的方式不同。跨境电子商务网络营销需要选择合适的国际平台进行推广，比如谷歌、Facebook、LinkedIn等。这些平台在国际市场上有更广泛的客户群体和覆盖面，能够提供更为全面的推广工具和渠道。同一网络营销方式在不同的国家（地区）效果也是不一样的，比如，博客营销在境内市场非常流行，但是在境外市场上却不一定受欢迎。这是因为不同国家（地区）的消费者对于信息来源和内容的偏好有所不同。

因此，在跨境电子商务网络营销中，企业需要根据目标市场的特点和需求，结合不同的营销方式和渠道，制订相应的营销策略和方案，才能达到更好的营销效果。

四、跨境电子商务网络营销的功能

一般而言，跨境电子商务网络营销具有8个方面的功能。

（一）全球网络调研

全球网络调研是一种高效、便捷的市场调研方式。跨境电子商务企业可以通过在线问卷、社交媒体平台、论坛、博客等渠道收集数据。这些数据包括消费者的购买行为、偏好、需求以及市场、竞争对手的情况等信息，为制订跨境电子商务网络营销策略提供参考。

（二）全球信息传播

全球信息传播是跨境电子商务网络营销的重要功能之一，跨境电子商务企业可以通过企业网站、社交媒体平台、电子邮件、搜索引擎等多种方式向目标客户、合作伙伴、公众等群体传递信息。这些信息包括产品介绍、促销活动、新闻报道、企业形象宣传等。

（三）面向全球在线销售

通过建立网上销售渠道，跨境电子商务企业可以将产品或服务销售到全球各地的消费者手中。在建设网上销售渠道时，企业可以考虑自建网站、在第三方跨境电子商务平台上开设网店，以及与其他电子商务网站合作等方式。

（四）服务全球客户

通过提供高效、优质的在线客户服务，跨境电子商务企业可以满足全球各地消费者的需求，提高客户满意度和忠诚度。在线客户服务包括常见问题解答、电子邮件咨询、在线论坛、即时信息服务等多种形式。

（五）促进全球销售

通过在全球范围内投放网络广告、建立多语言网站、社交媒体营销、电子邮件营销等多种技术和策略，跨境电子商务企业与全球消费者建立联系，传递产品、促销活动等信息，提高品牌知名度和信任度，创造更多的销售机会。

（六）维护全球客户关系

网络营销为跨境电子商务企业提供了更有效的手段来建立、维护和提升客户关系，如建立客户数据库、建立社区、通过电子邮件或社交媒体等方式定期联系客户、提供定制化服务等，可以增强客户忠诚度和提高长期销售效果。

（七）面向全球进行网站推广

在全球范围内进行电子商务活动，拥有一个能够有效吸引潜在客户、提高销售业绩的网站推广策略是非常必要的。网络营销不仅可以帮助跨境电子商务企业增加流量和客户，还能提高企业在搜索引擎中的排名，使其更容易被潜在客户发现。

（八）打造全球网络品牌

网络营销为跨境电子商务企业利用互联网打造品牌形象提供了有利的条件。企业可以通过网络营销向全球消费者展示品牌形象，传递品牌故事、理念和价值观，增强消费者对品牌的认知和了解，从而与消费者建立情感联系并提高品牌忠诚度。

第二节 搜索引擎营销

一、搜索引擎的工作原理

搜索引擎是指根据一定的策略、运用特定的计算机程序从互联网上采集信息，在对信息进行组织和处理后，为客户提供检索服务，并且将检索的相关信息展示给客户的系统。人们熟知的百度、谷歌、必应、雅虎均为著名的搜索引擎。

搜索引擎依托多种技术，如网络爬虫技术、检索排序技术、网页处理技术、大数据处理技术、自然语言处理技术等。搜索引擎的工作过程可以划分为三个主要步骤：网络蜘蛛的爬取、索引库建立和查询处理。

第一步是网络蜘蛛的爬取。网络蜘蛛，也称为网络爬虫，是一个自动提取网页的程序。它是搜索引擎从万维网上下载网页的重要工具。网络蜘蛛从一个或若干个初始网页的 URL 开始，通过分析这些网页的链接，获得新的 URL，然后下载并存储这些网页的内容。这个过程会循环进行，直到满足一定的停止条件，如达到预定的网页数量或遇到特定的停止信号。在这个过程中，网络蜘蛛还会对网页的内容进行解析、抽取关键信息，如标题、正文、链接等，并且存入数据库。

第二步是对数据库中的信息进行提取和组织，并且建立索引库。索引是搜索引擎的核心部分，它可以帮助搜索引擎快速定位到客户感兴趣的网页。建立索引库需要对网页内容进行分析，提取出其中的关键字，然后根据这些关键字建立索引。这个过程涉及诸如文本分析、词法分析、句法分析等复杂的自然语言处理任务。

第三步是根据客户输入的关键词，快速找到相关结果，并且对找到的结果进行排序，然后将查询结果返回给客户。当客户输入关键词进行搜索时，搜索引擎会根据索引库中的信息，快速找到包含这些关键词的网页，然后根据一定的算法，将这些网页按照相关性进行排序，最后将结果返回给客户。在这个过程中，搜索引擎还需要处理大量的查询请求，保证查询的实时性和高效性。

二、搜索引擎营销的概念和作用

搜索引擎营销（Search Engine Marketing，SEM）是一种基于搜索引擎平台的网络营销方式，其主要目的是通过提高网站在搜索引擎中的排名，增加网站的点击率和浏览量，从而提升产品或服务的销售额。在网站推广、网络品牌建设、产品推广、在线销售等方面，搜索引擎营销具有显著的效果。

搜索引擎营销对跨境电子商务企业来说具有十分重要的作用。首先，在如今互联网高度发达的时代，人们对于信息的获取越来越依赖搜索引擎。例如，根据调查，80% 以上的客户得知新网站的途径是通过搜索引擎。因此，如果跨境电子商务企业的网站没有被搜索引擎收录，就会损失大量的潜在客户。换句话说，搜索引擎营销是推广企业网站的关键手段之一。

其次，客户在搜索过程中，访问都是有目的的，如果客户根据自己的需求主动查询，表明对产品的兴趣和需求，那么其更有可能成为跨境电子商务企业最终的客户。企业可以通过分析客户检索的关键词来进一步了解他们的行为和心理预期，从而做出更加合理的运营行为和开发更好的产品，以满足客户的消费需求。

最后，搜索引擎是开放性的平台，门槛比较低，任何跨境电子商务企业都可以在搜索引擎上推广宣传。这意味着对于跨境电子商务企业来说，搜索引擎营销是一种相对低成本且高效的营销方式。

三、搜索引擎营销的方式

搜索引擎营销主要有两种方式，一种是搜索引擎关键词（字）广告，另一种是搜索引擎优化。

（一）搜索引擎关键词（字）广告

1. 关键词广告的概念

关键词广告也称为"关键字广告"，即是当客户利用某一关键词在搜索引擎上进行检索时，在检索结果页面会出现与该关键词相关的广告内容。出现广告内容的地方称为"广告位"，广告位一般出现在搜索结果页面的头部、尾部及左侧等位置，通常用"Ad（Advertisement）""Sponsored""广告""推广"等词语加以标识，如图5.1所示。另外，把搜索引擎返回的正常结果称之为"自然位"，自然位一般占据结果页面的中间位置。

2. 关键词广告排名机制

搜索引擎关键词广告大多采用竞价排名机制。在这个机制下，在同一关键词的广告中，不同的广告主可以设定不同的竞价，即他愿意为每次点击支付的费用，广告将按照"付费最高者排名最靠前"的原则，竞价最高的广告排列在第一位，然后依出价高低依次排序。这种模式一般在广告展示的时候不收费，只有在广告被点击后才收费，所以也被称为"按点击付费"（Pay Per Click，PPC）广告。

第五章 跨境电子商务网络营销

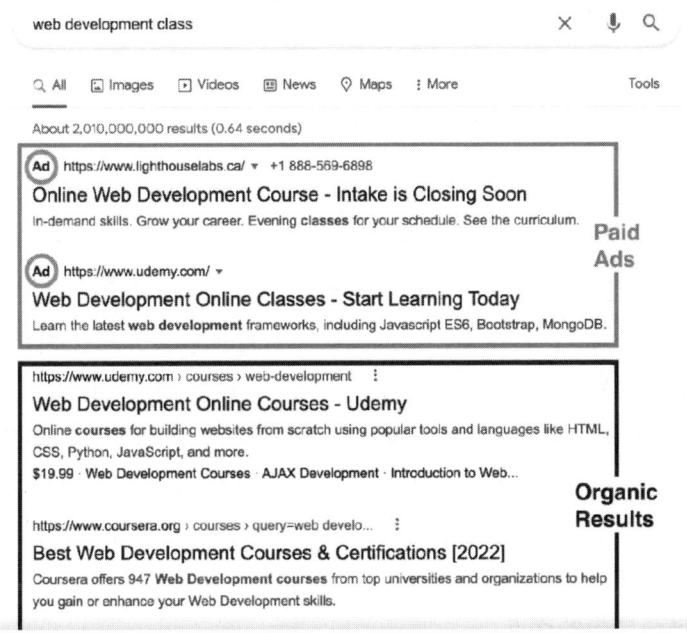

图 5.1　广告位（Paid Ads）与自然位（Organic Results）

不过在现实中，为了保证搜索引擎的精准性，通常还需要考虑广告的质量得分。质量得分是用于衡量广告、关键字和目标网页与看到广告的客户之间的相关性。质量得分较高表示广告、关键字和目标网页与客户搜索的内容非常相关，同时也表示前三者之间具有很高的相关度。所以，一般而言，搜索引擎广告的排名是根据广告主的最高竞价和质量得分所计算出的评级来确定的。广告评级的公式如下：

广告评级 = 最高竞价（Maximum Bid Price）× 质量得分（Quality Score）

根据公式可知，质量得分越高，即使广告主支付的费用较低，广告也有可能会获得高的排名。例如，表 5.1 展示了 4 个企业的竞价和广告排名情况，可以看出质量得分是如何影响关键词的实际排名的。A 企业虽然最高竞价只有 5，但是其质量得分是 10，广告评级是 50，排名第 1；D 企业虽然最高竞价高达 9，但其质量得分只有 2，广告评级是 18，仅排名第 4。这样就能排除一些垃圾广告的干扰，提高了广告的针对性和搜索引擎的使用体验。

表 5.1　广告评级与广告排名

企业	最高竞价	质量得分	广告评级	广告排名
A	5	10	50	1
B	7	6	42	2
C	8	4	32	3
D	9	2	18	4

需要注意的是，现在主流的搜索引擎还会加入其他考量因素来决定广告排名。例如，根据谷歌广告指南，在广告竞价期间会考虑5个主要因素：最高出价（广告主愿意为广告点击支付的最高金额）、质量得分（用于确定广告的相关性或对客户的有用程度）、广告附加信息的影响（广告主在广告中提供的附加信息，如电话号码、特定页面的链接等）、广告排名（广告排名是广告主的出价及广告和着陆页质量的组合）、广告上下文（包括使用的搜索词、客户的位置、搜索时间、使用的设备等）。

3. 关键词广告的优点

关键词广告的优点有以下6个。

（1）关键词广告的基本特点是根据点击量付费，广告出现在搜索结果中（一般是靠前的位置），如果没有被客户点击，那么不收取广告费。

（2）关键词广告出现在搜索结果靠前的位置，容易引起客户的关注和点击，因而效果比较显著。广告出现在搜索结果页面，与客户检索内容高度相关，增加了广告的针对性。

（3）广告主可以自行控制广告价格和广告费用。

（4）广告主可以对客户点击广告的情况进行统计分析。

（5）见效快，充值后可以设置关键词价格，通过审核后即刻就可以展现，还可以自己控制展示位置。

（6）不限制关键词数量，可以在竞价后台设置无数的关键词进行推广。

4. 关键词广告的缺点

关键词广告的缺点有以下5个。

（1）价格高昂。由于关键词广告是通过竞价排名来决定广告的展示位置，对于热门的关键词，广告主之间的竞争可能导致点击单价非常高。一些竞争激烈的关键词，点击单价甚至可以达到数元或数十元。如果长期投放此类广告，需要投入大量的资金。

（2）管理难度大。需要专人进行关键词的筛选和衡量价格。为了确保广告的位置并控制成本，广告主需要每天查看价格并设置最合适的价格来展示广告。这需要投入大量时间和精力来进行管理和优化。

（3）稳定性较差。排名会根据各方出价高低的变化而变化，难以掌控。一旦账户中的预算消费完，排名就会立刻消失。

（4）恶意点击。很多广告费用可能被竞争对手、广告公司或闲着无聊的人恶意点击消费掉。

（5）效果不定。按"点击付费"并不一定能带来实际的效果，因为即使是潜在客户正常的点击行为，点击是否能转化为最终收益，还有太多的不确定因素。

（二）搜索引擎优化

1. 搜索引擎优化的概念

搜索引擎优化（Search Engine Optimization，SEO），也被称为网站优化，是指遵循搜索引擎的运行机制，对网站结构、网页文字语言和站点间的互动交互策略等进行合理科学地设计，使搜索引擎收录尽可能多的网页，并且在搜索引擎自然检索结果中排名尽可能靠前。由此可见，搜索引擎优化与搜索引擎关键词（字）广告的不同之处在于，前者的主要目的是获得比较靠前的自然检索结果的位置，而后者则是通过向搜索引擎付费的方式获得较为靠前的位置。

2. 影响搜索引擎优化的因素

影响企业网站搜索引擎优化的因素很多，主要包括以下几个。

（1）网站页面结构布局。网站的结构布局应该简洁明了，便于客户和搜索引擎爬虫的访问。过于复杂或混乱的页面结构可能会使搜索引擎难以抓取和理解网站的内容。

（2）网站导航及地图设置。清晰的导航结构和网站地图可以帮助搜索引擎更好地了解网站的内容和结构，有利于提高网站的排名。

（3）关键词。关键词的选择和布局是搜索引擎优化的重要因素。选择与网站主题相关的关键词，并且合理地布局在网站的标题、描述、正文内容中，可以提高搜索引擎对网站的识别度和网站的排名。

（4）外部链接质量。高质量的外部链接可以提升网站的权威性和可信度，有助于提高网站的排名。低质量和垃圾链接可能会降低网站的排名，甚至导致网站被搜索引擎惩罚。

（5）网站设计的优化。网站的设计应该符合搜索引擎的抓取规则，如避免使用过多的图片和动画，尽量使用 HTML 文本内容等。

（6）网站文本编辑水平。文本内容的质量和可读性对搜索引擎优化至关重要。高质量的文本内容可以提高网站的排名，而低质量的文本内容可能会被搜索引擎忽略甚至惩罚。

（7）网站产品信息。网站的产品信息应该真实、准确、完整，并且与网站的主题相关。这样可以提高网站的信誉和客户体验，从而提高网站的排名。

3. 搜索引擎优化的优点

搜索引擎优化的优点有以下 4 个。

（1）价格相对低廉。从长期推广效果角度考虑，搜索引擎优化的整体效果是远强于竞价排名的，成本上也能比竞价排名低不少，费用是可控的。

（2）管理相对简单。当排名稳定后，不需要管理人员时刻关注，只需不定期观察下排名位置是否稳定即可。

（3）不用担心恶意点击。搜索引擎优化所做的效果是网站自然排名，不会按点击付费，无论其他人如何点击，都不会浪费一分钱。

（4）稳定性强。用正规搜索引擎优化技术手段做好了排名的网站，只要维护得当，排名的稳定性非常强，所在位置较长时间可能都不会变动。

4. 探索引擎优化的缺点

搜索引擎优化的缺点有以下 5 个。

（1）见效慢。通过搜索引擎优化获得排名是无法速成的，竞争较弱的词通常需要 2~6 月，一般难度的词大约需要 6~12 个月的时间，如果竞争非常大的词则需要 1 年以上的时间。

（2）排名规则的不确定性。由于搜索引擎对排名有各自的不同规则，有可能在某天某个搜索引擎对排名规则进行了改变，也许就会出现原有的排名位置发生变动，这是很正常的现象，届时需要搜索引擎优化公司以最快的速度研究最新的规则，重新恢复网站排名。

(3) 关键词需区分难易程度。竞争过于火爆的关键词，如手机、MP3 等，进行优化排名的难度是很大的，需要非常长的时间，所以难度太大的词不适合进行优化。

(4) 关键词数量有限。进行搜索引擎优化，一个页面推荐只做一个关键词，最多不超过 3 个，其中 1~2 个是主词，剩余 1~2 个是分词，无法达到竞价排名那种关键词不限制的效果。

(5) 排名位置在竞价排名之后。这个是由搜索引擎的排名规则决定的，自然排名所在的位置只能在竞价排名的网站之后。

专栏 5.1　谷歌 SEO 入门指南——页面内容优化（节选）

1. 创建唯一且准确的网页标题

<title> 标记可告诉客户和搜索引擎特定网页的主题是什么。<title> 标记应放置在 HTML 文档的 <head> 元素中。广告主应该为网站上的每个网页创建一个唯一标题。

2. 在搜索结果中创建恰当的标题和摘要

如果广告主的文档显示在搜索结果页中，那么标题标记的内容可能会显示在结果的第一行。首页标题可列出网站/商家的名称，还可包含其他重要信息，如商家的实际营业地点，以及其主营业务或产品。

3. 最佳做法

(1) 准确描述网页内容。选择一个读起来自然且能有效传达网页内容主题的标题。

应避免的做法：选择与网页内容无关的标题；使用默认或模糊标题，如"无标题"或"新增网页 1"。

(2) 为每个网页创建唯一标题。网站上的每个页面最好具有唯一标题，这有助于谷歌了解该页面与广告主网站上其他页面的区别。如果网站具有独立的移动版网页，最好也为移动版网页使用恰当的标题。

应避免的做法：为网站所有页面或大量页面使用单一标题；用冗长或描述不确切的标题。

> （3）标题应简短而包含信息丰富。如果标题太长或被认为不太相关，那么谷歌可能只会显示其中的一部分或在搜索结果中自动生成的标题。谷歌还可能根据客户的查询或搜索时所用设备显示不同的标题。
>
> 应避免的做法：使用对客户来说不实用的冗长标题；在标题标记中填充不需要的关键字。
>
> 资料来源：谷歌 SEO 入门指南 2018 年版（二）：页面内容优化，新网，2018 年 5 月。

第三节 电子邮件营销

一、电子邮件营销的概念和特点

电子邮件（Email）营销也被称为 EDM（Email Direct Marketing）营销，即企业通过电子邮件向潜在客户或现有客户发送促销信息、产品介绍、最新活动和公司新闻等内容，以吸引他们关注并购买企业的产品或服务。

在跨境电子商务中，电子邮件营销是一种常用的营销方式，主要是因为其具有以下优点。

第一，电子邮件营销的成本较低。一些电子邮件营销商提供的电子邮件广告的价格为每个邮箱地址发送一次需 0.1~0.2 元，如果是大量发送，价格甚至可以低至 0.01~0.03 元。

第二，营销效率高，营销周期也相对较短。通过专业的电子邮件营销工具，可以快速地将大量邮件发送给目标受众。根据发送的数量和服务器性能，发送几十、几百甚至数以万计的邮件通常只需要几秒钟到几个小时。

第三，营销信息丰富全面。除了简单的文本信息，电子邮件还可以搭载图片、动画、音频、视频等多种媒体形式，还支持超级链接，可将客户引导至网站或特定页面，从而实现更深入的产品介绍和互动交流。

第四，营销针对性强。电子邮件营销可以通过数据分析和客户画像等手段，精准定位潜在客户，发送符合其需求和兴趣的信息和产品推荐。

第五，便于营销效果监测。企业可以通过邮件打开率、点击率、转化率等指标精准了解营销效果,并且根据分析结果及时调整营销策略和方案。

但是,目前跨境电子商务中的电子邮件营销也存在许多问题。首先,一些邮件营销机构或者个人会采用一些不正当手段,如频繁发送垃圾邮件、使用伪造发件人等方式进行欺诈性营销,这也会影响客户对于电子邮件营销的可信度。其次,由于垃圾邮件泛滥,许多邮件服务商和客户端软件都会设置垃圾邮件过滤规则,这就可能导致一些合法的营销邮件被误判为垃圾邮件而被屏蔽或删除。另外,客户的邮件地址经常更换也会给电子邮件营销造成困扰,既影响信息的送达效果,又会导致退信率上升,进而影响电子邮件营销的整体效果。

二、许可电子邮件营销

许可电子邮件营销是一种电子邮件的收信人事先同意收到销售广告邮件的营销形式,即在推广产品或服务时,企业要事先征得客户的"许可",然后通过电子邮件的方式向客户发送产品或服务信息。

许可电子邮件营销与滥发邮件不同,其比传统的推广方式或未经许可的电子邮件营销具有明显的优势,比如可以减少广告对客户的滋扰、增加潜在客户定位的准确度、增强与客户的关系、提高品牌忠诚度等。

许可电子邮件营销需要获得客户的许可,经常使用"Opt – in Mailing List",直译为"选择性加入"邮件列表,是一种客户许可方式,即客户主动输入自己的电子邮件地址,加入一个邮件列表中。

Opt – in Mailing List 通常又可分为两种形式:一种是客户在网页上的订阅框中输入自己的邮件地址之后,网站无须给予邮件通知,是否加入成功要等正常收到邮件列表的内容才知道;另一种是在客户输入电子邮件地址并点击"确认"之后,网站会立即发出一封邮件通知给客户,如果客户不想订阅,或者并不是自己订阅的(如他人误输入邮件地址或恶作剧),可以按照确认邮件里的说明来退出列表,可能是通过点击某个 URL,或者是回复确认邮件来完成。

Opt – in Mailing List 适合以下几种场景。

会员通信。企业可以通过 Opt – in Mailing List 向会员发送定期的通信邮件,如电子刊物、新品推荐、促销活动等,以增强与会员的互动和忠诚度。

营销推广。企业可以通过 Opt-in Mailing List 向潜在客户发送营销邮件，介绍自己的产品或服务，以扩大品牌知名度和吸引更多潜在客户。

调查问卷。企业可以通过 Opt-in Mailing List 向客户发送调查问卷，了解客户对产品或服务的满意度和意见，以优化产品或服务。

新闻资讯。媒体或企业可以通过 Opt-in Mailing List 向订阅者发送新闻资讯，提供最新消息和动态，以增加订阅者和读者对媒体或企业的关注度和信任度。

三、跨境电子邮件营销的作用

首先，可以提高品牌知名度和认知度。跨境电子商务企业可以在邮件中介绍公司的成立时间、发展历程、核心价值观等信息，传达品牌的发展理念，让潜在客户了解品牌的来源和背景，并且建立起对品牌的信任度。

其次，增加销售机会。跨境电子商务企业可以通过电子邮件营销向潜在客户推荐相关产品、介绍产品或服务的主要特点、优势和功能，使潜在客户对产品或服务有更深入的了解，或者提供促销或折扣优惠，这有助于吸引客户下单购买。

再次，加强与客户的联系。根据客户的兴趣、购买历史和行为数据，定制个性化的电子邮件，除了推广产品或服务，还可以提供有价值的内容，如行业洞察、使用技巧、解决问题的建议等，建立起品牌与客户之间的信任，增加客户的参与度和互动性。

最后，提高网站流量。在电子邮件中添加明确的链接，可以直接引导客户到网站上特定产品或服务的详细页面，并且增加潜在客户的购买可能性。

四、开展跨境电子邮件营销的流程

首先，确定目标和受众。跨境电子商务的电子邮件营销目标可能包括吸引潜在客户、提高销售额、推广新产品或服务、提升品牌知名度等。确定目标有助于跨境电子商务企业更好地制订有针对性的营销策略和计划。针对跨境电子商务的受众，跨境电子商务企业需要确定发送电子邮件的对象，如潜在客户、现有客户、供应商、合作伙伴等。了解受众的兴趣、需求和行为可以帮助跨境电子商务企业更好地定制邮件内容，提高邮件的打开率和点击率。

其次，制订邮件计划和设计邮件内容。根据目标受众和公司的业务需求，制订邮件发送计划，包括发送频率、内容、时间等。跨境电子商务企业需要确定何时发送邮件、发送哪些内容及发送的频率。邮件的内容包括主题、问候语、正文、附件等。邮件内容应该吸引人并具有针对性。跨境电子商务企业可以使用吸引人的标题和个性化的问候语来吸引受众打开跨境电子商务企业的邮件。在正文中，跨境电子商务企业可以介绍其产品或服务的特点和优势，提供优惠券或促销信息，或者分享客户的评价等来吸引潜在客户购买。此外，跨境电子商务企业还可以添加图片、链接和其他多媒体元素来增强邮件的视觉效果和客户体验。此外，跨境电子商务企业还需要考虑邮件的排版和格式，以确保邮件易于阅读和理解。

再次，发送邮件。将设计好的邮件发送给目标受众。在发送过程中，需要注意邮件的格式、大小、链接等，以确保邮件能够正常发送和打开。此外，跨境电子商务企业还需要测试邮件的发送和接收效果，以确保邮件能够正确地传递给受众。

最后，监测效果和优化改进。在邮件发送后，需要监测邮件的打开率、点击率、转化率等指标，以便评估邮件营销的效果和确定是否需要进一步优化。通过监测这些指标，跨境电子商务企业可以了解受众对邮件的反应和态度，从而更好地调整邮件营销策略和计划。

根据监测结果，对邮件营销计划进行优化改进，如调整邮件的内容、发送时间、频率、添加更多的优惠信息和促销活动等，提高受众对跨境电子商务企业的邮件的反应和兴趣，进而提高销售额和品牌知名度。

需要注意的是，在邮件营销过程中，跨境电子商务企业应定期发送相关的产品信息、促销信息和活动邀请等，有助于与受众保持长期的联系，以促进销售和建立品牌忠诚度。

五、跨境电子邮件营销应注意的问题

（一）营销内容尽量做到个性化

根据客户的购买历史、合作经历等，更精准地为目标客户提供相关信息。

例如，为每一封邮件设计独特的标题，以吸引客户的注意力；在邮件开头添加个性化的问候语，如"亲爱的'客户姓名'"，可以让客户感受到关心和尊重；根据客户的兴趣和需求，定制邮件的内容，如包括产品推荐、促销活动、行业资讯等。确保邮件内容与客户的利益相关，能够引起客户的兴趣。

（二）注意邮件内容样式

邮件的字体、颜色、字号等都需要注意，以确保邮件能够被正确地阅读和理解。例如，在发送英文邮件时，建议使用UTF-8编码，并且使用Verdana、Arial、Helvetica、sans-serif等字体，这些字体在大多数情况下都能够被正确地读取和显示。建议使用较小的字号，一般控制在8号到14号，这样能够使邮件更加简洁、易读。重要的内容可以使用粗体，以及红色、黄色、紫色等暖色调颜色来突出显示。需要注意的是，不要通篇使用大写字母，因为这可能会被视为不礼貌或粗鲁的表现。如果邮件涉及的事情比较复杂或繁多，建议使用序列号或项目符号来分段列明，这可以使邮件更加清晰和易读。

（三）适当控制发送频率

发送电子邮件的频率应该根据目标受众的需求和喜好来决定。过高的发送频率可能会被视为垃圾邮件或引起反感，而过低的发送频率则可能无法满足受众的需求或保持与他们的联系。一般来说，建议在至少半个月到一个月发送一封邮件，这样可以保持与受众的联系并增强品牌形象。然而，具体的发送频率应该根据不同的业务需求和受众反应进行调整。例如，对于一些需要定期更新的服务或产品，可以每两到三个月发送一封邮件，以便向受众提供最新的信息。

（四）恰当地使用签名

签名通常包括联系人、部门、公司名称、联系方式等。设计精巧的签名文件，会给收件人留下良好的印象。签名应该简洁明了，不要包含过多的信息或复杂的格式，还避免在签名中添加过多的营销信息，因为过多的信息可能会让收件人感到厌烦。同时，在不同的邮件中，签名应该保持一致，以便收件人能够轻松地识别发件人的身份。

（五）防止垃圾邮件过滤

如果频繁地发送广告或推销邮件，可能会被垃圾邮件过滤器识别为垃圾邮件。因此，应该合理使用电子邮件营销，如通过许可的方式向目标客户发送邮件，提供有价值的内容等。除此之外，专业的电子邮件营销平台或软件通常具有反垃圾邮件过滤器、黑白名单等功能，可以更有效地防止垃圾邮件被过滤。

（六）选择适当的邮件格式

邮件格式有四种。第一种是纯文本格式，它只包含简单的文本，没有任何格式或图像。这种格式的邮件通常文件较小，可以快速地发送和接收，但是视觉效果较差。第二种是HTML格式，可以添加图像、颜色、字体样式和布局等元素，使邮件更具吸引力和个性化。但是，HTML格式的邮件可能会增加文件大小，并且需要在支持HTML的邮件客户端才能正确显示。第三种是纯文本/HTML混合格式，这种格式结合了纯文本和HTML的优势。邮件的文本部分采用纯文本格式，保持文件较小，同时可以在HTML部分添加图像、颜色和布局等元素，提供更好的视觉效果。第四种是Rich Media（富媒体）格式，是一种包含多种媒体元素的邮件格式，如动画、音频、视频等，这种格式可以为邮件提供丰富的视觉效果和交互性，但同样也会增加文件大小，并且需要支持Rich Media的邮件客户端才能正常显示。

在选择邮件格式时，需要考虑邮件的目的、内容、受众，以及邮件客户端的兼容性等因素。在某些情况下，使用Rich Media格式可能会带来更好的广告效果，但同时也需要考虑文件大小和兼容性问题。在大部分外贸业务中，使用纯文本/HTML混合格式可能是比较理想的选择，这样既可以保证邮件的简洁性和可读性，也可以通过HTML部分提供一些视觉效果。

（七）发送邮件前一定要进行测试

首先，为了保证整体效果令人满意，通常会在正式发送前进行多种测试，比如使用不同的浏览器来查看邮件的效果。不同的浏览器可能会以不同的方式展示邮件内容，因此应在常用的浏览器（如Chrome、Firefox、Safari等）中进行测试。其次，也需要在不同的设备上查看邮件的效果，包括计算机端和移动端。再次，也需要测试邮件中的所有链接都是正确的，确保它们链接到预期的页面或网站。最后，确保语法和拼写正确，检查邮件的整体感观，确保邮件的格式和设计体现出专业性和准确性。

第四节　社会化媒体营销

一、社会化媒体营销的概念

社会化媒体，也称为社交媒体（Social Media），指允许人们撰写、分享、评价、相互沟通的网站和技术。社交媒体主要分为以下几种：专业社交网络（Professional Social Network）、移动聊天（Mobile Chat）、即时消息（Instant Messaging）、在线交易（Online Trade）、微博（Micro-blogging）、博客（Blogging）、图片分享（Photo Sharing）、视频分享（Video Sharing）、知识问答（Q&A）、百科知识（Wikis）、在线音乐（Online Music）、签到（Check-in）、留言板（Message Board）等。

社会化媒体营销，也被称为SNS[①]营销，就是利用上述的社会化网络渠道，利用文字、图片和视频传播和发布资讯，从而形成的营销、销售、公共关系处理和客户关系服务维护及开拓的一种方式。相较于一般常见的社会大众媒体，社交媒体的显著特点是可以让客户享有自己的创作权及言论权，自由进行各种编辑创作工作，并且可以进行相互交流、分享。

二、主要的社会化媒体类别

（一）社交网络

基于社交网络，人们与朋友、同事、同学等具有相同兴趣爱好和背景的人联接在一起，分享信息和展开互动。知名的社交网络有Meta、LinkedIn等。作为全球最大的社交网站，Meta每月活跃客户数高达13亿。此外，大约有3000万家企业在使用Meta，其中150万家企业在Meta上发布付费广告。当前，国内著名跨境电子商务企业如兰亭集势、DX等都开通了Meta官方专页，Meta境外营销受到了越来越多跨境电子商务从业者的关注。

---

① SNS，全称Social Networking Services，即社会性网络服务，专指旨在帮助人们建立社会性网络的互联网应用服务。SNS还有另一种常用解释：全称Social Network Site，即"社交网站"或"社交网"。SNS还有一种解释是Social Network Software，中文译为社会性网络软件。SNS营销指的是利用这些社交网络进行建立产品和品牌的群组、举行活动、利用SNS分享的特点进行病毒式营销之类的营销活动。

（二）博客和微博客

博客是出现最早的社交媒体形式之一，使用者通过发布内容和基于内容的互动进行营销推广。中小企业可以自建博客站点或在博客网站（如 blogspot.com）上进行营销。微博客是一种短小精悍的信息发布方式，允许使用者发布体量有限的文字、视频和图片。微博客的粉丝可以通过转发或评论微博客内容的形式进行互动。Twitter 是境外知名的微博客之一，拥有超过 5 亿的注册客户，支持客户发布不超过 140 个字符的消息，这些消息也被称作"推文（Tweet）"。

（三）视频和图片分享网站

使用社交分享网站，客户可以上传自己的视频、音频或图片，并且通过分享网站与其他网友进行互动。例如，YouTube 是大型视频网站，每天都有成千上万的视频被客户上传、浏览和分享。相对于其他社交网站，YouTube 的视频更容易产生病毒式的推广效果。知名的图片分享网站有 Pinterest、Instagram、Flickr 等，Pinterest 网站拥有超过 300 亿张图片，品牌广告主可以利用图片推广相关产品和服务，客户可以直接点击该图片进行购买。

（四）其他社交媒体

除以上渠道外，还有社交书签、社交新闻、论坛社区等。社交书签也被称为网络书签，是收藏和分享超级链接的社交网站。使用者可以将感兴趣的网络信息收集、分类和整理，便于自己和朋友使用。目前，比较有名的社交书签网站有 delicious（del.icio.us）和 stumbleupon.com 等。社交新闻网站允许客户分享或直接上传文章和新闻，其他客户可以进行评论，知名的社交网站有 digg.com 和 reddit.com 等。论坛社区主要集聚了相同爱好的网友互相交流信息，从营销的角度来看，尤其适合推广有一定专业门槛的产品，如电子类产品、开源硬件等。

专栏 5.2　　六度分隔理论与社会化媒体营销

哈佛大学心理学教授 Stanley Milgram 于 1967 年创立的六度分隔理论认为，每个人和任何一个陌生人之间所间隔的人不会超过六个，也就是说，最多通过六个人就能够认识一个陌生人。社交网络根据这个理论，观察到人与人之间的联系是无处不在的，每个人的社交圈都能够不断放大，而最后形成一个大型人际关系网络，将社交网络的价值无限放大。

社交媒体是以互动为核心的互联网人际传播，信息传递是由点到面、发散式的，没有绝对的信息末端。用户看到一条消息，首先是传播环节中的接受者，但通过转发或者评论，引起粉丝或者其他用户的传播兴趣，就形成了信息的再传播，转变为新传播链条中的信息源，而这些独立的链条通过"社交属性"彼此联结。一条消息的传播就像"滚雪球"一样，由点到线、到面、到网络而不断延伸、扩大。

比尔·盖茨曾说过，Web 1.0 的核心是内容，Web 2.0 的核心是关系——人与人之间纷繁复杂的关系。社会化媒体营销是以人为媒介、以人为本的，其中每一个人即为一个客户结点，而联结这些结点的，正是人与人之间的"关系"。这些"关系"把大量客户聚集到一起，使之在其中进行各种交流和互动。这种模式改变了人们以往的交流方式，现实生活中的社会关系移植到了互联网上，这种新的平台不仅带来了社会价值，还为网络商务活动带来了不可小觑的商业价值。

资料来源：作者收集整理，2024 年 3 月

三、社会化媒体营销的特点

（一）社会化媒体营销具有较高的精准度

通过分析客户数据和行为特征，企业可以更加准确地了解目标受众的需求和兴趣，并且针对不同的受众群体制订精准的营销策略。例如，社交媒体平台可以通过对客户的人群画像分析，将客户进行细分，包括客户的年龄、性别、职业、地理位置、兴趣爱好等。此外，社交媒体平台还可以通过分析客户的行为特征和互动方式来了解客户的兴趣和需求。例如，客户在社交媒体上花费的时间、浏览的内容、关注的人、参与的讨论等都可以被分析和挖掘。企业可以通过分析这些数据来了解目标受众的特征和需求，并且制订更加精准

的营销策略。

（二）社会化媒体营销更能体现"人格化"

社会化媒体的一个很大特点，也是优势，就是人格化的属性。人是有个性的，但又都是社会的，所以人的根本属性是"社会属性"，而社会化媒体最大的优势就是利用了人的这一属性，将信息传播赋予"人格化"的特点。社会化媒体通过互动，受众对接收的内容进行评论、转发，在再次传播过程中成为主动参与者，而不是被动接受者。每一个受众都拥有一个独立的社会化媒体账号，成为网络空间的实体，并形成社交圈子。由于信息传播是双向的，受众可以根据个人偏好，选择感兴趣的内容来接受和传播，这就较好地满足了人的个性需求。

（三）社会化媒体营销的门槛较低

首先，社会化媒体营销降低了信息传播的门槛。在传统的媒体环境中，信息的传播需要经过专业的机构和人员审核和发布，而在社会化媒体中，任何人都可以成为信息的发布者和传播者。这种去中心化的信息传播方式使得信息更加及时、真实地传递给受众。其次，社会化媒体营销降低了参与社交的门槛。在社交媒体平台上，人们可以快速注册账号并开始参与社交活动。这些平台通常具有简单的操作流程和友好的客户体验，使得人们可以轻松地发布、分享和评论信息。此外，社会化媒体营销还降低了技术门槛。与传统的营销方式相比，社会化媒体营销通常不需要太多的专业技能和设备。人们只需要掌握基本的计算机和互联网知识，就可以在社交媒体平台上进行营销活动。

（四）社会化媒体营销具有普遍的受众

随着社交媒体的普及和人们对社交网络的依赖，越来越多的受众通过社交媒体获取、交流和分享信息。此外，社交媒体平台的客户群体也非常多样化，涵盖了各年龄段、职业背景和兴趣爱好。根据美国相关研究资料，超过70%的成年人每天登录社会化媒体网站，并且每周至少花费20多个小时使用社会化媒体。这些数据说明，受众的注意力有很大一部分被社会化网络占领，通过社交媒体平台进行营销可以覆盖大量的人群，并且可以有效地吸引受众的注意力。

专栏 5.3　　兰亭集势的社会化媒体营销

兰亭集势在将电子商务生意与境外社交营销媒体相结合的过程中，充分考虑了不同类型的社交营销平台，以丰富的形式带给客户不同的感知效果，从而逐渐吸取客户关注，拓展了产品认知度，传播了品牌形象。兰亭集势在社会化营销中主要选择 Facebook、Twitter、Pinterest、Instagram 等平台。

在 Facebook 上，兰亭集势保持每天 7 个帖子左右的更新，日均发帖数量一般不超过 10 个，为了避免给粉丝带来刷屏的感觉，发布每个帖子的时间间隔通常在 2 小时左右。兰亭集势在 Facebook 上发布的帖子大概可以分为以下六大类：创意新奇帖、潮流时尚帖、幽默有趣帖、节庆活动帖、顾客晒图帖、其他帖，各类型帖子日平均发布数量如图 5.2 所示。

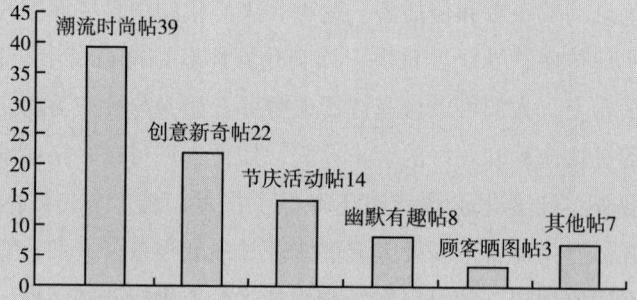

图 5.2　兰亭集势 Facebook 各类型帖子日平均发布数量

从图中可以发现，发帖量最多的类型是潮流时尚帖。兰亭集势的主打产品是服饰类，潮流时尚帖可以很好地彰显网站风格，同时能最大限度导入流量，从而获取转化率。第二多的是创意新奇帖。这类帖子很容易得到粉丝的点赞、评论甚至转发，因为每个人都比较喜欢富有创意有想法的新奇类产品。第三多的是节庆活动贴。比如在西方万圣节期间，配合节日主题，摆出一些有趣的节日装扮照片，从而吸引粉丝进入网站购买相关装束。

幽默有趣帖也是特别受欢迎的帖子。幽默有趣帖可能让带有商业性质的兰亭集势Facebook官网主页变得更加可爱和吸引人。娱乐之后，即使再附上一个广告链接，也不容易引起客户的反感。兰亭集势为了有效地运用口碑营销，通常把客户购买使用后晒出的图片和评语都公布出来，同时给予客户最真诚的赞美和感谢，并且让所有的粉丝都看到，其效果不言而喻。

此外，兰亭集势为了增加与粉丝的互动，还会不时发布一些话题互动性帖子、激励性帖子、风景照帖子等，让粉丝感觉这不是一家商业化的企业，而是在跟一个真实的人互动。兰亭集势还会不定举办礼券赠送（Give Away Time）、限时闪购（Flash Sale）等活动吸引粉丝参与。

在Twitter上，兰亭集势主要是寻找一些网络红人进行合作，通过他们的展示和口碑进行产品推广，从而吸引他们的粉丝购买。另外，兰亭集势为了让千千万万的名人粉丝逐渐熟知自己并最终引为自己的粉丝，通常第一时间对名人发布的"推文"进行评论。

在Pinterest和Instagram上，兰亭集势主要是利用图片做了许多广告。有一次，兰亭集势贴出一组耳饰图片，在短短8小时内引来了1072个点赞和114条评论，而且从评论中可以看出这些客户都具有比较强烈的购买欲望。

资料来源：作者收集整理，2024年3月

四、社会化媒体营销对跨境电子商务的作用

（一）有利于提升跨境电子商务企业的网络曝光量

社会化媒体平台拥有庞大的客户群体，覆盖了各年龄段、兴趣爱好和文化背景的人。通过在这些平台上发布有价值的内容并与客户互动，企业可以接触更多的潜在客户，扩大受众范围。

（二）有利于为跨境电子商务网站带来高质量的销售机会

通过在社会化媒体上发布有趣、有价值的内容，以及提供优惠券等有吸引力的活动，企业可以吸引更多的客户注册并成为使其网站的忠实客户。这些注册客户更容易被转化为购买客户，为企业带来更多的销售机会。

（三）有利于为跨境电子商务企业吸引更多的业务伙伴

社会化媒体在吸引个人客户的同时，也吸引了众多企业客户。统计显示，美国有超过70%的企业在使用社会化媒体。通过在社会化媒体上寻找和筛选合适的合作伙伴，企业可以扩大合作伙伴网络，增加业务机会和资源。

（四）有利于跨境电子商务企业与客户建立互动关系

社会化媒体为企业提供了一个广泛、平等、开放的沟通渠道，可以与潜在客户进行实时互动和交流。通过在线聊天、评论、私信等方式，企业可以回答客户的问题、解决疑虑、分享有价值的内容，从而建立长期的信任。

（五）有利于跨境电子商务企业低成本的进行市场营销

一方面社会化媒体网络的开放性吸引了大量的注册客户，另一方面有关产品和服务的信息可以利用社会化媒体网络以更低的成本、更快的速度进行传播。同时，通过对社会化媒体大量数据的分析和调研，跨境电子商务企业能够以较低的成本发掘市场需求。

五、国际上常用的社交媒体平台

Meta（原名Facebook）。全球社交媒体平台，拥有数十亿用户，可以用于建立企业页面、发布广告和与潜在客户互动。

Instagram。流行的图片和视频分享社交媒体平台，适合推广品牌、产品和服务，特别是针对年轻受众。

X（原名Twitter）。用于发布短消息且实时更新的社交媒体平台，可以用于建立品牌声誉和发现潜在客户。

LinkedIn。职业社交媒体平台，用于建立个人资料、发布工作信息和与专业人士建立联系。

TikTok。流行的短视频分享社交媒体平台，适合发布推广创新、有趣和吸引人的内容。

YouTube。视频分享平台，可以用于发布产品介绍、教程和品牌故事等视频内容。

WhatsApp。全球最受欢迎的即时通讯软件之一，通过WhatsApp，企业可以与客户建立直接联系，解答客户的问题，提供售后服务，甚至进行一对一的营销活动。

Reddit。大型社交新闻网站，有着丰富的新闻内容和强大的社区氛围，吸引了大量客户。

这些社交媒体平台各有其特点和优势，跨境电子商务卖家可以根据自己的业务需求和目标受众选择合适的社交媒体平台开展推广和营销。

第五节 跨境网红营销

一、跨境网红营销的概念

网红即网络红人，是指在社交媒体上发表创作内容的人，如发表视频、图片、音频、文字等。订阅网红社交媒体账户的人被称为"关注者"（俗称"粉丝"）。由于网红有大量的关注者，其在关注者中有一定的影响力。网红营销正是借助这种影响力，将推广信息传递给他们的关注者，以促进品牌的传播和销售。

在跨境电子商务领域，网红通常被称为"影响者（Influencer）"，所以网红营销又被称为"Influencer Marketing"。跨境网红营销即是借助这些境外"影响者"，打造新的营销场景，推动境外消费者熟知、喜爱并选择该品牌的营销方式。它可以帮助品牌更好地进入境外市场，提高品牌知名度和影响力，促进销售额增长。

这些"影响者"又可以分为KOL、KOC、KOS、KOF等多种类型。

KOL是英文Key Opinion Leader的缩写，即关键意见领袖，通常被定义为拥有更多更准确的产品信息，为相关群体所接受或信任，对该群体的购买行为有较大影响力的人。KOL的营销范围是公域流量，角色定位多是专家、名人、明星和通常所说的"大网红"（即"大V"），通常具有百万千万数量级的粉丝。KOL传播力很强，但是由于和消费者距离较远，互动和转化率较低。

KOC是英文Key Opinion Consumer的缩写，即关键意见消费者，一般指能影响自己的朋友、粉丝产生消费行为的消费者。相比于KOL，KOC的粉丝更少、影响力更小，所以有时被称为纳米级网红（Nano-influencers）。但是他们评论热度很高，热衷于分享自己的购买和使用体验，这种真实性使得他们的影响力具有较高的信任度和亲近感，能够有效带动转换率和互动效果。

KOS 是英文 Key Opinion Spreader 的缩写，即关键意见传播者，一般分布在科技、汽车、美妆等垂直领域，如电子发烧友，他们热衷于使用各种新款手机测评，通过对某一行业全面且深度的了解来解析产品，利用专业性和精准性来促进销售。在影响力上，KOS 也拥有少则几万，多则上百万的粉丝。由于粉丝特别"垂直"，可以很好地帮助品牌精准触达目标客户。实际上，KOS 可以看成是 KOL 的一种特例，只不过他更加专业，仅局限于传播某个领域的影响力。

KOF 是英文 Key Opinion Followers 的缩写，即关键意见追随者（即关注者或粉丝），指某一品牌的忠实客户。他们密切关注品牌动态，并且倾向于购买和推荐该品牌的产品，而 KOC 则更注重在消费过程中发表意见和观点，以及影响更多人的消费决策。虽然 KOF 和 KOC 在定义上有所区别，但是在实际应用中，它们可以相互转化。例如，KOF 可能会通过自己的购买和使用经验，分享自己的意见和观点，从而成为 KOC；同样，KOC 也可能会因为对某个品牌的忠诚度较高，而成为该品牌的 KOF。总之，KOF 和 KOC 都是重要的消费者群体，品牌方可以通过与这些消费者建立联系，提高品牌知名度和忠诚度。

从广义上看，KOC、KOS 与 KOF 都可以看作是不同层级的 KOL（Key Opinion Leader），他们为相关群体所接受或信任，并且对该群体的购买行为有较大影响力，所以网红营销在国外经常被称为"KOL Marketing"。

二、跨境网红营销的优点

（一）跨境网红营销可触达受众广泛

境外网红在各种社交媒体平台上拥有大量的粉丝和关注者，这些粉丝和关注者来自不同的国家（地区），具有不同的文化和背景。因此，通过与境外网红的合作，跨境电子商务企业可以接触更广泛的受众群体，扩大品牌在境外社交媒体上的覆盖面和影响力，从而提高品牌在境外市场的知名度和影响力。

（二）跨境网红营销影响力巨大

网红作为个人意见领袖，具有较大的社交媒体影响力和粉丝影响力。网红可以通过自己的社交媒体平台和粉丝群体，对品牌或产品进行推广和宣传，他们的意见和观点可以对粉丝和关注者的购买行为产生较大的影响。

（三）跨境网红营销可以获取精准的流量

网红的粉丝群体通常会因为对网红身上的某种特质的喜爱和认同而聚集在一起，围绕着这种特质进行互动和交流，大家的兴趣和需求比较集中。这种精准的流量获取方式，可以帮助跨境电子商务企业提高营销效果和转化率。

（四）跨境网红营销可以获得较高的客户黏性

粉丝对网红具有较高的黏性，这种黏性来自情感认同、社交体验、信任关系、持续内容输出和个性化推荐等方面。跨境电子商务企业可以利用这些特点，通过与境外网红合作来提高品牌忠诚度和客户黏性。

（五）跨境网红营销可以创造出丰富的营销内容

跨境电子商务企业可以借助境外网红的创作能力和粉丝影响力，与网红合作创作出符合当地文化、习惯和需求的内容，采用视频、图片、文字等形式，吸引他们粉丝的关注和喜爱。

（六）跨境网红营销有利于快速响应市场变化

境外网红通过与粉丝的沟通和交流，能够快速感知和反馈市场及消费者需求的变化，跨境电子商务企业可以借助反馈及时调整营销策略，提高营销效果和市场竞争力。

三、跨境网红营销的形式

（一）品牌代言

跨境电子商务企业可以邀请境外知名网红作为品牌代言人，通过网红的影响力和号召力，将品牌形象传递给更多的粉丝和受众。境外网红作为品牌代言人，可以在社交媒体或个人网站上发布与品牌相关的内容，包括图片、视频、文字等，向粉丝推荐品牌或产品，帮助品牌更好地进入目标市场。

（二）产品推广

品牌可以与网红合作推广新产品或活动。网红可以在自己的社交媒体平台上分享使用品牌产品的体验和感受，通过真实的体验提升粉丝对产品的认知和购买意愿。

（三）社交媒体活动

品牌可以与网红合作开展社交媒体活动，如粉丝可以通过在社交媒体上转发、点赞、评论，或者通过在社交媒体上发布符合活动主题的图片、视频等内容等方式参与抽奖，有机会获得奖品或优惠。这样的活动可以吸引更多的粉丝参与，增加品牌在社交媒体上的曝光和互动。

（四）直播带货

近年来，随着视频直播的兴起，直播带货的方式已经得到普遍推广。其原因包括：实时互动性强，能够营造热烈的购物氛围；可视化展示，消费者能更直观地了解产品；对推广达人、网红的认同感、信任感强，粉丝对网红有一定的忠诚度。

四、跨境网红营销的流程

（一）明确营销目标与受众

在进行跨境网红营销前，首先需要明确营销的目标和受众。目标可以包括提高品牌知名度、销售额、网站流量等。同时，还需要深入了解境外目标受众的兴趣、需求和行为特点，以便选择合适的网红和制订相应的营销策略。

（二）筛选和考察网红

在筛选和考察境外网红时，需要考虑网红的受众群体、内容质量、社交媒体影响力等指标。境外网红的粉丝群体应与品牌的目标受众相匹配，同时网红发布的内容应具有质量高、吸引力强等特点。可以通过社交媒体平台（如Instagram、YouTube、TikTok等）、搜索引擎、相关网站等途径搜索和筛选合适的网红。在筛选过程中，应关注网红的粉丝数量、关注度、互动率等数据，也需要了解境外网红的背景和历史表现，包括其从事的领域、专业知识和技能、历史合作情况等。这些内容将有助于判断其是否具有合作价值和可靠性。

（三）合作洽谈与合同签订

通过直接联系、中介平台或社交媒体等方式与选定的境外网红进行合作洽谈。在洽谈过程中，需要向网红介绍品牌或产品，并且了解网红的合作意向和要求。根据双方意向，商定合作的细节，包括合作方式（如广告、赞助、联名等）、创作内容、报酬等，需要确保双方的权益得到保障。在商定合作细节后，需要签订合同以确认双方的权利和义务。合同中应包括合作内容、报酬、知识产权归属、保密协议等重要条款。确保合同条款的合理性，避免后期出现纠纷。

（四）制订营销策略与创作内容

与境外网红共同制订营销策略，包括创意内容、发布计划、推广渠道等。营销策略应与品牌形象和目标受众的需求相符合，同时须考虑网红的特长和受众喜好。根据营销策略，由境外网红创作和发布符合品牌形象和目标受众需求的内容。内容可以是图片、视频、文章等，须确保内容质量高、有吸引力，并且能与受众产生共鸣。同时需要注意遵守相关的法律法规和道德规范，避免虚假宣传和不良信息传播。

（五）过程监测与分析优化

通过数据监测工具对营销活动的过程进行监测和分析。需要关注曝光度、互动率、转化率等指标，以了解营销活动的成效并作出改进。根据数据监测结果和分析结果，对营销策略和内容进行优化改进；优化发布计划和推广策略以提高效果；根据粉丝反馈调整内容和互动方式；考虑与其他品牌或网红合作以扩大影响力等。

需要注意的是，要持续关注网红的发布内容和效果，及时调整合作方式和策略以保持与粉丝的紧密联系并提高品牌知名度。同时需要保证与网红的沟通渠道畅通，共同探讨如何改进效果和提高品牌影响力。

第六节　联盟营销

一、联盟营销的概念

联盟营销（Affiliate Marketing），是一种按效果付费（Performance – based）进行营销推广的方式，广告主通过营销伙伴的站外推广获得流量、实现转化，而营销伙伴则根据促成的成果，获取广告主给予的佣金或奖励，其流程如图5.3所示。因此，联盟营销也被称为合作伙伴营销、联署营销等，其英文名称有 Affiliate Program、Referral Program、Associate Program、Profit Sharing Program、Partners Program 等。

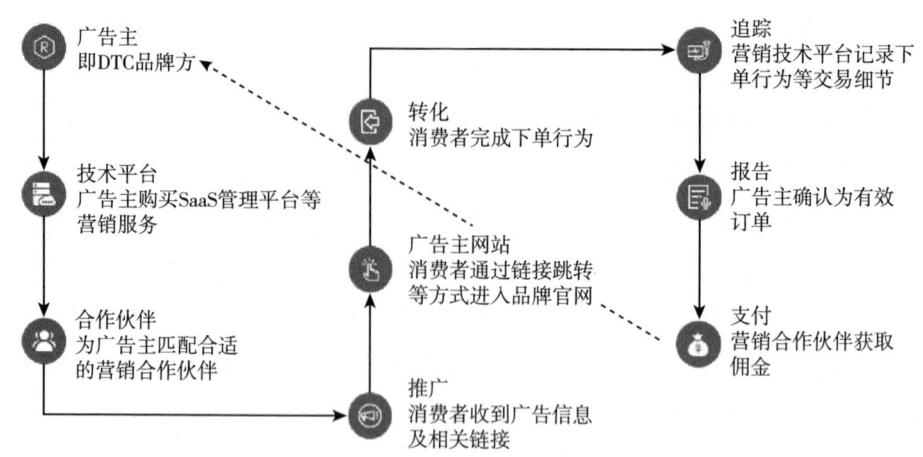

图 5.3 联盟营销的流程

常见的联盟营销通常包含四大主要角色。

（一）营销伙伴

营销伙伴（Affiliates）可以是个人或公司，他们通常拥有网站或社交媒体平台，业界有时也称之为站长、流量主、推广客、联盟客或合作伙伴。他们通过可追踪的推广链接为广告主推广品牌和产品，根据促成的推广成果（点击量、潜在客户数、转化等）从广告主处获得佣金或奖励。

营销伙伴一般会在自己的网站或平台上发布可追踪的推广链接，为广告主进行推广。此类推广链接往往出现在博客、折扣信息页、产品测评、横幅广告、产品比较网站、邮件广告和社交媒体平台等。

（二）广告主

广告主（Advertisers）即做广告的企业、商家或品牌，他们借助营销伙伴进行推广以获取流量和转化，根据营销伙伴的贡献给予其相应的佣金或奖励。

（三）消费者

消费者（Consumers）是点击营销伙伴推广链接的线上客户，通常拥有消费意愿或直接完成消费行为。根据营销伙伴的推荐，消费者在广告主官网进行注册订阅或购买产品和服务。

（四）联盟营销技术平台

联盟营销技术平台（Affiliate platforms）是指为广告主和营销伙伴提供业

务对接服务的技术平台,通常具备追踪、签约、生成报表和支付的基本功能,主要的形式有网盟(Affiliate networks)和 SaaS 管理平台。

一般地,广告主加入一个联盟营销平台,在平台上传品牌和产品的推广信息和素材,找到与品牌契合的营销伙伴,开展合作,根据营销伙伴的推广业绩(订单、点击等其他行为),向其支付佣金。对于营销伙伴而言,这个流程则是在联盟营销平台上找到想要合作的广告主,加入其营销项目,选择想要推广的产品或服务,在社交媒体等推广渠道植入可追踪的推广链接,促成转化并获得佣金。

专栏 5.4　　　　亚马逊的联盟营销

联盟营销由亚马逊首创,其在 1996 年 7 月发起了一个"联合"行动,基本形式是:一个网站注册为亚马逊的联盟会员,然后亚马逊把自己的广告链接投放到这些网站上,当访问者访问这些网站时,可以点击这些广告链接进入亚马逊网站,如果产生了购买订单,那么亚马逊会付给这些网站一定比例的销售佣金。

亚马逊的联盟营销计划叫做"Amazon Associates",其页面如图 5.4 所示,是世界上最大的联盟营销计划之一,可以帮助内容创建者、发行者和博主们通过流量获利。

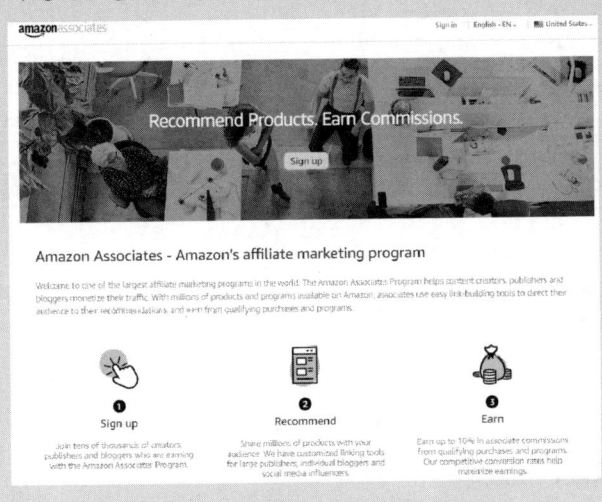

图 5.4　亚马逊联盟营销计划页面

亚马逊上有数百万的产品，联盟伙伴可以使用简单的链接构建渠道，将受众引导至他们推荐的产品，并且从符合条件的购买中获利。如果感兴趣的买家点击跨境电子商务企业网站上的亚马逊链接并购买该商品，跨境电子商务企业将收到佣金，佣金从1%到20%不等，具体取决于产品的类别，如表5.2所示。

表5.2 产品分类及其佣金率

产品分类	佣金率
亚马逊游戏	20.00%
奢侈品美容、奢侈品店美容、亚马逊探索	10.00%
数字音乐、实体音乐、手工制作、数字视频	5.00%
实体书、厨房、汽车	4.50%
亚马逊Fire平板电脑设备、亚马逊Kindle设备、亚马逊时尚女装、男装和儿童自有品牌、奢侈品店时尚、服装、亚马逊云摄像头设备、Fire TV版智能电视、亚马逊Fire TV设备、亚马逊Echo设备、指环设备、手表、珠宝、箱包、鞋子、手袋及配饰	4.00%
玩具、家具、家居、家居装修、草坪和花园、宠物产品、耳机、美容、乐器、商业和工业用品、户外、工具、运动、婴儿用品、亚马逊硬币	3.00%
PC、PC组件、DVD和蓝光光盘	2.50%
电视、数字视频游戏	2.00%
亚马逊生鲜、实体视频游戏和视频游戏机、杂货、健康和个人护理	1.00%

资料来源：作者收集整理，2024年3月

二、联盟营销的优势

联盟营销在跨境电子商务领域中获得了很高的关注度，尤其是在跨境独立站的推广中，联盟营销更是得到了广泛的应用，主要因为其有以下这些优势。

（一）低风险，低成本

合作伙伴绩效营销是联盟营销的核心业务模式，即为效果付费。营销人员因此能够节省营销费用，同时为后续的业务增长蓄势。对于营销伙伴来说，加入品牌的推广项目通常不需要任何费用，大大降低了风险和成本，也为品牌获得更多的伙伴资源创造了良好条件。此外，营销伙伴通过为品牌带来流量和转化获得收益，而且不设上限。

（二）精准定位目标受众

一般来说，品牌最终会选择那些与自身风格相符且目标受众相似的营销伙伴开展合作伙伴绩效营销项目。这些营销伙伴的受众群体可能本身就对品牌的产品或服务有所需求，或者由于对营销伙伴的信任和认可，极有可能被营销伙伴提供的推荐、优惠等信息所吸引。目标消费者购买意愿越强烈，品牌越能够实现更高的转化率。

（三）项目运营更具灵活性

营销人员往往会面临这样的困境：项目发展走势通常与规划有所偏差，调整项目发展方向规模又会额外耗费成本，执行难度较高。在合作伙伴绩效营销项目中，营销人员更容易对项目规模进行适时地调整，灵活性更强，大大降低了运营成本。

（四）受众群体更为广泛

在合作伙伴绩效营销中，营销伙伴种类丰富，分布渠道具有多样性。品牌方与多种营销伙伴开展合作，能够触达更多的目标消费者。

（五）绩效表现可追踪

营销伙伴将联盟营销平台生成的链接放置在自己的营销内容或渠道中，品牌营销人员能够通过平台对合作伙伴绩效进行追踪，从而更好地判断出最有价值的营销伙伴和渠道，优化营销策略。

三、联盟营销伙伴的类型

联盟营销伙伴的类型多种多样，常见的有以下几种。

（一）内容平台

内容平台（Content partner）是通过创造和发布原创、有趣、吸引人的内容，推荐和销售产品或服务的平台。在跨境电子商务领域，一些常用的内容平台包括Buzzfeed、ZDnet等。这些平台通过发布有关产品或服务的使用体验、比较评测、解决常见问题的文章或视频等，吸引和留住消费者，同时帮助企业更好地推广自己的产品和服务，提高品牌知名度和销售额。

（二）返利平台

返利平台（Cashback/Loyalty/Rewards）是一种通过奖励方式来吸引消费者购买商品或服务的平台。在跨境电子商务领域，一些常用的返利平台包括 MyPoints、Shopback 等。这些平台与广告主合作，从广告主处收取一定的佣金，然后将其中的一部分或全部以现金、积分或其他形式奖励给在平台上点击推广链接并完成购买的消费者。通过这些返利平台，消费者可以获得额外的奖励和优惠，从而降低购买成本，提高购买意愿和购买量。

（三）折扣平台

在跨境电子商务领域，常用的折扣平台（Coupons/Deals）包括 Slickdeal、CouponCause、Groupon 等。这些平台向消费者提供广告主的折扣码、优惠券、秒杀等促销信息，让消费者可以在购买时享受更多的优惠。此外，这些平台还通常还会提供一些额外的功能，如折扣码共享、优惠券领取等，帮助消费者更好地获取和使用促销优惠。

（四）比价平台

比价平台（Price comparisons）聚合了各大零售平台上的商品信息和价格，让消费者可以在一个平台上进行快速、方便地比价。此外，这些平台通常还提供了一些额外的功能，如历史价格查询、价格提醒等，帮助消费者更好地掌握商品的价格动态。跨境电子商务中常用的比价平台如 Lyst、PriceSpy 等。

（五）社交媒体影响者

社交媒体影响者（Social media influencers）也被称为网红或社交媒体明星，是在各种社交媒体平台上活跃的内容创作者和推荐者。他们通过在 Meta、X、YouTube、Tik Tok 等社交平台上发布和分享自己的原创内容，吸引和维持一定数量的粉丝群体。这些社交媒体影响者通常会根据自己的人气和影响力，与品牌或其他合作伙伴合作，推荐和推销各种产品或服务。他们将产品特点与自身特点相结合，通过文字、图片或视频等方式，向粉丝推荐这些产品或服务。

（六）移动应用软件联盟

移动应用软件联盟（Mobile app affiliate）通过自有 App 为广告主的网站

或 App 引流，国外的此类联盟有 Apptimus、tapjoy 等。这些联盟通常会提供自己的平台和工具，帮助广告主和移动应用开发者进行合作和管理联盟营销活动。

（七）工具条或插件

工具条或插件（Toolbars）是一种技术工具，通常以插件的形式嵌入浏览器中，帮助客户快速访问和使用特定的功能或服务。工具条或插件可以通过分析客户的浏览历史、购买记录等数据，提供比价功能、实时更新促销信息，帮助客户更好地发现和选择自己感兴趣的内容或产品。

（八）邮件营销者

邮件营销者（Email marketer）通过使用电子邮件与目标受众进行互动，以推广品牌、产品或服务。

四、佣金支付机制

在联盟营销项目运作机制中，佣金支付是非常重要的环节。一般来说，当特定的"转化行为"发生后，营销伙伴就能获得佣金。所谓的"转化行为"有多种类型，包括购买商品、订阅邮件、注册账号等。佣金支付机制通常包括以下几类。

（一）按点击数付费

联盟网络营销管理系统记录每个客人在联盟会员网站上点击到商家网站的文字的或图片的链接（者电子邮件链接）次数，商家按点击数（Cost – Per – Click，CPC）支付推广费。

（二）按引导数付费

访问者通过联盟会员的链接进入商家网站后，如果填写并提交了某个表单，管理系统就会产生一个对应给这个联盟会员的引导记录，商家按引导数（Cost – Per – Lead，CPL；也称为 CPA，Cost – Per – Acquisition）给会员付费。

（三）按销售额付费

商家只在通过联盟会员的链接访问的客人产生了实际的购买行为后（大多数是在线支付）才给联盟会员付费，一般是设定一个佣金比例（销售额的 3% 到 50% 不等）。由于网站的自动化流程越来越完善，在线支付系统也越来越成熟,越来越多的联盟网络营销系统采用按销售额付费(Cost-Per-Sale,CPS)的方法。由于这种机制对商家来说是一种零风险的广告分销方式,商家也愿意设定比较高的佣金比例,这样就使得这种机制被越来越多地采用。

思考与实训

1. 跨境网络营销和境内网络营销有什么异同?
2. 使用搜索引擎营销的时候,你选择谷歌还是百度?为什么?
3. 你使用过哪些社会化媒体?找出几个例子来说明什么是社会化媒体营销。
4. 在跨境电子商务网络营销中,电子邮件营销应注意哪些问题?
5. 本章介绍的这些营销方式中,你认为哪种是最有效的?为什么?

第六章　跨境电子商务物流

跨境物流服务直接影响着跨境电子商务的发展，两者具有相辅相成的关系。在实践中，跨境 B2B 电子商务主要依靠海洋运输、国际铁路运输、国际航空运输及国际多式联运等运输方式。但是在出口跨境零售 B2C 模式下，商品主要通过万国邮政联盟、国际商业快递、跨境专线物流，以及相关第三方、第四方物流进行运输。近年来，随着我国跨境电子商务的快速发展，跨境物流海外仓数量迅猛增长，可以更好地为境外客户提供本土化增值服务。

学习目标

了解内容：跨境物流的概念，跨境电子商务物流的概念、边境仓的概念、第三方物流、第四方物流、海外仓的类型和使用

理解内容：跨境电子商务与跨境物流的关系、出口跨境物流企业类型、海外仓的概念及优劣势、常存放在海外仓的货物种类

掌握内容：跨境 B2B 电子商务模式下常用的物流方式、万国邮政联盟、国际商业快递、跨境专线物流的特点

关键术语：跨境物流、跨境电子商务物流、海洋运输、国际铁路运输、国际航空运输、国际多式联运、万国邮政联盟、国际商业快递、跨境专线物流、第三方物流、第四方物流、海外仓、边境仓

第一节　跨境电子商务与跨境物流概述

一、跨境物流与跨境电子商务物流

根据国家标准《物流术语》（GB/T 18354—2021），物流被定义为："根据实际需要，将运输、储存、装卸、搬运、包装、流通加工、配送、回收、信息处理等基本功能实施有机结合，使物品从供应地向接收地进行实体流动的过程"。

跨境物流则是指当生产和消费分别在两个或在两个以上的国家（地区）独立进行时，为了解决生产和消费之间的距离问题，对货物（商品）进行物流性移动，从而完成货物（商品）跨境交易这一最终目的的一项活动。从跨境电子商务的角度看，跨境电子商务物流是指位于不同国家（地区）的交易主体通过电子商务平台达成交易并进行支付清算后，通过跨境物流送达商品进而完成交易的一种商务活动。跨境电子商务交易突破了关境的限制，在商品流通上体现为从卖方所在地通过跨境物流流通到买方所在地。

根据商品从卖家到买家的地理空间流向，商品的地理空间流动包括商品通过输出国（地区）海关环节流出卖方所在国（地区），并且以国际货运或其他物流模式实现商品的长途跨境运输，然后通过输入国（地区）海关环节流入买方所在国（地区），最后在商品买方所在地实现物流与配送活动。当出现商品退换货时，还会发生从进口商品的买方流向出口商品的卖方的逆向商品流动。

跨境物流主要环节涉及揽收货物、出口国（地区）境内物流、出口国（地区）清关、国际物流、进口国（地区）清关、进口国（地区）物流等，具体包括接单、收货、仓储、分类、编码、理货、分拣、转运、包装、贴标、装卸，以及国际结算、报关、纳税、售后服务、退换货等。整个物流链及作业环节涉及多个国家（地区）、多家物流企业，因此过程非常漫长，普通跨境物流送达时间多在15~60天，某些特殊国家（地区）甚至长达90天。国际物流线路较长、中转过程中运输颠簸和碰撞，以及操作不规范或暴力分拣，容易造成商品丢失、包装破损、包裹投递延迟、配送地址错误等许多问题。除此之外，产品被海关查扣、未通过航空安检、罢工或战争,以及恶劣天气等不可抗力因素造成的运送延误等情况也时有发生,给买卖双方造成较大损失。

二、跨境电子商务与跨境物流的关系

跨境电子商务与跨境物流虽然隶属于两个不同范畴,但是跨境电子商务的快速发展离不开跨境物流的支持,二者密不可分。跨境物流的发展为跨境电子商务的发展奠定了基础,跨境电子商务的发展也为跨境物流产业的进一步发展提供了动力。完整的跨境电子商务贸易需要二者相互配合,一起发挥协同效应才能完成,如图6.1所示。

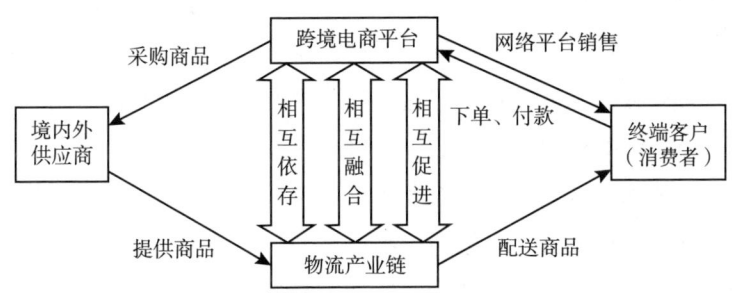

图6.1 跨境电子商务与跨境物流

首先,跨境物流是跨境电子商务的基础之一,只有跨境物流为跨境电子商务提供物流服务,商品或资源才能在全球范围内进行配置,离开了物流的跨境电子商务无法进行真正的商品贸易。同时,物流产业链也对跨境电子商务的发展具有推动力,物流是跨境电子商务活动中的一环,物流信息化、集成化和移动化的进一步发展,都能有效地降低成本,影响跨境电子商务的消费体验。

其次,虽然跨境物流在没有跨境电子商务时已经存在,但是与跨境电子商务的融合为其注入了现代科技和互联网思维,有助于跨境物流产业实现现代化。跨境电子商务发展迅猛,在客观上加大了对跨境物流产业现代化、专业化的要求。跨境电子商务的发展促进跨境物流信息化、网络化、电子化、智能化,信息网络和物流网络从国家(地区)范围扩大到全球范围。

最后,跨境电子商务与物流产业都有着明确的技术边界、产品边界、业务边界和市场边界,但从另一个方面看,二者的边界又比较模糊,跨境物流体系被囊括在跨境电子商务业务体系中，是其重要的组成部分之一。

三、跨境物流企业类型

跨境电子商务的迅速发展推动了跨境物流市场的繁荣，现有的跨境物流企业分为以下几类。

传统交通运输业、邮政业的企业。这些企业顺应跨境电子商务市场的需求，增加了跨境物流业务，如中远物流、中集物流、马士基、万国邮政体系等。

传统电子商务企业。跨境电子商务业务的扩张刺激了跨境物流的需求。传统电子商务企业在境内市场自建了物流体系，并且将其拓展到跨境物流市场，如京东物流、阿里巴巴的菜鸟物流、亚马逊物流等。

传统快递企业。这些企业不愿错失跨境物流市场，纷纷进入跨境物流业务领域，如 UPS、FedEx、顺丰物流、申通物流等。

新兴的跨境物流企业。这些企业成立之初就专注于跨境物流市场，如纵腾集团、燕文物流、递四方、万邑通、出口易等。

传统制造或零售企业。这些企业通过发展跨境电子商务业务，自身的业务量足以支撑跨境物流的需求。他们纷纷成立了跨境物流网络，如沃尔玛、家得宝、海尔物流等。

专栏6.1　　三家典型的跨境物流企业

1. 纵腾集团

纵腾集团成立于2009年，总部位于深圳，为跨境电子商务商户提供海外仓储、专线物流服务及商品分销、供应链服务等一体化物流解决方案。旗下拥有"谷仓海外仓""云途物流""纵腾冠通""沃德太客"等服务品牌。其中云途物流成立于2014年，总部位于深圳，聚焦电子商务领域，为全球跨境电子商务企业提供优质的全球小包裹直发服务。目前，云途物流在全球拥有1500余名专业的物流服务员工，设有30余个集货转运中心，在中国（不包含港澳台地区）设有超过25家分公司，日均包裹订单量达100余万件，服务范围覆盖全球220多个国家（地区）。

2. 递四方

递四方成立于2004年，是全球跨境电子商务供应链综合服务提供商，致力于在跨境电子商务物流领域深耕。递四方以全球包裹递送网络（GPN）及全球订单履约网络（GFN）两个网络为基础，提供全球快递、海外仓、首公里在内的三大主要产品，以及全球订单履约服务、仓储与物流管理系统服务、全球退件解决方案、全球包裹直发服务和全球转运进口五大服务。递四方在全球共拥有超过8000名员工，超过100家分支机构，服务全球约100万家跨境电子商务商户和超过2亿跨境电子商务终端用户。

3. 燕文物流

燕文物流成立于1998年，是国内领先的跨境出口综合物流服务商。公司以"中国制造，为世界送达"为使命，通过整合全球物流资源并打造专业化、多元化的物流产品服务体系，以自主研发的综合物流信息管理平台为支撑，专注于为客户提供快速、安全、高性价比的"门到门"寄递服务。与全球速卖通、亚马逊、WISH、eBay等全球大型跨境电子商务平台建立了长期、稳定的合作关系。经过多年发展，燕文物流建立了高度协同的物流网络，在全国已设置六大分拨中心和37个集货转运中心，服务全球200余个国家（地区）。

资料来源：作者收集整理，2024年3月

第二节　跨境B2B电子商务模式下的物流

在跨境B2B电子商务模式下，单次交易一般金额较大，货物数量较多、重量较重，卖家对运输成本较为敏感。这种情况下，一般采用传统的运输方式，如海洋、铁路、航空等。同时，在跨境B2C电子商务的某些情况下，这些传统的运输方式也经常被使用，如卖家通过海洋、铁路、航空等运输方式先

将货物大批运往境外仓库，然后在当地仓库分拣后再寄送给当地消费者。

一、海洋运输

海洋运输是国际商品交换中最重要的运输方式之一，其货物运输量占全部国际货物运输量的比例大约在80%以上。海洋运输借助天然航道进行，不受道路、轨道的限制，通过能力强。随着国际航运业的发展，现代化的造船技术日益精湛，船舶日趋大型化，载运量大，使用时间长，运输里程远，单位运输成本较低，为低值大宗货物的运输提供了有利条件。但是海洋运输速度慢、易受自然条件和气候的影响，风险较大。

海洋运输可以分为班轮运输和租船运输两大类。班轮运输是指轮船公司将船舶按事先制订的船期表，在特定海上航线的若干个固定挂靠的港口之间，定期为非特定的众多货主提供货物运输服务，并且按事先公布的费率或协议费率收取运费的一种船舶经营方式。班轮运输具有"四定一负责"的特点，即航线、停靠港口、船期、运费率固定，承运的轮船公司负责装卸货物。班轮运输的时间有保证，运价固定，手续简单，为贸易双方洽谈价格和装运条件提供了方便，多用于一般杂货和不足整船的贸易货物的运输。租船运输是指租船人向船东租赁船舶用于货物运输的一种方式，通常适用于大宗货物运输。有关航线和港口、运输货物的种类及航行的时间等，都按照承租人的要求，由船舶所有人确认。租船人与出租人之间的权利义务由双方签订的租船合同确定。租船运输在跨境电子商务中通常使用得较少。

因为跨境电子商务中交易频次最高的是零散杂货，所以一般以班轮运输作为主要的运输方式。另外，由于海洋运输成本低廉，并且能够承运货量较大、重量较大和体积较大的货物，常被跨境电子商务企业用作海外仓头程运输的主要运输方式。

另外，在具体实践中，我国的跨境电子商务卖家在向美国市场使用海洋运输时，常使用"快船"和"慢船（普船）"两种方式。快船的速度比较快，大约需要12~14天即可到达美国西海岸港口。慢船或普通的船只，一般需要14~35天才能到达美国西海岸港口。

专栏 6.2　　美森快船

美森轮船有限公司（见图 6.1）（以下简称为"美森"）于 1882 年成立，总部位于美国夏威夷的檀香山，一直专注于太平洋市场的运输业务，不仅为夏威夷、阿拉斯加、关岛、密克罗尼西亚和南太平洋各地区和国家提供海上运输服务，也经营中国至美国加利福尼亚州跨太平洋集装箱运输的精品快船航线。美森快船在美国西海岸各主要港口均有专有码头，以其高效、快捷的服务在业内享有极高声誉。

图 6.1　美森网站首页

美森的第一条跨太平洋精品快航 CLX（China Long Beach Express）航线始于 2006 年 2 月，依次挂靠宁波、上海，然后直达美国长滩港，夏威夷火奴鲁鲁港，关岛及冲绳港。上海至长滩港全程需 10.5 天，船到长滩港后，隔天就可于港区外堆场便捷提货，开创了业界"快捷准时"的新概念。美森中国通过合作支线公司，将服务范围扩大到厦门、珠三角等地，以及东南亚等地区。美森快船在上海、宁波、厦门、深圳和香港均设有自己的公司和分支机构。

美森快船有正班船和加班船两种不同的服务方式，正班船航线代码是 CLX，加班船航线代码是 CLX+。两者在海上运输的行驶时间基本上是一样的。不同点在于，到了美国靠港，正班船和加班船的停靠码头不一样，正班船停靠在自己的独立码头，而加班船则停靠在公共码头。在公共码头，船舶需要排队，并且卸船效率也比较低，提箱速度慢。因此，加班船的时效要比正班船慢很多（正班船一般 12～14 天可以提箱，而加班船则需要 25～35 天）。但是，在运费上，加班船比正班船低一些，一般 1 千克低 1～2 元。

资料来源：作者收集整理，2024 年 3 月

二、国际铁路运输

国际铁路运输是在国际贸易中仅次于海洋运输的一种主要运输方式，其最大的优势是运量较大，速度较快，运输风险小于海洋运输，能常年保持准点运营。我国传统的国际铁路运线有两条：一条是利用俄罗斯的西伯利亚大陆桥贯通中东、欧洲各国；另一条是由江苏连云港经新疆与哈萨克斯坦的铁路连接，贯通俄罗斯、波兰、德国，最终到达荷兰的鹿特丹。后者称为新亚欧大陆桥，运程比海运缩短 9000 千米，比经由西伯利亚大陆桥缩短 3000 千米。

我国重点打造中欧班列和中亚班列国际铁路运输线路。

中欧班列（CHINARAILWAYExpress，CRexpress）是由中国铁路总公司组织的集装箱铁路国际联运列车，按照固定车次、线路、班期和全程运行时刻开行，运行于中国与欧洲，以及共建"一带一路"国家（地区）。目前，中欧班列有西、中、东 3 条通道：西部通道由我国中西部经阿拉山口（霍尔果斯）出境，中部通道由我国华北地区经二连浩特出境，东部通道由我国东南部沿海地区经满洲里（绥芬河）出境。

中亚班列是指自中国或经中国发往中亚五国[①]，以及西亚、南亚等国家的快速集装箱直达班列。目前，中国开行中亚班列的口岸有 5 个：阿拉山口口岸、霍尔果斯口岸（连接中亚、西亚）；二连浩特口岸（连接蒙古国）；山腰口岸、凭祥口岸（连接南亚）。中亚班列的货物主要分为两类：一类是中国的进出口货物（返向亦然），一类是经日本、韩国、东南亚等过境中国的过境货物（返向亦然）。

相对于海洋运输，中欧班列和中亚班列运距短、速度快、安全性高、受自

---

① 中亚五国：哈萨克斯坦、吉尔吉斯斯坦、塔吉克斯坦、乌兹别克斯坦、土库曼斯坦。

然环境影响小。例如，货物从大连通过海运到荷兰鹿特丹等欧洲城市至少需要40多天，而通过中欧班列，经满洲里出境，只需18天左右便可抵达；如果从威海至德国杜伊斯堡，经阿拉山口出境，全程1.1万千米，单程运行只需15天，运行时间比海运节省了一半。

相对于航空运输，中欧班列和中亚班列单次运载量大，一般而言，中欧班列和中亚班列可以满载50个40英尺①集装箱，而空运的大型民用货机——伊尔76最大载重量为52吨，合计不足3个40英尺集装箱。另外，中欧班列的运输费用也更加便宜，比空运减少80%。

专栏6.3　　中欧班列："钢铁驼队"联通世界加速跑

2013年，嘹亮的汽笛声拉开了陕西对外开放的新篇章。首趟西安至阿拉木图的国际货运班列从新筑车站（今西安国际港站）出发，经亚欧大陆桥通道进入哈萨克斯坦。

2016年6月，中欧班列统一品牌正式启用，习近平主席在波兰华沙出席了统一品牌中欧班列首达欧洲（波兰）仪式，标志着中欧班列驶入了统一规范、合作共赢、健康发展的新阶段。

如今，中欧班列（见图6.2）已由高速增长步入高质量发展轨道，

图6.2　中欧班列

---

①　1英尺=0.3048米。

成为方便快捷、安全稳定、绿色经济的新型国际运输组织方式,也是中国参与全球开放合作、高质量共建"一带一路"的生动实践。在国内,中欧班列已经形成经阿拉山口、霍尔果斯、二连浩特、满洲里、绥芬河五大口岸出境的西、中、东3条运输主通道,时速120千米的图定中欧班列运行线已达86条,联通中国112个城市;在国外,中欧班列初步形成了北、中、南三大通道,通达欧洲25个国家的217个城市,以及亚洲11个国家的100多个城市。

中欧班列的快速发展,还带动了基础产业、物流运输、配套服务等多领域与发展,激活了"班列+贸易"等业态,增加了就业机会,拉动了消费需求,促进了经济增长。中欧班列已成为中国对外开放的新名片,往昔的驼铃古道上,一列列"钢铁驼队"载着各类货物,诉说着延续千年的世界贸易情缘。

资料来源:《中欧班列这十年:"钢铁驼队"联通世界加速跑》,中国青年报,2023年12月

三、国际航空运输

与海洋运输、铁路运输相比,航空运输具有运输速度快、货运质量高、不受地面条件的限制等优点,尤其适合跨境电子商务情形下的高频次、碎片化的小额贸易订单。

国际航空运输方式主要有以下几种。

(一)班机运输

班机是指具有固定开航时间、航线和停靠航站的飞机。由于班机运输有固定的航线、挂靠港、航期,并且在一定时间内有相对固定的收费标准,对进出口商来讲可以在贸易合同签署之前预计货物的起运和到达时间并核算运费成本,合同的履行也较有保障,因此成为多数跨境电子商务企业的首选航空货运形式。

(二)包机运输

包机运输是指航空公司按照约定的条件和费率,将整架飞机租给一个或若干个包机人(包机人指发货人或航空货运代理公司),从一个或几个航空站装

运货物至指定目的地。包机运输适合运输大宗货物，费率低于班机，但运送时间则比班机要长。由于班机运输形式下货物舱位常常有限，当货物批量较大时，包机运输就成为重要方式。

包机运输方式可分为整架包机和部分包机。整架包机是指航空公司或包机代理公司按照合同中双方事先约定的条件和运价将整架飞机租给租机人，从一个或几个航空港装运货物至指定目的地的运输方式。部分包机则是指由几家航空货运代理公司或发货人联合包租一架飞机，或者由包机公司把一架飞机的舱位分别卖给几家航空货运代理公司的货物运输形式。相较而言，部分包机适合运送一吨以上但货量不足整机的货物，在这种形式下货物运费较班机运输低，但由于需要等待其他货主备妥货物，运送时间较长。

（三）集中托运

集中托运是指航空货运代理公司将若干批单独发运的货物集中成一批向航空公司办理托运（可以采用班机或包机运输方式），填写一份总运单送至同一目的地，然后由其委托当地的代理人负责分发给各实际收货人。航空货运代理公司的集中托运运价一般低于航空公司的运价，发货人可以节省费用。另外，航空货运代理公司将货物集中托运，可使货物到达航空公司指定地点以外的地方，延伸了航空公司的服务，给货主带来方便。

专栏6.4　深圳跨境包裹最快3天货达全球

空运作为跨境电子商务货物的主要运输方式之一，航线网络通达性和充足的运能是运输时效的基础保障。近年来，深圳机场持续加大与跨境电子商务头部企业合作，从设施资源、航线网络、通关服务、标准创新等多方面全力支持核心客户在深圳机场的业务发展，着力打造更具竞争力的航空物流发展生态，促进规模聚集效应形成，带动跨境电子商务业务量快速增长。

截至2023年8月，深圳机场国际及地区货运航线网络通达城市增加至35个，覆盖全球5个大洲、23个国家（地区），其中包括深圳至巴黎、列日（见图6.3）、伦敦、圣保罗、达沃、特拉维夫、利雅得7条跨境电子商务空运专线，基本可以实现深圳始发的国际货物最快 2 天内送达亚洲各主要城市、最快 3 天内送达全球其他主要城市的目标，初步构建起了"全球 123 快货物流圈"，为深圳跨境电子商务企业开拓全球市场提供了有力支撑。

图 6.3 深圳至列日货运航线

例如，深圳至巴黎的航线，通过运力升级和深圳机场、巴黎机场的快件枢纽体系联动，电子商务货物运抵法国后，可在 6 小时内完成装卸及清关等全部流程，并且以最优时效交付"最后一公里"合作伙伴，最快可实现商品从揽收到派送 3 天即送达至法国消费者手中，为中国跨境电子商务卖家及法国消费者提供更好的物流体验，更好服务中欧及中法间的经贸往来。

资料来源：《中法跨境货物最快 3 日达 深圳机场中法跨境电子商务货物运输时效领跑国内》，深圳新闻网，2023 年 8 月

四、国际多式联运

《联合国国际货物多式联运公约》对国际多式联运所下的定义是：按照国际多式联运合同，以至少两种不同的运输方式，由多式联运经营人把货物从一国（地区）境内接管地点运至另一国（地区）境内指定交付地点的货物运输。

就其组织方式和体制来说，国际多式联运基本上可分为协作式多式联运和衔接式多式联运两大类。协作式多式联运是指两家或两家以上运输企业，按照统一的规章或商定的协议，共同将货物从接管货物的地点运到指定交付货物的地点的运输。衔接式多式联运是指由一个多式联运企业采用两种或两种以上运输方式，将货物从接管货物的地点运到指定交付货物的地点。

国际多式联运通常采用规格统一的集装箱运输，实行"一票到底"模式，即发货人只要签订一份运输合同，支付一次费用，通过一次检查，办理一次保险就可以完成全过程运输，这大大提升了各国家（地区）的贸易联通速度和效率，是一种高效快速的物流方式，有助于提升跨境电子商务企业的物流体验。

现在的国际多式联运不仅是几种运输方式的简单组合，而是朝着更综合、更智慧和更要素集成的现代综合物流服务体系方向发展。这种服务体系旨在解决运输服务、商贸服务和监管服务等多个方面的问题，打通关务、运输、仓储、交易等多个环节和节点的障碍壁垒，提高物流服务的智能化和自动化水平，降低成本和提高效率。

第三节　跨境 B2C 电子商务模式下的物流

一、万国邮政联盟

万国邮政联盟（Universal Postal Union，简称"万国邮联"或"邮联"），是商定国际邮政事务的政府间国际组织，总部设在瑞士首都伯尔尼，其宗旨是组织和改善国际邮政业务，增强邮政领域的国际合作，以及在力所能及的范围内给予会员方所要求的邮政技术援助。截至 2023 年年底，万国邮政联盟有 190 余个成员方，拥有以双边、多边合作为基础框架的世界邮政网络，具有其他快递物流公司无法比拟的网络优势，而且清关手续简便，征税率较低，邮费比较便宜，并且会员方相互之间有一定的优惠政策，在法律规定的金额内可以享受免税。

跨境电子商务企业通过发件国（地区）当地的邮政来寄递，再通过万国邮政联盟将货物寄到目的国（地区），然后由目的国（地区）邮政清关派送，这是众多跨境电子商务企业的主要物流方式之一。但是邮政物流速度普遍较慢，而且丢件率较高。因此，邮政物流适用于食品、纺织品、日用品等体积小、重量轻、时效性要求不高的商品。

中国邮政针对于跨境电子商务专门推出了多种物流服务，主要包括以下几种。

（一）国际平常小包

国际平常小包是中国邮政针对订单重量在 2 千克以下的小件物品推出的空邮服务，运送范围通达全球 210 多个国家（地区）。这种服务不需要挂号服务费，适合货值低、重量轻的物品。在物流跟踪上，中国邮政提供国内段收寄、封发、计划交航等信息，不提供国外段跟踪信息。需要注意的是，部分集货仓发往某些国家（地区）的货物不能提供这三个节点的信息。

（二）国际挂号小包

国际挂号小包是中国邮政针对 2 千克以下小件的物品推出的空邮服务，每个包裹收取一定的挂号服务费，每个单件包裹限重在 2 千克以内，运费根据包裹重量按克计费。其与国际平常小包最大的区别在于可以提供国内段收寄、封发、计划交航及目的国（地区）妥投等信息。

（三）国际 EMS

EMS（Express Mail Service）是邮政特快专递服务，国际 EMS（国际及台港澳特快专递）是中国邮政速递物流股份有限公司与全球 100 余个国家（地区）的邮政机构合作开办寄递特快专递邮件的一项服务，可为用户快速传递国际各类文件资料和物品，同时提供多种形式的邮件跟踪查询服务。该业务与各国家（地区）邮政、海关、航空等部门紧密合作，打通绿色便利邮寄通道。此外，国际 EMS 物流还提供代客包装、代客报关等一系列综合延伸服务，其优点是物流速度较快，但是运费比较昂贵。

（四）国际 e 邮宝

国际 e 邮宝是中国邮政速递物流为适应国际电子商务轻小件物品寄递市场需要推出的跨境国际速递服务，该产品以 EMS 网络为主要发运渠道，出口至境外邮政后，通过目的国（地区）邮政轻小件网投递邮件（一般限重 2 千克）。国际 e 邮宝能给跨境电子商务平台和跨境卖家提供便捷、稳定、优惠的物流轻小件服务，业务已通达俄罗斯、美国、巴西、西班牙、法国、荷兰、英国、澳大利亚、加拿大、以色列等国家（地区）。在运输时效上，正常情况下 7~10 个工作日到达目的地，特殊情况下 15~20 个工作日到达目的地。

（五）国际 e 特快

国际 e 特快是为适应跨境电子商务寄递需求而设计的一款高端跨境电子商务物流服务，在内部处理、转运清关、落地配送、跟踪查询、尺寸规格标准等各方面均有更高要求，通达 100 余个国家（地区），限重 30 千克。

二、国际商业快递

在跨国服务中，国际快递物流企业依靠其全球网络为客户提供高速高效的服务。此种物流模式下最快可提供 48 小时内送达的服务，而且服务质量好、丢件率低。然而，优质的服务往往伴随着昂贵的价格。一般只有在客户时效性要求很强的情况下，才使用国际商业快递来派送商品。目前，世界上四大商业快递巨头是 DHL、TNT、FedEx 和 UPS。

DHL 即中外运敦豪国际航空快件有限公司，是全球知名的邮递和物流集团 Deutsche Post DHL 旗下的公司。DHL 的业务遍布全球 220 个国家（地区），是全球国际化程度最高的公司之一。其提供专业的运输、物流服务，通过覆盖全球 220 多个国家（地区）的 120000 多个目的地（主要城市）的运输网络转运快件。DHL 运送速度快，安全可靠，在美国和西欧有特别强的清关能力。

TNT 集团总部位于荷兰，为企业和个人提供快递和邮政服务，提供世界范围内的包裹、文件及货运项目的安全准时运送服务。TNT 在欧洲、亚洲、非洲和美洲地区运营航空和公路运输网络，在欧洲和亚洲可提供高效的递送网络，并且通过在全球范围内扩大运营分布来优化物流网络。

FedEx 即联邦快递，隶属于美国联邦快递集团，总部设在美国田纳西州。联邦快递为个人和企业提供涵盖运输、电子商务和商业运作等一系列的全面服务。作为一家国际性速递集团，其提供隔夜快递、地面快递、重型货物运送、文件复印及物流服务。

UPS（United Parcel Service，联合包裹速递服务公司）于 1907 年作为一家信使公司成立于美国华盛顿州西雅图，是世界上最大的快递承运商与包裹递送公司之一，在世界上 200 多个国家（地区）管理着物流、资金流与信息流。表 6.1 是 UPS 提供的全球快递服务类型。

表6.1　UPS 提供的全球快递服务类型

时效	服务	递送承诺	服务范围	优点
1~3 天	UPS 全球特快加急服务® UPS Worldwide Express Plus™	保证在早晨送达的货件： • 早晨 8：00 或 8：30 前送达美国主要城市 • 早晨 8：30 前送达加拿大 • 上午 9：00 前送达亚洲主要城市、美国其他 4000 多个城市和欧洲的主要商业中心 • 对于进口货件，保证在上午 9：00 或 11：00 前将货件送达指定地区	送达美国、欧洲和亚洲主要城市	• 紧急货件的理想选择 • 优先处理 • 适用于 UPS 10 千克箱和 UPS 25 千克箱
	UPS 全球特快服务® UPS Worldwide Express™	保证在指定时间送达的货件： • 上午 10：30、中午 12：00、下午 14：00 或下午 15：00 前送达美国、欧洲和亚太三个地区的大部分区域，美洲特定区域，以及加拿大主要城市 • 中午 12：00 或下午 14：00 前送达客户所在国家（地区）的大部分地区	送达美国国内大部分地区，加拿大、欧洲和亚洲各主要城市，以及美洲特定区域	• 适用于 UPS 10 千克箱和 UPS 25 千克箱
	UPS 全球特快货运® UPS Worldwide Express Freight®	保证在工作日内送达，享有门到门的准时送达保证；转运时间一般为 1~3 个工作日，视具体目的地而定	送达全球 60 多个国家（地区）	• 门到门和非门到门递送服务可供选择 • 针对超过 70 千克的托盘货件
	UPS 全球特快货运®日中送达服务 UPS Worldwide Express Freight® Midday	保证中午 12：00 或下午 14：00 前送达，转运时间一般为 1~3 个工作日，视具体目的地而定	送达全球 30 多个国家（地区）	• 门到门和非门到门递送服务可供选择 • 针对超过 70 千克的托盘货件
	UPS 全球速快服务 UPS Worldwide Express Saver®	保证在工作日内送达，服务覆盖范围遍及全球 220 多个国家（地区）	送达全球 220 多个国家（地区）	• UPS 全球限时快递的一项经济实惠型的服务 • 适用于 UPS 10 千克箱和 UPS 25 千克箱

续表

时效	服务	递送承诺	服务范围	优点
3~5 天	UPS 全球快捷服务® UPS Worldwide Expedited®	• 在亚洲境内递送或从亚太地区送至欧洲、南美洲、北美洲的主要商业中心，最快仅需 3 个工作日	在亚洲境内递送或从亚太地区送达欧洲、南北美洲的主要商业中心	• 非紧急货件的经济选择 • 指定日期和转运时间让客户能够计划递送日程

资料来源：www.ups.com

三、跨境专线物流

跨境专线物流是指物流公司用自己的专车或航空资源，运送货物至目的国（地区），一般在目的国（地区）有自己的分公司或合作网点进行派送。跨境物流专线的特征主要体现在"专"上，其有专门使用的物流运输工具、物流线路、物流起点与终点、物流运输工具、物流运输周期及时间等，同时它还是根据特定国家（地区）跨境电子商务物流特点所推出的物流专线。

跨境专线物流最大的优势就是性价比高。专线运输的中转少、倒仓少，因此跨境专线物流的时效性很高，一般在一周左右就能到达目的地，而且专线货品比较集中，中间损耗少，价格相对来说比较便宜。同时，跨境专线物流也能够在一定程度上有效规避通关及商检风险。

例如，菜鸟国际快递面向所有跨境卖家和电子商务平台推出"快线"和"标准"综合性跨境解决方案。其中，菜鸟英国快线可实现平均 7 个自然日妥投，满足电子商务品牌出海对于高效跨境物流的需求。针对中小商家的出海需求，菜鸟推出具有极致性价比的英国标准产品，12 天妥投率高达 98.6%，平均每单可为商家节省 10 元左右的物流费用。当快递落地英国后，可直接进入菜鸟位于机场附近的海关监管仓，分拨与清关可在仓内一站式解决。这种"快进快出"的关仓一体模式，可提升 50% 以上的物流时效，快递员最快第二天即可完成包裹的末端配送。

但专线物流也由于其"专"而产生一定的局限性，主要是受运达的目的国（地区）有限。市场上最普遍的专线物流产品是美国专线、欧洲专线、大洋洲专线、俄罗斯专线等，也有不少物流公司推出了中东专线、南美专线等。

专栏6.5　国内首条金砖城市跨境电子商务空运专线"厦门—圣保罗"航线

作为国内首条金砖城市跨境电子商务空运专线，"厦门—圣保罗"航线从厦门高崎机场起飞，经由埃塞俄比亚首都亚的斯亚贝巴飞往巴西圣保罗，每周两趟，主要出口各种跨境电子商务产品、医药制品、高新技术产品、集成电路等高附加值货物，进口货物则以海鲜、水果等生鲜类产品为主。

厦门的跨境电子商务企业称，他们此前向巴西发送跨境电子商务货物，要通过广州、武汉、长沙等地的商业航班，成本高、耗时长，"厦门—圣保罗"专线给他们带来了极大的便利（见图6.4），厦门机场海关还实行全天候通关模式，出口的商品从安检入仓到装机完成最快只需2小时，商品可以零延时进场。

图6.4　厦门机场海关关员对登上"厦门—圣保罗"专线的出口货物进行监管

"厦门—圣保罗"专线不仅满足了中巴两国在跨境电子商务业务不断增长环境下的航空物流需求，降低了赴巴货物运输成本，还进一步助

第六章　跨境电子商务物流

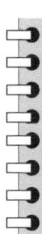

力中国企业拓宽巴西跨境电子商务市场，这也意味着两国金砖项目交流、航空物流、经贸项目往来将更便捷。

资料来源：《厦门这条开通 9 个月的空运专线 跨国送快递破千万件》，厦门日报，2023 年 11 月

四、第三方物流

第三方物流（Third Party Logistics，3PL），也称为委外物流（logistics outsourcing）或合约物流（contract logistics），根据《物流术语》（GB/T 18354—2021），第三方物流是指由独立于供需双方之外且以物流服务为主营业务的组织提供物流服务的模式。第三方物流的主要特点包括：一是有提供现代化的、系统物流服务的企业；二是可以向货主提供包括供应链物流在内的全程物流服务和特定的、定制化服务的物流活动；三是不但向货主提供一般性物流服务，而且可以提供增值物流服务的现代化物流活动。第三方物流与传统物流的区别如表 6.2 所示。

表 6.2　第三方物流与传统物流的区别

项目	第三方物流	传统物流
服务功能	提供功能完备的全方位、一体化物流服务	仓储或运输单功能服务
物流成本	具有规模经济性、先进的管理方法和技术等，物流成本较低	资源利用率低，管理方法落后，物流成本较高
增值服务	可以提供订单处理、库存管理、流通加工等增值服务	较少提供增值服务
与客户关系	客户的战略同盟者，长期的契约关系	临时的买卖关系
运营风险	需要较大的投资、运营风险大	运营风险小
利润来源	与客户一起在物流领域创造新价值	客户的成本性支出
信息共享程度	每个环节的物流信息都能透明地与其他环节进行交流与共享，共享程度高	信息的利用率低，没有共享有关的需求资源

在跨境电子商务中，第三方物流的服务内容包括开发物流系统及提供物流

策略、信息处理、货物的集运、选择运输商及货代、仓储、咨询、运费支付等，如表6.3所示。

表6.3 较为常见的跨境电子商务第三方物流提供的服务范围

常提供和使用的服务	一般服务
设计和开发物流策略/系统	咨询服务
EDI（电子数据交换）	库存管理
提供管理和服务水平的监测报告	组装、维修及包装
货物集运	退换货处理和维修
选择和考核承运人、货运代理、海关代理	境外分销和采购
信息管理	国际通信
仓储服务	进出口许可证协助和业务操作、海关通关
运费清算及支付	信用证审单和制单
运费谈判即费用监督	

第三方物流具有一般跨境电子商务企业所不具备的规模经营优势和专业优势，使企业从物流业务获益的同时为跨境电子商务企业提供运输、仓储和配送等服务，从而可以使跨境电子商务企业的物流成本得到大幅度降低。例如，阿里巴巴旗下专门运营跨境出口的平台——速卖通与菜鸟网络合作，提供第三方跨境物流服务，即无忧物流。无忧物流的服务项目包括国内揽收、国际配送、物流追踪、物流纠纷处理、售后赔付等。同时，依靠速卖通的资源，无忧物流可以帮卖家处理物流纠纷及进行售后服务，节省卖家人力、资金成本。

五、第四方物流

第四方物流（Fourth Party Logistics，4PL），在1998年由美国的著名咨询公司埃森哲提出，第四方物流为客户提供综合的供应链解决方案，通过将多个供应商的资源集结而实现。在第三方物流平台功能基础上，第四方物流平台还拓展了管理咨询功能，通过整合包括第三方物流、技术服务商、管理顾问及其他增值服务商等资源，有效降低物流实时操作成本，提供完整的供应链解决方案，向客户提供最佳服务。其主要功能包括以下四个方面。

（一）提供完备的供应链解决方案

通过对第三方物流、合同供应商、信息技术服务商、呼叫中心等外部资源的统筹管理，第四方物流平台具备了资源整合的优势，高效组织和控制空运、海运、铁路、公路、水路、仓储、集货和分拨等的多式联运活动，能够为客户提供最佳物流服务。第四方平台将各环节最佳物流提供商组合起来，为跨境电子商务提供最优物流或供应链管理方案，进而为供应链中的每个客户创造价值。

（二）实现对企业资源的利用和整合

第四方物流平台通过相对独立的解决思路，站在战略高度进行供应链协调运作。它集物流服务、咨询服务和IT服务于一身，对不同的行业知识、相对独立的物流体系和资产进行整合，为客户创造超额价值。具体包括营销、客户咨询、方案设计、成本控制、时效和全程客服等在内的前期服务，以及运输、理货、仓储、配套作业、配载集装和监管等在内的过程服务。

（三）实现高质量、低成本服务

第四方物流平台通过对供应链资源的整合、协调，以更低的成本为企业提供更科学、更有效的解决方案。主要表现为通过第四方物流平台的IT系统让整个物流过程更加透明，充分减少了企业在物流设施设备方面的资本投入，降低了供应链环节各企业仓储成本，有助于实现供应链"零库存"目标。

（四）信息化服务能力越来越强

第四方物流平台具备信息化服务的能力，如强大的信息技术支撑能力和信息化服务网络覆盖能力，可以让企业得到更多客户的信赖，进而获得更多的长期大额订单，为企业开拓境内外市场、降低物流成本提供助力。目前，绝大多数跨境电子商务企业都需要通过电子采购、订单处理、库存管理、可见性供应链等信息化系统，以及必不可少的集成技术来实现实质性服务水平提升。第四方物流平台通过物流信息相关系统的建设和技术使用，如条形码技术、全球定位系统、企业资源计划等物流管理软件，可以有效满足目标客户日益增长的信息需求。

总体上看，跨境电子商务第三方物流和第四方物流为跨境电子商务企业提供仓储管理、供应链管理、生产管理、终端信息管理等多层次、多方面的增值服务，并且第三方物流和第四方物流通过数字化物联手段，对客户进行大数据分析，精准掌握客户的购买偏好，控制电子商务的采购、仓储、发货、送达等各环节，同时为卖家和买家提供库存同步、全流程透明、预警式客服等后端代运营服务，这也代表着跨境电子商务物流向专业化、智能化、精细化的发展趋势。

第四节　海外仓与边境仓

一、海外仓的概念及发展

所谓海外仓，实际上是"海外仓储"的简称，是指在进口国（地区）内设置的存放货物的仓库，出口卖家在境外客户下单之前就将货物运至海外仓，在客户下单后，由海外仓直接实现本地发货配送。利用海外仓模式，跨境电子商务出口企业可以更好地为境外客户提供本土化增值服务，这不但有利于境外市场的拓展，而且能够缩短订单周期，降低物流成本，从而有效提升客户购物体验，提高客户消费黏性。经过多年的发展，我国企业已经在美国、德国、英国、加拿大、日本、澳大利亚、新西兰、俄罗斯、西班牙、法国、意大利等多个国家（地区）设立了海外仓。

二、海外仓的优势

海外仓的目的是实现跨境电子商务贸易的本地化，提升消费者购物体验，从而提高出口跨境电子商务企业在出口目的地市场的竞争力，其对于出口跨境电子商务企业、行业的价值是显而易见的。目前，海外仓已成为跨境电子商务撬动境外市场的利器，具体优势如下。

第一，有助于解决跨境物流时限长的问题。例如，通过美国海外仓发货只需3天即可将货物送达客户，而从境内直发需要15~20天。尤其是在圣诞节、感恩节等旺季，可以很好地解决货物"堵塞"问题。

第二，有助于提高商品的售价。在美国、英国、澳大利亚和德国等成熟市场，消费者对商品送达时间的要求超过了其对价格的要求。例如，eBay数据显示，45%的受访者表示使用出口海外仓有助于提升产品售价，存储在海外仓中的商品平均售价比直邮的同类商品高30%。

第三，有助于提高商品销售转化率。由于货物从目的国（地区）仓库发出且本地配送，带给消费者良好的体验，从而提升了买家的购买欲望。例如，eBay数据显示，在同类商品中，从海外仓发货的商品销量平均是从境内直接发货的商品销量的3.4倍。

第四，有助于扩大销售品类。海外仓头程使用传统的海陆空运输方式，基本上不受商品重量、体积的限制。因此无法通过邮政系统、国际快递或专线物流运送运输的超大、超重、非常规形状的商品，都可以通过海外仓的模式销售。

第五，有助于降低商品的运费。一般情况下，海外仓能够使国际物流成本下降20%~40%，重量越重的货物，其成本节约效果越好，即使加上境外配送费用，也远远低于直邮的费用。

第六，有助于提升卖家的账号表现。例如，eBay数据显示，超过70%的受访卖家表示，使用海外仓之后送货速度得到了明显的提升，其账号表现在使用出口海外仓发货后有明显提升，如表6.4所示。

表6.4 海外仓与境内仓账户的表现（eBay英国站）

	物品所在地为英国	物品所在地为中国	整体提高百分比
每个结束刊登物品浏览量（次）	51	23	122%
物品平均销售价格（美元）	92.1	30.8	199%
每个有售出记录物品的平均销售量（件）	1.85	1.41	31%
每个有售出记录物品的平均销售总额（美元）	170.4	43.5	292%
成交率（有售出记录的物品数/结束刊登的物品数）	44%	39.5%	11%

第七，有助于减轻卖家仓储和物流的压力。将货物运往海外仓，相当于将仓储与配送的业务外包给海外仓服务商，他们一般拥有较为专业的团队和丰富的仓储物流经验，能够根据卖家的指令高效快捷地处理订单。卖家不必

将时间花在产品仓储、盘点库存和打包配送等环节上，节省了大量精力和成本。

第八，便于客户退换货。境外客户如果将商品寄回境内退换货，成本比较高，客户体验差。但是如果使用海外仓，客户可以很方便地将货物寄回本地仓库，大大提升了客户购物体验，进而带来更多的商业机会。

三、海外仓的劣势

首先，海外仓的库存量大，长期仓储成本高，占用资金量大。卖家需要支付仓储费用，而如果产品销售不理想，货物可能会积压在仓库中，导致仓储成本不断上升，难以回笼资金，若处理不当可能会造成较大的损失。

其次，卖家无法像管理自己的仓库那样管理海外仓。海外仓对物流信息技术水平要求较高，卖家需要将商品集中运往海外仓进行存储，并且通过企业的库存管理系统下达操作指令，远程操作海外仓的货物。这要求物流信息系统和库存管理系统之间需有机衔接，对卖家而言具备一定的技术要求。

最后，海外仓的本地化运作涉及当地法律。从法律层面来看，海外仓应该是当地实体的仓库，为当地消费者提供商品，而非完成简单的商品送货行为。这意味着卖家在海外仓运作过程中必须依法缴纳消费税、营业税和综合税。此外，海外仓的运作需要雇佣当地员工，因此必须符合当地的劳动法和工会组织的要求。当需要销毁货物时，还涉及环境保护方面的问题。

四、海外仓的类型

（一）自建仓

顾名思义，自建仓是指跨境电子商务企业自己在境外建设和运营的仓库。自建仓的优点是企业可以完全自主控制仓库的管理、货物的存储和出入库等操作。但是，建设自建仓需要投入大量的资金和人力，包括土地租赁或购买、建筑设计和建造、设备采购和维护、人员培训和管理等方面。此外，自建仓也需要承担更多的风险，如货物的安全以及突发事件的处理等。

因此，自建仓适合仓储需求大、稳定、长期的企业，尤其是具有一定规模和实力的大型企业，采用自建仓模式能够满足目标国家（地区）消费者的购物需求，进而巩固自身品牌形象，提升自己的竞争力。对于小型企业和刚刚起步的企业来说，建设自建仓可能过于困难。

（二）第三方海外仓

第三方海外仓是指由独立的物流服务提供商运营和管理的仓储设施，位于目标国家（地区）境内，为跨境电子商务和国际贸易企业提供存储、包装、分拣、配送等一揽子仓储物流服务。在这种模式下，企业可以将产品库存放置在目标国家或地区的第三方仓库中，由第三方服务商负责管理和处理相关的物流事宜。第三方海外仓服务商通常具备丰富的物流经验和专业能力，能够协助企业处理目标国家（地区）清关、目标国家（地区）境内配送、退换货处理等工作，同时提供仓储信息管理、库存管理及订单处理等服务。

通过选择第三方海外仓，企业可以减少跨境物流和仓储的时间成本和风险，并且提升订单执行效率和客户满意度。此外，第三方海外仓服务商通常可以根据企业的需求提供灵活的仓储空间和配送方案，满足不同规模和需求的企业。

专栏6.6 万邑通的海外仓

万邑通成立于2012年，战略定位为全场景高效海外仓，公司的使命是通过智能的技术与物流帮助跨境电子商务企业拥有更先进的供应链体系。在全球范围内，万邑通拥有14个仓储中心，总面积超30万平方米，网络遍布美国、加拿大、英国、德国、澳大利亚等跨境电子商务市场，服务超过20000家跨境卖家。这些强大的基础设施为跨境电子商务提供了坚实的后盾，确保货物能够安全、高效地送达全球各地。

万邑通在英国、德国、美国开设了3个自动化机器人仓，总面积约6万平方米，仓库采用料箱机器人，运用自动化运输线、分拣机和立体库，实现智能搬运、拣选、分拣，以提升作业效率和作业精准度、降低人工操作依赖度、提高仓库运营稳定性，从而提升境外消费者的购物体验。

万邑通打造灵活的海外仓3.0服务，赋能跨境卖家打造柔性供应链，增强应对不确定性市场的抗风险能力。海外仓3.0服务支持以下功能：入库外包装查验；多样化自主标签和条码识别；单品和商品管理；裸货和定制包装出库包装；投保服务，对高货值商品进行专门管理；全流程可视化作业，等等。

资料来源：作者收集整理，2024年3月

四、海外仓的运作流程与费用

海外仓的运作流程一般分为三段，即出口国（地区）头程运输①、海外仓储管理和进口国（地区）本地配送。具体流程如图6.5所示。

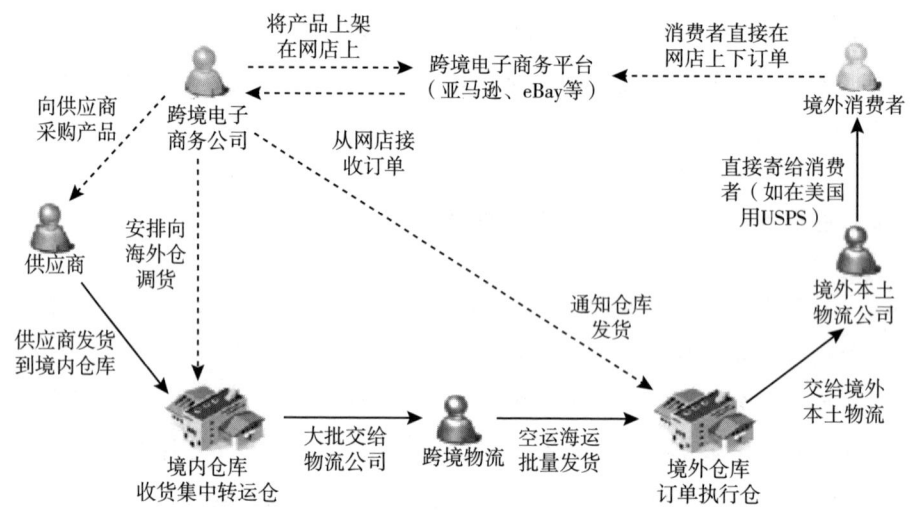

图6.5 使用海外仓进行跨境电子商务交易流程

---

① 在头程运输中，卖家经常听到"双清包税"这个概念。在国际货运代理中，双清包税的"双清"是指出口国（地区）清关（报关）和目的国（地区）清关，"包税"是指包目的国（地区）清关时的关税等税金。货运代理商对发货方报一个总的价格，这个价格包括出口报关、目的国（地区）进口清关及关税等一切费用，这就是双清包税。需要注意的是，双清包税不一定包括目的地送货或派送。如果货代报价时说是"双清包税包派"，那么包括目的地的送货。也就是说，跨境电子商务卖家只要把货交给货运代理商，货运代理商就会负责出口国（地区）报关、发货和目的国（地区）清关，并且送到卖家指定海外仓或者完成FBA入仓。正因为如此，双清包税有时也被称为一条龙服务。

出口国（地区）头程运输。卖家自行将商品运至境外仓储中心，或者委托承运商将商品发至承运商境外的仓库，这段国际货运可采取海运、空运或者快递方式到达仓库。

海外仓储管理。海外仓严格按照卖家指令对货物进行存储、分拣、包装等操作。卖家使用物流商的物流信息系统，远程控制海外仓存储的货物，并且保持实时更新。

进口国（地区）本地配送。当获得订单后，卖家指令海外仓将货物交给境外本土物流，在当地进行配送，发货完成后系统会及时更新并显示库存状况，让卖家实时掌握。

海外仓所产生的费用有4大类。

头程运费。该费用是指从中国或目的国（地区）之外的国家（地区）发送到目的国（地区）仓库所产生的国际货运费用。由于是批量运输，单位运费非常便宜，能够降低成本，提高竞争力。

海关关税、增值税和消费税等税费。在批量运输情况下，进出口海关一般将其视为货物进出口，会按照相关法律征收进出口关税、增值税和消费税。

境外仓储费和管理及订单操作费。该费用是指存货在海外仓所产生的存储费用，以及货品上架、分拣、打印标签、贴标签等所产生的费用。

本地派送费。该费用是指目的国（地区）内运费，以美国为例，大多数派送工作都是由美国快递公司（UPS、FedEx、DHL等）完成的，这些费用也需要卖家承担。

五、适宜存放在海外仓的货物

海外仓既有明显的优势，也有较大的劣势。一般而言，卖家可以考虑将以下类型的产品放置在海外仓。

（一）质量好、价格与利润高的产品

虽然海外仓对产品种类等没有太多限制，但是并不代表所有的产品都适合使用海外仓。不会因长途运输、多次周转而有所损耗或影响使用的，以及价格高、利润高的产品才适合放置在海外仓。例如，电子产品、首饰、手表、玻璃

制品等选择海外仓，可将破损率、丢件率控制至很低的水平，为销售高价值商品的卖家降低风险。

（二）销售周期短的产品

如果产品销售情况好，库存周转会快，这样就不会产生压仓或滞销，也有利于卖家回笼资金。当然，不同区域、不同季节的热销产品是不一样的，卖家们需要随时关注市场动态，制订销售策略。例如，时尚衣物、快速消费品等畅销品，买家可以通过海外仓更快速地处理订单，回笼资金。

（三）库存充足、易补货的产品

在使用海外仓之前，卖家应先进行市场动态分析、货源分析与库存分析，除要求产品质量好外，也要求产品的货源充足、补给稳定。如果无法保证货源与补给，那么也不适合使用海外仓。

（四）尺寸、重量大的产品

如果使用国际快递运输尺寸、重量大的产品到境外，一来运费昂贵，二来会受到产品规格限制。如果以一般贸易的形式完成运输会方便很多，卖家可以使用海运进行批量运输，这样可以有效降低物流成本。例如，家居园艺、汽配等产品使用海外仓，能突破产品的规格限制和降低物流费用。

（五）其他产品

有明显淡旺季区分的产品，如旺季符合欧美节日主题的产品，买家更注重时效，短期适用海外仓。单次出货量较大的产品，已经形成一定的销售规模的产品，也可以选择走海外仓。一些特殊产品，如液体、带电、带磁、粉末或其他的敏感、危险的产品，邮政体系、国际快递或专线物流不适宜运输的产品，均可以考虑海外仓。

六、边境仓

边境仓与海外仓的区别在于，海外仓位于境外目的地，而边境仓则位于商品输入国（地区）的邻国（地区）。同时，对于边境仓而言，仓库的位置可以分为相对边境仓及绝对边境仓两种，相对边境仓也就是仓库设立在与商品输入国（地区）不相邻却相近的国家（地区），而绝对边境仓则是仓库设立在与商品输入国相邻的国家（地区）。目前，中国的边境仓主要是指临近俄罗斯的边境仓，主要服务于俄罗斯及俄语地区。也有一小部分边境仓建在新疆，主要服务于中东和中亚地区。

边境仓有很多作用。首先，边境仓对于提高物流时效作用非常明显，以俄罗斯边境仓为例，15~20天即可覆盖俄语地区。其次，与海外仓相比，边境仓货物的安全更有保证，能够避免境外货物存储的风险，也避免了使用海外仓大宗货物涉及的烦琐的清关流程。再次，对于海外仓而言，边境仓的成本优势也比较明显，因为边境仓建在境内，相对于俄罗斯等国家更加有成本优势。最后，因为边境仓离目的国（地区）距离较近，所以国际运费也更加便宜，并且边境仓的国际物流可以接驳陆路运输方式，陆运的成本较低，而且对运输的货物限制较少，只要不是相关国家（地区）明令禁止的货物基本都可以运输。

 思考与实训

1. 跨境物流在跨境电子商务中的地位是什么样的？两者之间有什么关系？

2. 上网搜索资料，了解离你最近的一条中欧铁路，写一篇500字左右的短文加以介绍。

3. 在跨境B2C模式中，你认为通过哪一种物流运输的包裹数量最多，是万国邮政联盟、国际商业快递还是跨境专线物流？

4. 试举例说明第三方物流和第四方物流的区别是什么。

5. 海外仓有什么优势？你认为使用海外仓应注意哪些问题？最大的难点是什么？

第七章 跨境电子商务支付

跨境支付是跨境电子商务的重要环节，涉及不同货币之间能否实现通汇通兑、不同货币间的汇率等问题。在跨境电子商务发展的刺激下，跨境支付不断创新，网络银行、移动支付被广泛应用，第三方支付工具成为主流的跨境支付方式之一。目前，跨境电子商务支付手段多种多样，各支付工具各具优势，便捷性和时效性都不同。全球不同国家（地区）的跨境支付特征及使用习惯差异显著，支付方式的选择受普及率、使用偏好、使用成本等因素影响。另外，跨境电子商务支付存在一些现实问题，如在资金的安全方面仍然避免不了可能发生的网络攻击、欺诈行为等。

学习目标

了解内容： 不同国家（地区）跨境电子商务支付习惯差异，跨境电子商务支付企业类型，便捷支付（西联汇款和速汇金）流程

理解内容： 第三方跨境电子支付，第三方跨境电子支付的流程，离岸账户的使用流程，支票和电子支票（echeck）

掌握内容： 传统的支付方式，第三方跨境电子支付的形式，在线银行支付，信用卡通道支付，影响跨境电子商务支付的因素，跨境电子商务支付选用策略

关键术语： 跨境电子商务支付、T/T、托收、信用证、CAD、西联汇款、速汇金、第三方跨境支付、PayPal、在线银行支付、信用卡通道支付、离岸账户、电子支票

第一节　跨境电子商务支付概述

一、跨境电子商务支付模式

跨境支付，一般是指两个或两个以上的国家（地区）之间因国际贸易、国际投资及其他方面而发生的国际债权债务，借助一定的结算工具和支付系统实现的资金跨国（地区）转移的行为。与境内支付不同的是，跨境支付付款方所支付的币种可能与收款方要求的币种不一致，或者牵涉外币兑换以及外汇管制政策问题。

跨境电子商务支付主要解决的是跨境业务中的"资金流"问题。国家外汇管理局给出的支付机构跨境外汇支付业务的定义是："支付机构通过银行为电子商务（货物贸易或服务贸易）交易双方提供跨境互联网支付所涉及的外汇资金集中收付以及相关结售汇服务"。

由此可见，跨境电子商务支付需要解决四个问题：一是外汇资金的"收"，即跨境电子商务企业或卖家如何收款；二是外汇资金的"付"，即跨境买家如何付款（如境内海淘买家如何向境外卖家支付货款）；三是外汇的"结汇"，即如何将外汇转换为本国（地区）货币，一般是跨境电子商务企业或卖家收取货款后要进行结汇操作；四是外汇业务中的"售汇"，主要是指金融机构如何向跨境电子商务中的买家销售外汇，以满足买家用以支付货款的需求。

目前，跨境电子商务支付的应用场景非常多，较为典型的三种交易场景对比如表 7.1 所示。

表 7.1　典型的三种跨境电子商务支付场景

业务模式	基础交易	典型场景
进口 B2C 支付（境内 C，境外 B）	境内 C 端用户向境外 B 端商户购买商品或服务	跨境电子商务零售进口，如境内个人通过网站或 App 购买境外商家的服装、普通食品等
出口 B2C 支付（境内 B，境外 C）	境内 B 端商户通过境外渠道向境外 C 端用户出售商品或服务	跨境电子商务零售出口，如境内卖家入驻亚马逊、eBay 等电子商务平台或自建独立站向境外个人销售商品等

续表

业务模式	基础交易	典型场景
跨境B2B贸易（境内B，境外B）	境内企业与境外企业开展跨境贸易活动	传统企业进出口贸易，如货物采购等；市场采购贸易、海外仓和外贸综合服务企业等外贸新业态

（一）进口 B2C 支付模式

进口 B2C 支付模式的主要任务是解决境内 C 端客户向境外 B 端商户支付货款的问题。其流程如图 7.1 所示，境内买家向境外商户下订单购物，继而生成订单的收款信息，发送给境外的收单机构①，境外的收单机构将收单信息传输给境内支付机构；此时，境内的 C 端客户用人民币进行支付，境内支付机构核对收单信息后，向境内合作银行申请购汇，并且向境外收单机构进行划拨资金，最终完成支付。

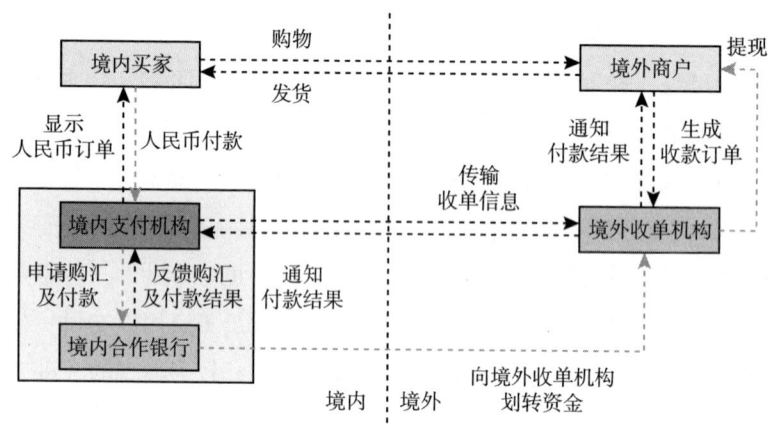

图 7.1 进口 B2C 支付模式的流程

（二）出口 B2C 支付模式

出口 B2C 支付模式的主要任务是解决境内 B 端商户向境外 C 端客户收取

---

① 收单：收单机构（从事收单业务的银行业金融机构，获得收单业务许可、为实体特约商户提供结算受理并完成资金结算服务的支付机构，以及获得网络支付业务许可、为网络特约商户提供结算受理资质）为商户提供的资金结算服务。境外收单即是收单机构为跨境商户提供资金结算服务。

货款的问题。其流程如图 7.2 所示，境外买家向境内商户发送订单后，即向其境外金融机构发出付款指示，境外金融机构将信息传递给境外收单机构，进而传递给境内支付机构，境内支付机构一方面与买家核对订单信息，另一方面和境内合作银行进行资金划转，最终实现境内商户的提现或转账。

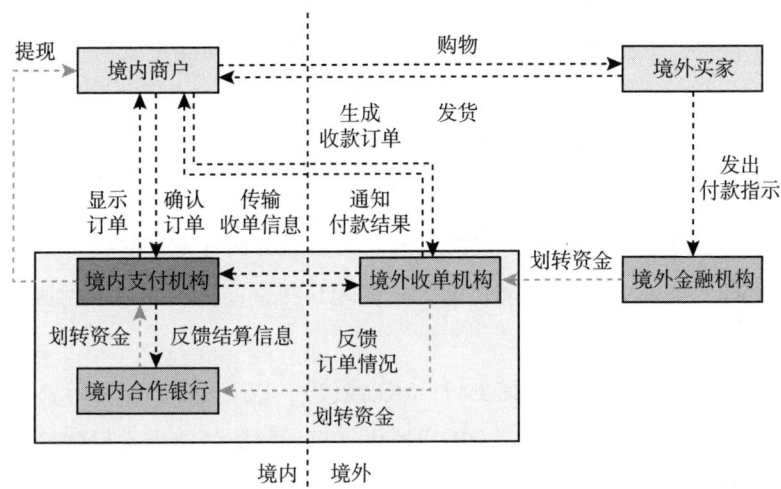

图 7.2　出口 B2C 支付模式的流程

（三）跨境 B2B 贸易

跨境 B2B 贸易的主要任务是解决境内外企业的资金结算问题。与传统的外贸基本一样，其主要是通过汇款、托收、信用证等方式完成。

实践中各类跨境支付产品的交易流程存在一定差异。以出口收款场景为例，基于商业原因，可能需由境外电子商务平台（而非境外商户）合作的境外收单机构完成第一步收款流程，这类因素会对结算流程产生影响。

二、跨境电子商务支付企业类型

跨境电子商务支付市场正逐渐成为全球金融领域的热点，吸引了众多企业的参与。现有的从事跨境电子商务支付业务的企业可以分为以下几类。

（一）传统银行业

这些银行通过拓宽产品类型，涉足跨境支付市场。它们拥有庞大的客户基础和成熟的金融基础设施，能够为客户提供安全、稳定的跨境支付服务。网银在线、跨境转账业务等是它们的典型代表业务。

（二）专业信用卡企业

代表性企业如维萨（Visa）、万事达（MasterCard）和美国运通卡（American Express）等，这些企业通过其全球性的支付网络和信用卡业务，为跨境支付提供了便利。它们的品牌影响力和广泛的接受度使得跨境支付变得更加简单和快捷。

（三）专业第三方支付企业

代表性企业如 PayPal、支付宝、财付通、Yandex Dengi、Qiwi Wallet 等，这些企业专注于提供跨境支付解决方案。它们通常拥有先进的技术平台和庞大的用户群体，能够为不同国家（地区）的用户提供便捷的跨境支付服务。

（四）社交媒体

代表性企业如腾讯（微信支付、QQ 钱包），以及 Meta 与 X 等，这些社交媒体平台通过集成支付功能，为用户提供了更加便捷的跨境支付体验。社交媒体的广泛覆盖和用户黏性使得跨境支付变得更加容易和普及。

（五）手机企业

代表性企业如苹果的 Apple Pay、三星的 Samsung Pay、小米支付等，这些手机企业通过将其支付功能与手机硬件相结合，为用户提供了更加安全、方便的跨境支付方式。随着智能手机的普及和移动支付的发展，这些服务正逐渐成为跨境支付的重要力量。

（六）电子商务平台

代表性平台如 Amazon Wallet、京东钱包、Snapdeal 等，这些电子商务平台通过其庞大的用户群体和丰富的商品资源，为用户提供了便捷的跨境购物和支付服务。电子商务平台的集成支付功能使得用户在购物过程中能够更加方便地完成支付操作。

（七）互联网企业

代表性企业如 Google（Google Wallet）、网易（网易支付）等，这些企业凭借其强大的技术实力和广泛的用户基础，为跨境支付市场提供了创新性的解决方案。它们的服务通常具有高度的灵活性和便捷性，能够满足不同用户的需求。

(八) 物流企业

某些国际快递企业和国内快递公司等，通过附带货到付款业务，为跨境支付提供了另一种解决方案。它们在物流过程中提供支付服务，使得货物交付和资金结算能够同时进行，提高了交易的效率和安全性。

第二节　传统的支付方式

在跨境电子商务中，尤其是在金额较大的跨境 B2B 电子商务交易中，一般使用国际贸易中传统的、一般的支付方式，包括汇付、托收和信用证等。

一、常用的传统支付方式

(一) 电汇

大部分国际贸易都是通过银行进行电汇（Telegraphic Transfer，T/T）的。其基本流程是出口企业首先需要在境内的银行（汇入行）开立银行账户，并且给境外买方提供汇款路线，境外买方即可到当地银行按照提供的汇款线路办理国际汇款。电汇的一般流程如下：境外买方需要到其所在银行填写电汇申请书，将款项交与此银行（汇出行），取得电汇回执；境外汇出行发给境内汇入行加押电文，并且将电文证实书寄给汇入行，以便核对；境内汇入行收到电文，核对密押相符后，缮制电汇通知书，通知出口企业取款；出口企业持通知书到境内汇入行取款。

在网络支付技术越来越完善的情况下，付款人现在无须到汇出行营业大厅办理相关业务，可以直接通过汇出行提供的网络银行完成在线办理。电汇的速度很快，一般 2~5 天款项即可到达收款人账户。

在我国，T/T 一般是用在外贸企业的收款中，但是跨境电子商务零售中，T/T 也被个人用作收款方式。其流程是个人需要在银行开立一个能接受外汇的账户（现在一般银联的卡都是可以接收外币，不需要开通外汇账户），并且向银行获取接收外汇的路径，然后向境外买家提供个人银行账户的信息，包括账户所有人的姓名（受益人）、个人账号（卡号）、开户银行名称和地址、银行 SWIFT 号，以及其他相关信息。境外买家可以从其公司或私人账户〔如果对方国家（地区）允许］电汇到境内个人账户。卖家收到外汇后，可以到银行柜台结汇，其手续因不同银行的政策不同而有所区别。现在，大部分银行也可以通过网上或手机银行进行在线结汇，非常简单方便。

（二）托收

托收（Collection）在金额较大的跨境 B2B 电子商务交易中也是常用的支付方式之一。出口人根据买卖合同先行发运货物，然后缮制商业单据，向出口地银行提出托收申请，委托出口地银行（托收行）通过其在进口地的代理行或往来银行（代收行）向进口人收取货款。根据托收时是否向银行提交货运单据，可分为光票托收和跟单托收两种。托收时如果汇票不附任何货运单据，而只附有"非货运单据"（发票、垫付清单等），称为光票托收。这种结算方式多用于贸易的从属费用、货款尾数、佣金、样品费的结算和非贸易结算等。跟单托收根据交单条件的不同，又可分为付款交单（Documents Against Payment，D/P）和承兑交单（Documents Against Acceptance，D/A）两种：前者是指出口方在委托银行收款时，指示银行只有在付款人（进口方）付清货款时，才能向其交出货运单据，即交单以付款为条件；后者是指出口方发运货物后开具远期汇票，连同货运单据委托银行办理托收，并且明确指示银行，进口人在汇票上承兑后即可领取全套货运单据，待汇票到期日再付清货款。

（三）信用证

信用证（Letter of Credit，L/C）是指开证银行应申请人（买方）的要求并且按其指示向受益人开立的载有一定金额的、在一定的期限内凭符合规定的单据付款的书面保证文件。信用证一般用在大额的跨境 B2B 电子商务中，很少在 B2C 及 C2C 等模式的跨境电子商务中使用。

信用证的使用比较复杂，形式也多种多样。其中常用的"议付信用证"的基本流程如下：国际贸易买卖双方在贸易合同中约定采用信用证付款，买方向所在地银行申请开证；开证银行按申请书中的内容开出以卖方为受益人的信用证，再通过卖方所在地的往来银行将信用证转交给卖方；卖方接到信用证后，经过核对信用证与合同条款符合，确认信用证合格后发货；卖方在发货后，取得货物装船的有关单据，可以按照信用证规定，向所在地银行办理议付货款；议付银行核验信用证和有关单据合格后，按照汇票金额扣除利息和手续费,将货款垫付给卖方;议付银行将汇票和货运单寄给开证银行收账,开证银行收到汇票和有关单据后,通知买方付款。买方接到开证银行的通知后,向开证银行付款赎单,然后凭相关单据办理进口报关手续以及提取货物。

(四) 货到付款

在一些网络支付不发达的国家(地区),货到付款(COD,Cash on Delivery;或 CAD,Cash Against Delivery)也是在电子商务中经常被使用到的一种支付方式。在跨境 B2C 电子商务中,某些平台也支持"货到付款",如 Shopee 在马来西亚、印度尼西亚及泰国等站点开通了货到付款功能。实际上这也是一种"托收",只是卖家不是委托银行来收款,而是委托跨境电子商务平台或第三方物流来收款。以 Shopee 为例,卖家委托 Shopee 平台代为收取货款,而 Shopee 平台则委托物流企业在递送货物时"一手收钱,一手交货"。

二、传统支付方式与跨境电子支付

需要说明的是,传统支付方式的信息传递其实也是通过电子网络支付系统来完成的,各国家(地区)跨境间的金融业务多通过 SWIFT 的系统来完成。

SWIFT 的全称是(Society for Worldwide Interbank Financial Telecommunication)环球银行间金融通信协会,其总部设在比利时布鲁塞尔,能够实现金融交易的自动化和标准化,从而在业务运营中降低成本、减少风险并提高效率。截至 2023 年年底,该系统共拥有 209 个国家(地区)的 9000 多家银行机构、证券机构和企业客户。

SWIFT 的设计能力是每日传输 1100 万条电文,而当前每日传送 500 万条电文,这些电文划拨的资金以万亿美元计,它依据的便是其提供的 240 种以上的电文标准格式。SWIFT 的电文标准格式,已经成为国际银行间数据交换的标准语言。SWIFT 电文根据银行的实际运作共划分为十大类,提供全世界金融数据传输、文件传输、撮合、清算和净额支付等服务。

第一类:客户汇款与支票,如 MT101、MT103、MT110 等;

第二类:银行寸头调拨,如 MT200、MT201 等;

第三类：外汇买卖，货币市场及衍生工具，如 MT300、MT305；

第四类：托收，如 MT400、MT410、MT412 等；

第五类：证券业务；

第六类：银团贷款和贵重金属业务；

第七类：跟单信用证和保函，如 MT700/701、MT705 等；

第八类：旅行支票；

第九类：银行和客户账务，如 MT900、MT910 等；

第十类：SWIFT 系统电报。

第三节　便捷跨境电汇

近年来，我国许多外贸公司和跨境电子商务企业也通过西联汇款、速汇金等专业国际汇款服务公司收付货款，这些国际汇款公司实际上也是利用电汇方式，但是与普通国际汇款相比，西联汇款、速汇金国际汇款有比较明显的优点。首先，客户无须开立银行账户，仅凭身份证明即可取款；其次，汇款到账速度很快，一般在十几分钟之内就可以汇到。

一、西联汇款

如图 7.3 所示，西联汇款是国际汇款公司（Western Union）的简称，是世界上领先的特快汇款公司，它拥有先进的电子汇兑金融网络，代理网点遍布全球近 200 个国家（地区）。与西联汇款合作的中国的银行和机构包括中国邮政储蓄银行、中国农业银行、中国光大银行、浙江稠州商业银行、吉林银行、哈尔滨银行、福建海峡银行、烟台银行、龙江银行、温州银行、徽商银行、上海浦东发展银行、中国建设银行、中国工商银行，以及银联电子支付等。

西联汇款的基本使用流程如下。

第一步，汇款人前往就近的西联汇款代理网点，填写发汇单。

第二步，将填妥的表格及款项递交西联汇款网点业务人员办理汇款转账。

第三步，汇款办理完毕，将汇款信息及汇款监控号码（MTCN#）告知收款人。若汇款人预留收款人的验证身份问题（验证身份问题视同取款密码），则应一并告知收款人。双方在通知过程中应注意汇款信息的保密。这样，只需几分钟，收款人就可在全球任何一家西联汇款代理网点领取该笔汇款。

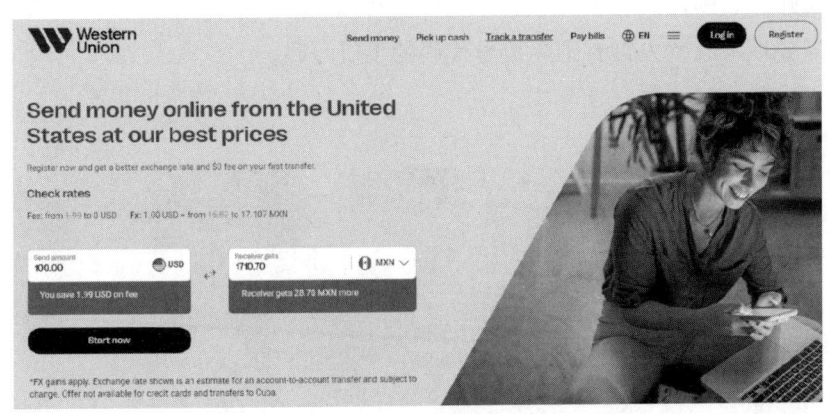

图 7.3　西联汇款首页

第四步，收款人接到汇款人通知后，前往就近的西联汇款代理网点办理领汇手续。取款时，填写收汇单，并且出示本人有效身份证件。

西联汇款也可以通过支付宝、微信支付，以及中国光大银行、上海浦东发展银行、中国邮政储蓄银行、中国银行等合作银行的网上银行或手机银行收款。

二、速汇金

如图 7.4 所示，速汇金（MoneyGram）是与西联汇款类似的一家汇款机构，是一种个人间的环球快速汇款业务，可在十几分钟内完成由汇款人到收款人的汇款过程，具有快捷便利的特点。它成立于 1940 年，总部位于美国达拉斯，分支机构遍布 30 多个国家（地区），在全球 200 多个国家（地区）拥有 35 万个网点。速汇金与全球各地银行拥有良好的伙伴关系，其快速汇款业务能让资金直达全球约 24 亿个账户。

速汇金的基本使用流程如下。

第一步，汇款人携带个人身份证明前往速汇金代理网点。

第二步，汇款人填写一份简单的"汇款"表格并连同汇款资金和手续费一并交给速汇金代理网点工作人员。需要注意的是，填写汇款表格时，表格上的收款人姓名必须准确匹配其在提取转账时出示的身份证上的姓名。若要汇款至银行账户，则还需要填写收款人的银行名称和账号；若要汇款至手机钱包，则还需要填写收款人带有国际拨号代码的手机号码。

图 7.4　速汇金首页

第三步，汇款人将获得一个 8 位参考号（Reference number）。汇入银行账户或手机钱包的资金将直接存入该账户。

第四步，汇款人将参考号告知收款人。

第五步，收款人前往本地速汇金代理商处，出示身份证明及参考号，填写一份简单的"收款"表格，即可取出汇款。

第四节　第三方跨境电子支付

一、第三方跨境电子支付服务界定

近年来跨境交易类型发生了明显变化。一是跨境电子商务、境外旅游等 C 端个人消费需求快速增加，小额、高频成为基础交易的重要特点；二是出口电商、市场采购贸易等新业态兴起，对汇款的时效性、费率提出更高要求。至此，第三方跨境支付应运而生，其到账速度快、费率低等特点更加适配市场需求,快速在行业中占有了一席之地。

第三方跨境电子支付服务的概念界定涉及"电子支付""第三方支付机构""跨境"三个方面。"电子支付"的法律界定基于不同的适用对象而产生差异,第三方支付机构的"非金融机构"属性体现了其法律界定的特殊性,"跨境"特征则决定了电子支付服务在跨国家(地区)间的法律协调性问题。

在电子支付界定方面,根据中国人民银行2005年发布的《电子支付指引(第一号)》(以下简称《支付指引》)第二条的规定,电子支付是指单位、个人直接或授权他人通过电子终端发出支付指令,实现货币支付与资金转移的行为。《支付指引》规范的对象是境内银行业金融机构,第三方支付机构是指具有一定市场信誉和资金实力,并且独立于商户和银行、为境内外的买家提供支付、转账、结算等服务的支付机构,属于非金融机构,因此第三方支付机构不属于该指引的适用范围。

在第三方支付服务界定方面,根据中国人民银行2010年发布的《非金融机构支付服务管理办法》(以下简称《管理办法》)第二条的规定,非金融机构支付服务是指非金融机构在收付款人之间作为中介机构提供下列部分或全部货币资金转移服务:网络支付、预付卡的发行与受理、银行卡收单、中国人民银行确定的其他支付服务。其中,网络支付是指依托公共网络或专用网络在收付款人之间转移货币资金的行为,包括货币汇兑、互联网支付、移动电话支付、固定电话支付、数字电视支付等。因此,第三方支付机构提供的境内或境外的支付服务均应遵循《管理办法》的相关要求,依法取得支付业务许可证,并且接受中国人民银行的监督、检查和管理。

第三方跨境电子支付服务界定方面,根据国家外汇管理局2019年发布的《支付机构外汇业务管理办法》第二条的规定,支付机构外汇业务是指支付机构通过合作银行为市场交易主体跨境交易提供的小额、快捷、便民的经常项下电子支付服务,包括代理结售汇及相关资金收付服务。

综上所述,第三方支付机构作为提供中介服务的非金融机构,为促成境内外收付款人之间的贸易或服务交易而提供跨国家(地区)的互联网支付服务。狭义上,一般指境内的支付机构与银行合作,为跨境电子商务、境外线下消费等交易提供跨境支付服务,如境内线上支付、境外扫码支付等。

二、第三方跨境电子支付的参与主体与支付流程

第三方跨境电子支付的参与主体分为三类：一是跨境交易的买卖双方；二是支付结算机构，包括第三方支付机构、备付金存管银行、与买卖双方有合作关系的境内外金融机构；三是各国（地区）监管机构。

第三方支付机构针对跨境电子商务所提供的跨境支付，主要包括"收结汇"和"购付汇"两类业务。收结汇是指第三方支付机构帮助境内卖家收取外汇并兑换为本国（地区）货币，主要针对出口跨境电子商务平台的业务。购付汇是指本国（地区）买家通过跨境电子商务平台购买货品时，第三方支付机构为买家提供的购汇及跨境付汇业务。

出口跨境电子商务平台第三方支付机构"收结汇"业务流程如图7.5所示。境外买家通过跨境电子商务平台下单后，订单信息会同时发至境内卖家及境外第三方支付机构。买家通过支付公司、信用卡组织、银行、电汇公司等将商品货款支付给境外第三方支付机构，如 PayPal 等。境外第三方支付机构通过境内第三方支付机构，以收结汇模式，将商品货款支付给境内买家，再通过跨境物流将商品送至买家手中，从而完成跨境电子商务交易活动。

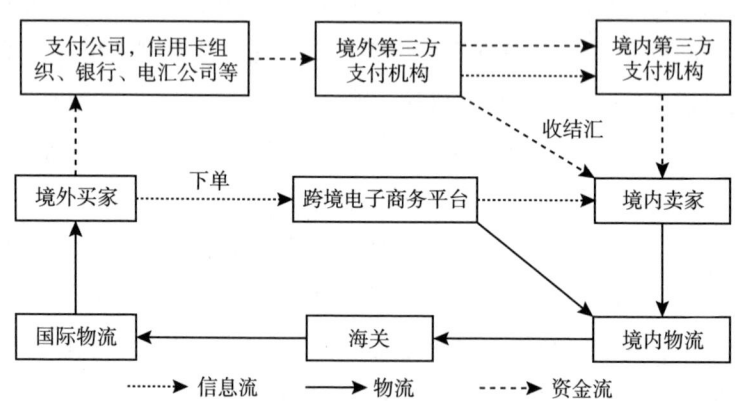

图7.5　出口跨境电子商务平台第三方支付机构"收结汇"业务流程

进口跨境电子商务平台第三方支付机构"购付汇"业务流程如图7.6所示。境内买家登录第三方支付平台网站，浏览与第三方支付平台有合作关系的

境外卖家提供的商品或服务，确定购买对象后下订单，输入验证信息并选择支付方式，第三方支付机构在获取买家的认证信息后将支付信息发送给备付金存管银行，并且接收银行的购汇款信息，境外卖家收到第三方支付机构的购汇款信息后，向境内买家发送产品和提供有关服务，待境内买家确定收货后，第三方支付机构将对外支付信息发送给托管银行，托管银行再将对应外汇款划转到境外卖家的境外委托银行，整个交易随即完成。

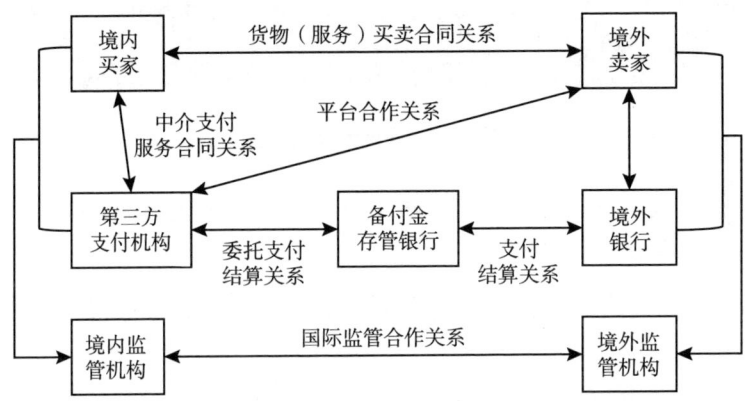

图 7.6 进口跨境电子商务平台第三方支付机构"购付汇"业务流程

三、常用的跨境电子商务第三方支付平台

（一）PayPal

如图 7.7 所示，PayPal 是世界上著名的第三方支付机构，于 1998 年 12 月成立，总部在美国加利福尼亚州圣何塞市。PayPal 是名副其实的全球化支付平台，服务范围超过 200 个国家（地区），支持的币种超过 100 个。在跨境交易中，将近 70% 的在线跨境买家更喜欢用 PayPal 支付境外购物款项。

付款人如果通过 PayPal 支付一笔款项给商家或收款人时，有以下几个步骤。

1. 创建 PayPal 账户。在 PayPal 注册页面，依照提示输入信息，包括电子邮件地址、密码、姓名等，通过验证成为其用户，然后提供信用卡或者相关银行资料，为 PayPal 账户充值。

图 7.7　PayPal 首页

2. 当付款人启动向第三人付款程序时，必须先进入 PayPal 账户，提供收款人的电子邮件账号给 PayPal。

3. PayPal 向商家或者收款人发出电子邮件，通知其有等待领取或转账的款项。

4. 如商家或者收款人也是 PayPal 用户，其决定接受后，付款人所指定之款项即移转给收款人。收款人可以选择将取得的款项转换成支票寄到指定的处所、转入其个人的信用卡账户或者转入另一个银行账户。

（二）蚂蚁集团

蚂蚁集团的跨境支付业务主要由支付宝、万里汇、Alipay + 三个板块组成。

2013 年，支付宝从解决中国人出境游的难题出发，成为首个支持出境游的中国移动支付工具。如今，支付宝的境外服务覆盖超过 70 个国家（地区），接入了境外吃喝玩乐、交通出行等超过 500 万家的各类商户门店。

如图 7.8 所示，万里汇在 2004 年成立于英国伦敦，在中国、英国、美国、荷兰、卢森堡、澳大利亚、新加坡、加拿大、马来西亚、菲律宾、泰国、越南、日本等多个国家（地区）拥有或通过与当地持牌机构合作的方式，具备开展业务的资质，主营业务是跨境电子商务和外贸 B2B 的跨境收付兑服务。万里汇于 2019 年并入蚂蚁集团后，依托跨境金融领域的全球生态合作网络、境内外持牌机构，为跨境电子商务和外贸 B2B 客户提供一站式跨境收款和支付产品解决方案。

图 7.8　万里汇首页

蚂蚁集团在 2020 年推出 Alipay + 全球跨境支付技术和营销解决方案，通过连接全球商家和电子钱包、手机银行等多种数字支付方式，消费者可以用自己日常使用的数字支付方式跨境支付，实现"一个钱包走遍世界"；为全球商家提供和消费者互动的创新方式，从而能够为消费者提供更好的服务。目前，Alipay + 已经连接了全球几十个电子钱包，线下商家超过 100 万家。

（三）Pingpong

如图 7.9 所示，杭州乒乓智能技术有限公司（简称 PingPong）成立于 2015 年。PingPong 在全球设有超 30 个分支机构，业务覆盖超 200 个国家（地区），是大型跨境贸易数字化服务商。PingPong 围绕跨境电子商务和外贸企业的综合需求，建立了涵盖跨境收款、外贸 B2B 收付款、全球收单、全球分发、供应链融资、汇率风险中性解决方案、VAT 税务服务、出口退税、虚拟信用卡、SaaS 企业服务等多元化的产品矩阵，可为不同类型的客户提供合规、安全、便捷的一站式数字化服务。

（四）连连国际

如图 7.10 所示，连连国际是连连数字旗下的核心品牌，是中国跨境贸易中支付金融与服务领域的综合创新型企业。连连国际凭借强大的合规安全实力与高效、灵活的全球支付网络，跨境业务支持全球近 70 家跨境电子商务平台的约 150 个电子商务平台站点，以及 11 种货币的自由结算，覆盖全球超过 100 个国家（地区）。

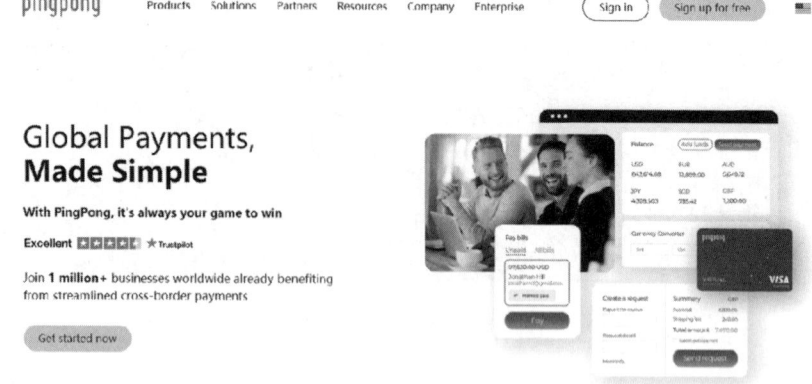

图 7.9　PingPong 首页

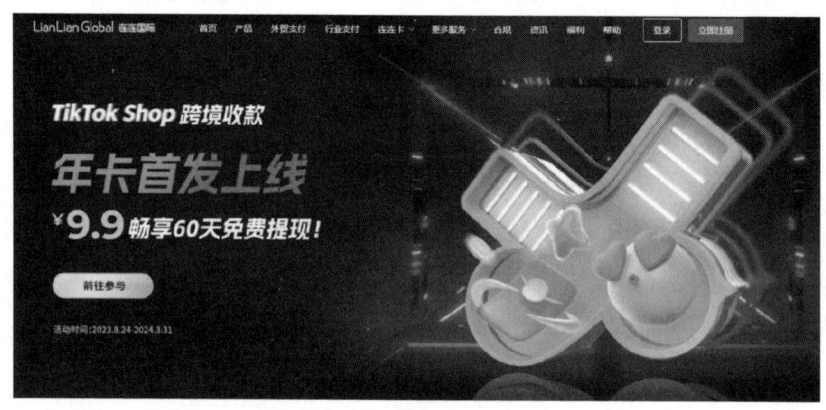

图 7.10　连连国际首页

（五）派安盈

如图 7.11 所示，派安盈成立于 2005 年，总部设在美国纽约，是万事达卡组织授权的具有发卡资格的机构，服务覆盖全球超过 200 个国家（地区），支持超过 150 种币种。通过派安盈的全球支付服务（Global Payment Service）免费开通各类币种的银行账号，直接接收来自全球各大企业和平台的款项，涵盖欧盟、美国、英国、日本、中国、加拿大、新加坡、阿联酋、澳大利亚等国家（地区）。

第七章 跨境电子商务支付

图 7.11 派安盈首页

第五节 在线银行与信用卡支付

一、在线银行支付

在线银行（Online Banking）支付一般有两种方式：一是直接通过在线银行进行转账或汇款；二是在电子商务网站上下订单后，通过电子商务网站的引导界面进入电子银行支付界面，输入银行账户的信息（如账号、密码、手机号等），确认后完成支付。在跨境电子商务中，第一种方式适合 B2B 或金额较大的支付，即类似 T/T；第二种方式适合 B2C 或通过跨境电子商务平台支付，类似在线购物。

在线银行既可以通过借记卡来完成支付，也可以通过信用卡来完成支付。但是在境外，信用卡支付更加普遍。境内海淘买家经常通过在线银行使用借记卡来购物，但是境外网站与境内银行大多并不直接合作，而是通过第三方支付机构（如 PayPal），这种情况下，境内买家就可以通过在线银行给第三方支付机构账户充值，然后再通过第三方支付机构账户完成支付交易。例如，在 eBay 上进行支付时，实际上是用 PayPal 来完成的，但是前提条件是需要通过在线银行提前向 PayPal 账户充值。

在线银行支付中很重要的一个技术概念是支付网关（Payment Gateway），

它是银行金融网络系统和互联网之间的接口,是由银行操作的将互联网上传输的数据转换为金融机构内部数据的一组服务器设备,或者由指派的第三方处理商家支付信息和顾客的支付指令。支付网关可确保交易在互联网用户和交易处理商之间安全、无缝的传递,并且无须修改原有主机系统进行。它可以完成所有互联网支付协议,互联网安全协议的转换,以及本地授权和结算处理。另外,它还可以通过设置来满足特定交易处理系统的要求。离开了支付网关,网络银行的电子支付功能也就无法实现。

二、信用卡通道支付

信用卡电子支付的通道基础就是信用卡及各种在信用卡应用上产生的电子账户。国际信用卡支付(收款)的基本流程如下。

第一,跨境电子商务平台接入信用卡支付通道(所谓通道就是指开发的一套程序接口,一般由第三方支付机构或银行金融机构提供),在其网站上生成支付接口页面。

第二,境外买家在跨境电子商务平台上下订单,支付时在支付接口页面输入其信用卡信息并提交支付请求给支付网关。

第三,支付网关收到支付请求后,对买家所提供的支付信息进行风险评估和分析。风险评估无风险确认可支付后,将扣款请求和相关信息抛送给收单行(收单行或机构是指跨行交易中兑付现金或与商户签约进行跨行交易资金结算,并且直接或间接地使交易达成转接的银行)。

第四,收单行把扣款请求和相关信息通过 Visa、Master 等机构递送给发卡行(发卡行或发卡机构的主要职能是向持卡人发行各种银行卡,并且通过提供各类相关的银行卡服务收取一定费用)进行扣款处理。

第五,发卡行反馈支付成功或失败结果,若失败则会反馈失败原因。

图 7.12 所示的界面为某公司开发的信用卡支付接口,买家只需要将其信用卡及相关信息填写完整,即可完成支付。

国际上有五大信用卡品牌,分别是威士国际组织(Visa International)和万事达卡国际组织(Master Card International)两大组织,以及美国运通国际股份有限公司(America Express)、大来信用卡有限公司(Diners Club)、JCB

日本国际信用卡公司（JCB）三家专业信用卡公司。这些信用卡品牌在跨境电子商务支付中被广泛接受和使用。尤其是在欧美国家，其信誉体制比较健全，用信用卡在网上消费是他们的主流支付模式。

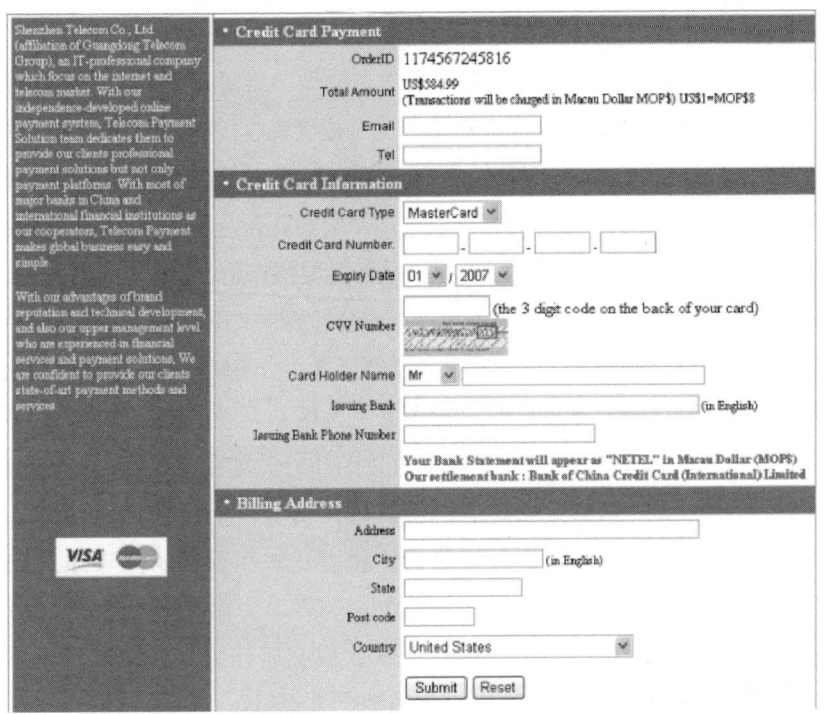

图 7.12　信用卡支付接口

在信用卡支付方式中，经常会发生拒付（charge-back）的现象，它是指持卡人在支付后的一定期限内（一般为 180 天），对某一笔交易要求撤回，可以向银行申请拒付账单。拒付常见的几种情况有：未授权交易，即未经持卡人本人许可的交易，如持卡人卡号被盗或受到欺诈使用；未收到货物，即在交易结束后，买家也顺利付款，但未收到卖家寄出的货物；货不对版，即买家收到货后发现收到的物品与网店上查找购买的商品完全不符；恶意拒付，即持卡人本人消费，但是持卡人却在收到货物后拒绝为此笔交易付款。不过，拒付率一般较低，据 Visa、MASTER、JCB、美国运通、大来卡等信用卡组织的调查，拒付率一般在千分之五以下。

第六节　其他支付方式

一、离岸账户

世界上一些国家（地区），如英属维尔京群岛、英属开曼群岛、英属百慕大等为了吸引来自境外的投资和商业活动，通过提供税收优惠、公司注册便利、保护股东隐私等政策措施吸引境外公司和个人前来注册和开展业务，这些区域一般称为离岸管辖区或离岸司法管辖区。所谓离岸公司就是泛指在离岸管辖区内成立的有限责任公司或国际商业公司，这些公司的主要特点是，投资人无须亲临当地，其业务运作可以在世界的任何地方开展。离岸公司通常被用于国际贸易、投资、资产保护等多种目的。一般而言，离岸公司都要开立一个离岸账户，因此离岸账户是指存款人在其居住国家（地区）以外的国家（地区）开设的银行账户。许多跨境电子商务企业或外贸公司，尤其是不具备完善的外贸手续的或是因为某些原因不能通过正常途径收汇的个人或企业，经常把离岸账户作为一个重要的收款渠道。

目前，我国跨境电子商务企业主要是利用开立在香港的离岸账户进行操作，其基本流程如下：首先，在香港开立一个离岸公司及离岸账户（可以寻找代理开立，本人不必亲自到香港）；其次，成交后让买家将货款打入香港离岸账户，这部分货款可以根据情况打入内地个人银行账户、自己的公司账户或是其他供应商或合作代理方的账户；最后再从这些账户结汇后得到人民币。合理使用离岸账户能够充分利用离岸管辖区的特别优惠的政策，有效降低税负。

二、支票和电子支票

支票支付在跨境电子商务和国际贸易中虽然不是很常见，但是也时有发生，尤其是用作支付样品费、尾款、佣金或是小额订单中。例如，境内一些网站代理谷歌的"Google AdSense"[①]，一种主要的收款方法就是支票，即当用户

[①] 如果一个网站加入"Google AdSense"，即成为谷歌的内容发布商，作为内容发布商可以在自己网站上显示谷歌关键词广告，谷歌根据会员网站上显示的广告被点击的次数支付佣金，当某个月底佣金累计达到 100 美元时即可向用户支付广告点击佣金（通过美元支付，转账的时候会比较麻烦，周期一般会超过 2 个月）。

第七章 跨境电子商务支付

收入超过100美元时,谷歌会将一张支票邮寄给用户。如果要想将境外支票提现,则需要进行"支票托收",即将支票及相关材料(身份证、银行卡或存折,支票背面写上个人姓名和身份证号码)交给银行,委托位于中国的银行联系境外开票行代为收款。

总的来说,托收支票是一种费用比较低廉(以中国工商银行为例,支票额度在2000美元以下,手续费大约为人民币20元)的境外支付收款方式。不过,支票托收收款周期很长,一张支票从美国寄到中国,再从中国寄回美国,整个周期通常需要一个月甚至几个月时间。

电子支票是纸质支票的电子替代物,它与纸质支票一样是用于支付的一种合法方式,某电子支票界面如图7.13所示。其支付流程和信用卡在线支付类似,消费者在支付页面直接输入银行账户号进行支付,支付信息提交成功之后,相当于给外贸商家开出来一张有效的支票,支付系统自动将该支票信息传输到消费者开户银行委托银行清算这张支票,支票完成清算后,会从消费者账户扣取支票的资金,存入卖家指定的账户。对于跨境电子商务企业来说,电子支票通道是一个非常稳定的支付通道,不会因为拒付等情况关闭账户。

图7.13 某电子支票界面

第七节　跨境支付方式的选择

不同跨境电子商务平台、不同市场、不同消费群体决定了跨境支付方式的不同。在某个跨境电子商务机构进行市场活动时，或者计划开发和进入一个新的跨境电子商务市场时，选择合适的跨境支付方式非常重要。

一、影响支付方式选择的因素

影响跨境支付方式选择的因素很多，主要有以下几种。

（一）跨境支付方式普及率与覆盖范围

跨境支付方式普及率与覆盖范围是选择跨境支付方式的基础和前提。信用卡支付、货到付款、第三方支付平台等不同跨境支付方式在全球不同市场的普及率都不同，不同跨境支付方式的地理覆盖范围与业务覆盖范围也不同。针对某个市场或某类市场，跨境支付方式的选择也会不同。在欧美等发达国家，金融环境相对成熟，电子商务发展与支付技术相对成熟，信用卡支付与第三方支付具有较高的普及率与覆盖范围，成为跨境电子商务环境下首选的跨境支付方式。在非洲、拉美、东南亚等地区，金融环境相对比较落后，信用卡普及率较低，信用卡支付、PayPal 等第三方支付工具一般不会成为首选，而货到付款则是比较常用的跨境支付方式。

（二）交易主体使用偏好

在跨境电子商务交易中，存在因目标消费群体的支付习惯、偏好及宏观经济整体环境因素而导致跨境支付方式的不同，这是进行跨境电子商务活动时所要重点关注的，也是影响跨境支付方式选择的重要因素。例如，在中东与拉美地区，移动支付发展速度较快，明显高于欧美等成熟市场，已成为一种重要的跨境支付方式。在印度等发展中国家市场，消费者对电子支付工具缺乏信任，大部分消费者偏好使用货到付款，尤其是货到付现金的支付方式。在开发东南亚跨境电子商务市场时，货到付款是一个必备选项，但一般的中小型卖家很难直接与当地物流商对接，所以，选择提供货到付款服务的跨境电子商务平台成为普遍的方式。在日本，手机使用频率极高，加之手机支付系统比较成熟，基于手机的跨境支付成为日本跨境电子商务市场运作的重要支付方式。

（三）跨境支付方式的使用成本

跨境电子商务卖家在货款回收方面远比境内电子商务卖家困难，境外资金结汇困难、周转慢、提款费率高、汇率变动风险等都是制约跨境电子商务货款回收的重要因素。跨境支付方式的使用成本已成为影响跨境支付方式选择的重要因素。使用成本包括时间成本与资金成本，资金成本又包括交易的手续费、汇率的成本等。不同支付方式交易的手续费各不相同，需要综合比较。目前，跨境支付的交易手续费一般为1.7%～5%，如欧美市场常用的PayPal，除了每笔0.3美元的收款手续费、35美元的提现费，还有3.4%～4.4%的收款手续费和2.5%的货币转换费等。伴随着市场竞争，支付公司的手续费在不断降低，旨在争取更多的客户。此外，对于跨境电子商务交易而言，与不同国家（地区）进行商品交易时还会涉及货币兑换与汇率也是跨境支付的成本构成之一。一般而言，跨境支付机构会开具多种币种，采用用户本币直接扣款方式，避免了用户承担汇率损失的风险，但商户需要在银行或支付机构进行货币转化，会产生货币转换成本，一般为0.1%～2.5%不等。

（四）跨境支付资金的安全性

跨境支付的风险主要分为两类，一类是第三方支付机构本身发生的不合规交易带来的交易风险，另一类是用户遭遇的交易风险。

前者的产生是因为目前跨境电子商务还是跨境贸易的一种新型业态，行业的一系列规则和法规还不成熟。所以在没有出台具体的法律法规之前，第三方支付机构可能会以追求利益最大化的原则，比如放弃成本较高但效果更好的大数据分析来审核相关信息，而采用成本较低的方式来审核客户的身份信息。这一定程度上会造成主体身份的虚假信息泛滥，增加跨境支付的交易风险。

用户遭遇的交易风险主要源自跨境支付交易过程中可能遭遇的各类网络支付安全问题。境内消费者将面对个人隐私信息被窃取、账号被盗、银行卡被盗用、支付信息丢失等情况，这些都对跨境支付的系统安全性提出了更高的要求。

（五）跨境支付通道的稳定性

跨境支付通道的稳定性是在选择的时候要重点考虑的因素之一。例如，有些支付通道允许仿牌或违禁品的交易，长此以往可能会被监管机构吊销营业许可，从而造成重大损失。另外，也要考虑支付通道的收款成功率或拒付率。有些通道由于能力的缺失，收款成功率很低，使用户错失了大量的交易机会，造成了不必要的损失。

总而言之，在选择跨境支付方式时，要综合考虑、全面比较。表 7.2 是几种常见的跨境支付方式对比。

表 7.2 常见的跨境支付方式对比

类别	PayPal	银行转账	支票	西联汇款	信用卡
交易时间	实时	2～5 天	40～60 天	约 10 分钟	实时
手续费	2%～4% + 提现手续费等	30 美元以上	电讯费 + 手续费	每笔 20 美元以上	2%～3%
合作门槛	低	低	低	低	高
风险	盗号风险	账户信息盗用风险	被冒领、欺诈风险	被冒领风险，已被 eBay 等网站停用	拒付风险

二、跨境支付选用策略

跨境支付是跨境电子商务交易实现的重要环节，在运作或开发一个国家（地区）的跨境电子商务市场时，建议使用以下几种策略，有助于跨境支付为推动跨境电子商务交易保驾护航。

（一）组合策略，多种跨境支付搭配使用

就全球市场看，除货到付款外，常用的跨境支付方式还有信用卡支付、预付卡支付、电子支付、网络银行、电子钱包、各类移动支付工具等。就第三方支付方式而言，不同国家（地区）的消费者使用偏好差异较大，欧美国家偏好使用 PayPal，中国偏好使用支付宝、微信支付等，俄罗斯偏好使用本土运营商提供的电子钱包支付工具，如 Yandex Dengi、Qiwi Wallet 等。因此，需要综合权衡不同跨境支付方式的使用率与普及率、使用成本、特征与优势，采用多种跨境支付组合策略，通过多种跨境支付方式的搭配使用，提高效率、降低成本、规避风险。

（二）有的放矢，目标市场与自身特点相结合

由于不同国家（地区）的经济发展水平不同，经济环境便存在差异，消费习惯与使用偏好也各异，在选择跨境支付方式、运营跨境支付业务时，需要根据目标市场的具体表征综合权衡。就全球市场看，各区域跨境支付水平参差不齐，差异显著。在跨境电子商务成熟区域，如欧美等国家（地区），信用卡普及率较高，电子支付发展较快，在跨境支付应用中接受度与普及度较高；在跨境电子商务尚不成熟的国家（地区），其信用卡与电子支付普及率较低，货到付款等跨境支付方式较为普遍。面对不同市场，不能采取相同的应对方式，应该根据目标市场的具体表现与市场需求，有的放矢，针对性地开展跨境支付业务、实施跨境支付策略，并且与自身需求、运营模式、业务优势等特点相结合。

（三）依托平台，实现与平台的协同效应

在跨境电子商务交易活动中，跨境电子商务平台处于商业链条的核心环节，需要不断发展、不断完善。就发展现状看，跨境电子商务平台占据主导优势，而跨境支付方式作为跨境电子商务平台的支持角色，也受到跨境电子商务平台发展的影响。跨境电子商务平台发展迅速，但跨境支付发展仍落后于跨境电子商务平台，还反向制约着跨境电子商务平台的发展。在运作或开发跨境电子商务市场时，跨境支付机构应依托跨境电子商务平台，开展跨境支付业务，并且追求跨境支付与跨境电子商务平台的协同发展。

专栏7.2 不同地区跨境电子商务支付习惯差异

1. 北美地区

在信息技术、网络技术等成熟发展背景下，北美地区的消费者习惯并熟悉各种先进的电子支付方式，对于网上支付、电话支付、邮件支付、手机支付等各种新兴支付方式并不陌生。美国的第三方支付公司能够处理支持150多种货币的Visa与Master Card信用卡，支持80余种货币的美国运通卡（American Express），支持16种货币的大来卡（Diners）。同时，PayPal也是美国人常用的电子支付方式。此外，还有Meta、X等社交网络支付，以及Amazon钱包等电子商务企业自有的支付工具。

2. 欧洲地区

欧洲地区跨境网购消费者最习惯的电子支付方式除 Visa 和 Master Card 等国际信用卡外，还有一些当地信用卡，如英国的 Maestro 和 Solo、法国的 Carte Bleue、爱尔兰的 Laser、西班牙的 4B、丹麦的 Dankort、意大利的 Carta Si 等。英国等跨境网购市场比较发达的国家，包括 PayPal 在内的第三方支付方式使用率也较高。德国的 Elektronisches Lastschrift Verfahren（ELV）是非常流通的一种电子直接支付方式，绝大多数德国银行支持这种支付方式，通过网络，由客户提供的商业银行账户号码和授权信息处理付款。Giropay 是一种在线支付方式，超过 1500 家德国银行支持该方式，通过该支付方式，用户可在银行网上实现支付业务。

3. 日本和韩国

日本消费者以信用卡支付与手机支付为主。日本的本土信用卡组织为 JCB，支持 20 种货币，是常用的跨境支付方式。日本人普遍都还会有一张 Visa 或 Master Card 信用卡，可以用于跨境电子商务支付。日本手机网购消费群体的规模已超过个人计算机网购消费群体规模，所以日本消费者习惯使用手机进行网购与支付。由索尼、手机运营商 NTT Docomo、交通运营商 JR East 组成的联盟推进手机支付系统的发展。中国的支付宝在日本使用率也较高。

韩国跨境网购市场非常发达，但是韩国在线支付方式比较封闭，一般只提供韩国国内银行的银行卡进行跨境支付，Visa 和 Master Card 信用卡的使用率较低，PayPal 虽然也有不少韩国消费者在使用，但并不是主流的支付方式。

4. 拉美地区

以巴西、墨西哥、阿根廷为代表的拉美地区跨境电子商务市场的支付方式与使用率差异非常显著。巴西的信用卡普及率较高，全国拥有约 8260 万张活跃的信用卡，其中 Visa 与 Master Card 主导着信用卡市场。巴西网民常用的支付方式比较多，包括 Boleto Bancário、Dinero Mail、Mercado Pago、Mo IP、Oi Paggo、Pagseguro、PayPal、Safety Pay、Skrill 等。

其中，Boleto Bancário 是第二位受欢迎的支付方式，也是那些不拥有信用卡的消费者经常使用的支付方式。此外，包括像 PayPal、Mercado Pago 等电子钱包，充值卡、礼品卡、预付卡、虚拟卡等使用率也较高。墨西哥跨境网购消费者偏好现金支付。在阿根廷，货到付款的支付方式也较为普遍。

5. 中国

中国常用的支付平台是以支付宝、微信为代表的非独立第三方支付平台。这些支付平台一般采用充值模式进行付款，实际上都拥有大部分银行的网上银行功能。所以，无论是信用卡还是借记卡，只要开通了网上银行功能，就可以实现跨境电子商务支付。不过，信用卡在中国发展非常快，其普及率也迅速上升，尤其在城市的年轻白领群体中，使用信用卡进行跨境支付非常普遍。

资料来源：作者收集整理，2024 年 3 月

 思考与实训

1. 跨境电子商务支付的作用是什么？
2. B2B 中可以使用哪些跨境支付方式？
3. 哪些支付方式更加适合跨境 B2C 电子商务模式？
4. 描述第三方跨境电子商务支付的流程。
5. 登录 PayPal 网站，了解 PayPal 的特点和运作方式。
6. 思考如何选择跨境电子商务支付方式。

第八章　跨境电子商务中的知识产权、税收与交易风险

跨境电子商务面临的主要挑战包括知识产权纠纷、税收问题和网络安全风险。知识产权纠纷频发，影响了商家的国际形象和行业的健康发展，主要原因是企业对国际知识产权法律了解不足。同时，随着电子商务的快速发展，各国（地区）对征税问题也日益重视，跨境电子商务须做好应对税收变化的准备。网络安全问题是电子商务与生俱来的挑战，跨境交易环境更复杂，安全问题更为突出，包括交易、支付、物流、网络、信用和通关安全等。

学习目标

了解内容：知识产权的概念，知识产权与跨境电子商务的关系，进口环节跨境电子商务方式下税收政策，进口国（地区）境内环节对电子商务的税收政策

理解内容：知识产权侵权类型，跨境电子商务中知识产权侵权造成的危害，税收对跨境电子商务发展的影响

掌握内容：知识产权的特点，知识产权的分类，跨境电子商务交易信息、信用、法律、物流、通关等风险

关键术语：知识产权、商标权、专利权、著作权、VAT、信息风险、信用风险、法律风险、信息泄露、病毒攻击、身份假冒

第一节　跨境电子商务中的知识产权

一、知识产权的概念和特点

知识产权（Intellectual Property Rights），也被称作为"智力成果权""无形财产权"，是人们对自己所创造的智力活动成果依法享有的权利，通常也是国家赋予创造者对其智力成果在一定时期内享有的专有权或独占权（Exclusive Right）。它具有以下特点。

（一）无形性

知识产权从本质上说是一种无形财产权，它的客体是智力成果或是知识产品，是一种无形财产或者一种没有形体的精神财富，是创造性的智力劳动所创造的劳动成果。它与房屋、汽车等有形财产一样，都受到法律的保护，都具有价值和使用价值。

（二）专有性

即独占性或垄断性。除权利人同意或法律规定外，权利人以外的任何人不得享有或使用该项权利。

（三）地域性

即只在所确认和保护的地域内有效。除签有国际公约或双边互惠协定外，经一国（地区）法律所保护的某项权利只在该国（地区）范围内发生法律效力。所以知识产权既具有地域性，在一定条件下又具有国际性。例如，中国商标仅在中国受法律保护，在其他国家（地区）都不受法律保护，除非也在其他国家（地区）注册了同样的商标。

（四）时间性

即法律对各项权利的保护，都规定有一定的有效期，各国（地区）法律的保护期限不完全相同，只有参加国际协定或进行国际申请时，才对某项权利有统一的保护期限。例如，在中国，发明专利权的保护期限为 20 年，实用新型专利权和外观设计专利权的保护期限为 10 年；在美国，发明专利权的保护期限也为 20 年，但外观设计专利权的保护期限为 15 年。当期限届满或专利权中途丧失，其他任何人都可无偿使用该专利技术。

二、知识产权的类型

知识产权的类型主要有商标权、专利权、著作权，如图 8.1 所示。

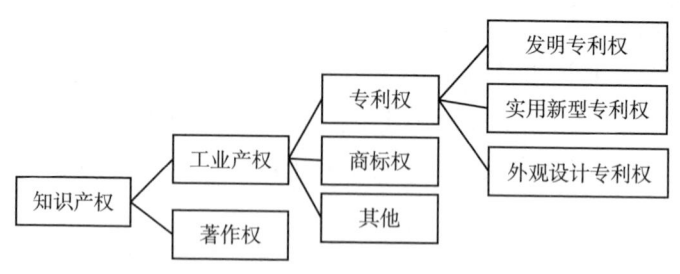

图 8.1　知识产权的类型

（一）商标权

商标是能够将一家企业的商品或服务与其他企业的商品或服务区别开的标志。一般而言，商标可由文字、图形、字母、数字、三维标志、颜色等要素组成。但同时，商标也可以由以下元素单独或组合构成：图形、符号、商品的形状和包装等立体特征、声音或气味等不可视标志，或者作为区别商品或服务来源特征使用的颜色等。例如，迪士尼企业公司著名的商标"Mickey Mouse"（米老鼠或米奇老鼠）除注册有文字商标外，还注册了图形商标，如图 8.2 所示。

图 8.2　米老鼠的图形商标

需要明确的是，这里的商标权是注册商标专用权的简称，是指商标授权机关依法授予的，商标所有人对其注册商标享有受法律保护的排他使用权、收益权、处分权和禁止他人侵权的权利。

> **专栏 8.1　商标的 R 标和 TM 标有什么区别？**
>
> 在日常生活中，你是否留意过这样一个现象，买东西时里面的商标右上方上面会出现 TM 或带圈的 R，它们又代表什么意思？
>
> 区别一：使用时间不同。一般 TM 商标使用时间早于 R 商标：我们使用的商标在未成为注册商标的时候，就可以用"TM"进行标记；当商标成为注册商标后，就可以在其右上角或右下角标注"R"或"注"注册标记，或者直接标明是"注册商标"。
>
> 区别二：价值不同。一般 R 商标的价值大于 TM 商标：TM 是一种通用商标使用，没有进行商标保护；注册商标 R 则是拿到注册商标证书后，商标使用者享有专用权，可以体现在长时间使用过程中沉积下来的富含产品知识品牌内在价值的内容，具有很深的影响力和传播力。
>
> 区别三：法律意义不同。这两种商标都是表示文字或图形标识的商业标识，用于商业活动中。不同之处在于：TM 商标不具备法律保护，申请注册商标时，享有使用在先的权利；R 商标具有商标保护的法律意义，商标使用者拥有专用权。
>
> 资料来源：作者收集整理，2024 年 3 月

（二）专利权

一般而言，专利权分为发明专利权、实用新型专利权、外观设计专利权。

1. 发明专利权

在专利中，发明专利的技术含量最高，发明人所付出的创造性劳动最多，新产品及其制造方法、使用方法都可以申请发明专利。发明专利的保护范围以发明专利审定授权说明书中权利要求的内容为准，说明书及附图可以用于解释权利要求的内容。

2. 实用新型专利权

实用新型专利其实就是对产品的形状、构造或者其结合所提出的适于实用的新的技术方案，只要有一些技术改进就可以申请实用新型专利。与发明专利一样，实用新型专利的保护范围也是以其审定授权说明书中权利要求的内容为准，说明书及附图可以用于解释权利要求的内容。

3. 外观设计专利权

只要是涉及产品的形状、图案或者色彩与形状、图案的结合,富有美感,并且适于工业上应用的新设计,就可申请外观设计专利。外观设计专利的保护范围以审定授权说明书中表示形式为图片或照片的该产品的外观设计为准,简要说明可以用于解释图片或照片所表示的该产品的外观设计。

(三) 著作权①

著作,是指公民、法人或其他组织所创作的文学、艺术和自然科学、社会科学、工程技术等作品,如图书、图画、雕塑等。软件代码也属于著作。需要注意的是,著作权自作品完成之日起即产生,不因登记、申请才拥有。在跨境电子商务中,常涉及著作权的作品有美术作品、摄影作品、产品设计图、示意图等图形作品,以及模型作品、艺术作品、计算机软件等。如图 8.3 所示,Peppa Pig(小猪佩奇)的所有者在中国申请了著作权,对其创作的形象进行了保护,因此未经其允许,擅自使用或模仿其作品的行为都是侵权。

图 8.3 小猪佩奇的形象及著作权

---

① 著作权常被称为版权。因过去印刷术的不普及而印刷显得很有价值,当时社会认为附随于著作物最重要之权利莫过于将这个著作权印刷出版之权,故有此称呼。随着社会的发展,著作种类增加,著作权的范围已不限于印刷出版之权了,后来渐渐采用"著作权"的称呼。

三、跨境电子商务知识产权侵权类型

（一）商标权侵权

根据《中华人民共和国商标法》第五十七条，有下列行为之一的，均属侵犯注册商标专用权：

1. 未经商标注册人的许可，在同一种商品上使用与其注册商标相同的商标的；

2. 未经商标注册人的许可，在同一种商品上使用与其注册商标近似的商标，或者在类似商品上使用与其注册商标相同或者近似的商标，容易导致混淆的；

3. 销售侵犯注册商标专用权的商品的；

4. 伪造、擅自制造他人注册商标标识或者销售伪造、擅自制造的注册商标标识的；

5. 未经商标注册人同意，更换其注册商标并将该更换商标的商品又投入市场的；

6. 故意为侵犯他人商标专用权行为提供便利条件，帮助他人实施侵犯商标专用权行为的；

7. 给他人的注册商标专用权造成其他损害的。

在跨境电子商务中，常见的商标侵权包括在第三方平台或自己的独立网站上，所使用的商品图片、文字描述、关键词、属性、店铺名称等中出现与他人注册商标相同或相似的商标，以及将商标用于产品包装或产品设计中。

另外，在跨境电子商务中，经常出现域名抢注行为。所谓域名抢注，又称恶意注册和使用域名，是指注册人将他人的注册商标、企业名称、商号等抢先注册为自己域名的行为。域名具有唯一性，即其在全球范围内是独一无二的，但同时域名通常都是按照"登记在先"的原则来进行登记的，因此一旦有人先对某个名字进行了注册，其他人就不得再使用该名字来命名其网址。因为域名具有较高的商业价值，抢注者希望借助被抢注者的良好名誉得到网络用户的访问，一旦抢注成功，网络用户将无法访问到该域名真正代表的被抢注企业的站点，而是访问到抢注者的站点。不过，有些注册人只注册不用，注册的目的就是通过转让其注册的域名牟取利益，以非常高的价格向商标权人提出转让域名，使商标权人蒙受巨大损失。

> **专栏8.2** 速卖通对商标侵权行为的界定
>
> 1. 商标侵权严重违规行为
>
> （1）在商品中使用他人品牌名称或衍生词，品牌logo或相似logo，或者进行遮挡、涂抹行为明示或暗示他人品牌或使用外形类似知名商品的工程设计图且文字含有模仿品牌衍生词的表述（包括但不限于产品标题、属性、描述、商品组名等商品文本信息中或店铺名称、店铺banner、滚动页等店铺装潢图片），以及在商品品牌属性上填写的是A品牌，但在商品主图或者详图上放的是B品牌商品图片。
>
> （2）虽然获他人品牌授权，但是销售品牌商未生产过的型号或系列的，如卖家销售A品牌并未生产过30000毫安的移动电源。
>
> （3）实际销售他人品牌商品，或者他人品牌未生产过的型号或系列的，如卖家在发布的商品是销售A品牌，但销售的实物是B品牌。
>
> （4）自有品牌的产品设计涉及他人品牌，如卖家自己注册了A品牌的单鞋，在鞋标上用的是A品牌，但在鞋帮的图案用了B品牌。
>
> （5）虽然是自有品牌的，但是商品标题、属性、描述、商品组名等商品文本信息中或店铺名称等店铺信息使用他人品牌名称或衍生词，或者明示/暗示他人品牌，如卖家在商品品牌属性上填写的是A品牌，但在标题中涉及B品牌。
>
> （6）销售他人品牌包装袋、包装盒、标签、证书、图案贴等品牌商品的配件或配套产品，如卖家虽然不销售B品牌成品，但是销售B品牌商品的钮扣。
>
> 2. 商标侵权一般违规行为
>
> （1）商品展示背景使用他人品牌包装袋或包装盒，导致消费者混淆的，如卖家销售A品牌眼镜，但是将眼镜放在印有B品牌的眼镜盒上，导致混淆。

（2）配件类的商品未正确表达"适用于"的表述，如卖家销售的是用在 B 品牌手机的 A 品牌手机壳，但描述中直接写 B 品牌。

（3）非配件类的商品滥用"适用于"的表述，如卖家销售的是 A 品牌手机，但描述中写 A 品牌手机适用于 B 品牌手机。

（4）其他未经授权销售或使用他人品牌的情况，如卖家销售的是 A 品牌包，但描述中写比 B 品牌好等描述。

资料来源：作者收集整理，2024 年 3 月

（二）专利权侵权

专利权侵权主要包括发明和实用新型侵权、外观设计专利侵权、假冒专利侵权三种。其中，若被投诉产品的技术特征与发明和实用新型专利权利要求书中记载的必要技术特征完全相同，或者多于必要技术特征，或者与必要技术特征虽有不同部分但属于等同手段替换，则被投诉产品构成发明或实用新型侵权。若被投诉产品与该外观设计专利属同类或相似类产品，并且在整体视觉效果上存在相同或相似，则被投诉产品构成外观设计专利侵权。

另外，假冒他人专利主要表现为：未经许可，在制造或销售的产品、产品包装上标注他人的专利号；未经许可，在广告或者其他宣传材料中使用他人的专利号；未经许可，在合同中使用他人的专利号；伪造或者变造他人的专利证书、专利文件或专利申请文件。

（三）著作权侵权

著作权保护的核心内容是保护著作权人拥有控制作品传播和使用的权利。在网络环境中，著作权人面临着作品"失控"的严重威胁。网络中传输的数字信息，包括各种文字、影像、声音、图形和软件等都属于智力成果，侵权行为人完全可以通过互联网不经著作权人许可而以任何方式对这些数字信息进行复制、出版、发行、传播，这是互联网著作权侵权的主要形式。目前，著作权侵权通常涉及一些经典形象的版权侵权和窃取他人图片，如将一些艺术家的图片印在衣服上并售卖。

四、跨境电子商务知识产权侵权造成的后果

侵犯专利、商标、著作权等知识产权，须停止侵权、没收违法所得、赔偿

知识产权人损失、被处以罚款，如果情节严重构成犯罪，将会被依法追究刑事责任。具体如下。

第一，无法正常运营。例如，亚马逊、速卖通等都规定，如所发布产品为侵权产品，被权利人发现并向平台投诉，该被投诉产品会被移除、警告、暂停店铺经营及关闭店铺等处罚。

第二，客源流失。如果所发布的产品为假冒产品，有过交易的买家在收到产品后对质量不满意，将不再光顾，还有可能向平台投诉举报产品质量有问题或描述不符合，卖家信誉会受损。

第三，承担额外的开支。如果所发布的产品为假冒产品，有过交易的买家对收到的产品不满意，要求退货，卖家则需要承担额外的运费、关税费用等。

第四，承担法律风险及经济损失。各国家（地区）都有海关知识产权保护政策，在产品出口时，如知识产权权利人向海关进行申请，侵权产品会被扣关。在随后的诉讼中侵权产品出口人需承担法律责任，还会遭受货物被销毁的经济损失。

从目前的情况来看，跨境电子商务行业侵犯知识产权、贩卖假冒伪劣产品等违法行为时有发生，境外消费投诉众多，"劣币驱逐良币"现象严重。因此，企业应提高自身法律素养，杜绝侥幸心理，加大知识产权战略投入，加强自主研发与知识产权布局，做好自身产权的积累，提高企业的知识产权保护水平和管理能力。

第二节　跨境电子商务中的税收

一、跨境电子商务中的税收状况

本节主要介绍跨境 B2C 电子商务零售出口涉及的税收问题，B2B 一般按照传统的一般贸易进行征税，不再详细说明。

在跨境电子商务 B2C 零售出口中，涉及的税收主要包括两种：一是进口国（地区）对通过跨境电子商务方式进口的商品在进口环节征收的进口关税、消费税或增值税，二是进口国（地区）对通过境内电子商务方式销售的货物征收的增值税和消费税等［比如当在境外设立海外仓时，商品在当地电子商务平台上进行售卖，境外买家在平台下订单，货物从当地海外仓直接发货，可能涉及进口国（地区）的消费税和增值税］。

从全球跨境 B2C 电子商务发展历程看，跨境 B2C 电子商务进口货物大多以小额货物为主，根据国际惯例，对于非营利为目的，符合自用、合理数量原则的物品，各国家（地区）在征收进口关税、消费税及增值税上相对宽松，尤其是邮政清关，如果不是很明显的超出自用、合理数量原则的话，被征税进口关税、消费税和增值税的概率很低，适用低值货物进口免税待遇。

但近年来，随着跨境 B2C 电子商务进口业务的迅猛发展，各国家（地区）越来越重视这一可能蕴含巨大税收潜力的新贸易模式。为此，多数国家（地区）开始逐步修改小额贸易的进口政策，集中表现为小额进口贸易的免税额度下降、适用税率逐步提高。例如，2019 年 5 月，土耳其规定所有从境外进口到土耳其的电子商务产品将被征收进口税，关税免征额为零；2021 年 7 月，欧盟废除了非欧盟成员国向欧盟出口的价值 22 欧元以下小包裹免征增值税政策。

毫无疑问，税收对跨境电子商务的发展造成了一定的障碍，构成了"贸易壁垒"。一方面，税收使得卖家的成本增加，最终会将大部分税收转嫁到消费者身上，使得进口国（地区）消费者的支出增加。另一方面，烦琐的纳税手续使得卖家运营成本增加，增加了运营的困难。

但是，从政府的角度来看，对跨境电子商务商品征税，一方面是为了增加税收，另一方面则是为了保证传统贸易、传统经销商与网络销售商的公平竞争。从目前的趋势看，各国家（地区）未来对电子商务销售征税是一个可预见的结果，因此，跨境电子商务从业者应该做好准备，以应对税收带来的各种影响。

二、美国跨境电子商务相关税收政策

对于进口关税，美国关税法第 321 条给出了关于小包裹关税豁免的相关规定，如表 8.1 所示。

表 8.1 美国关税法第 321 条关于小包裹关税豁免的相关规定

物品类型	免征额（美元）	适用条件
个人礼品	100	从美国境外邮寄个人礼品至美国个人
随身携带品	200	从美国境外回到美国的个人或家用的随身携带品
其他	800	—

表 8.1 中的其他物品类型，是在 2016 年年初生效的（免征额从 200 美元调高到 800 美元），本质上还是为了方便美国人从境外通过线上的方式采购物美价廉的商品，给美国人"减负"。货品价值在 800 美元以下的报关，不需要提供海关编码和箱单，而是用仓单做批量报关。但是这个政策有多个要求，其中包括：

第一，货物必须是由同一个人在同一天进口（Shipment must be imported by one person on one day，即以公司名义进口的不适用）；

第二，送达同一个最终收货人的合并货物将会被视为一票进口货物（Consolidated shipments addressed to one ultimate consignee are treated as one importation，即同一人在同一天内进口几票货物加起来总额超过 800 美元也不能适用）。

对于申报价值从 801 美元到 2500 美元的单品货品，需要提供产品装箱单和发票，根据产品海关编码的税率直接计算关税。

对于货品价值大于 2500 美元的，以及需要政府机构批准进出口的一些货品（比如香烟、酒、药品等），还有一些反倾销类、反补贴类的产品，需要提供箱单、发票、提单三个必备文件，以及每个产品的海关编码进行正式报关（Formal Entry）。

美国进口不征收增值税，但是在境内销售的时候征收销售税。销售税，是美国各州和地方政府对商品和劳务，按其销售价格的一定比例征收的税。无论是购买商品还是服务，销售税都由消费者承担，美国各州和地方政府负责征收销售税，而商家则扮演地方政府的代收代缴角色。这项税款根据销售金额的一定比例计算，商家在收款时除商品售价外，还需要一同收取销售税。例如，自 2018 年起，美国各州开始由亚马逊等电子商务平台代扣代缴销售税，如图 8.4 所示。至今，美国的销售税几乎全由电子商务平台代扣代缴。

第八章 跨境电子商务中的知识产权、税收与交易风险

图 8.4 亚马逊订单显示的代扣代缴销售税

三、欧盟跨境电子商务相关税收政策

欧盟于 2003 年 7 月 1 日实施了电子商务增值税新指令，率先对电子商务征收增值税（Value Added Tax，VAT）。增值税通常有进口增值税（Import VAT）和销售增值税（Sales VAT）两种。一般来说，产品在进入欧洲时，需要缴纳进口增值税；当产品完成销售后，可以退回进口增值税费用，然后再以销售额缴纳相应的销售增值税。

2021 年 7 月 1 日，欧盟废除了非欧盟成员国（地区）向欧盟出口的价值 22 欧元以下小包裹免征增值税政策，标志着所有进口到欧盟的商品都要征收增值税。具体来看，欧盟要求对跨境电子商务进口的商品全部征收 19%～27% 的增值税，但具体税率由各成员国自行确定。

2021 年 7 月 1 日，欧盟推出 OSS（One-Stop Shop）和 IOSS（Import One-Stop Shop）线上增值税申报系统。电子商务卖家可以通过这个系统，针对自己在欧盟境内的线上交易，进行增值税申报和缴纳。两个系统的区别在于，凡是公司注册地址在欧盟境内的卖家，都可以通过 OSS 在自己所入驻的国家（地区），为在欧盟境内销售的商品统一申报增值税；IOSS 则是欧盟"进口"一站式 VAT 申报系统，旨在使海关当局快速放行货物，无须缴纳关税和进口增值税，这利于货物被快速地交付给客户。而且，客户在购买商品的时候，就能直接支付商品的价格和相关税费，当货物进口到欧盟后，客户就不需要再额外支付原价之外的费用了，这样可以降低客户的拒收率和退货率，客户的体验感得到提升。

IOSS 适用于非欧盟国家（地区）远程销售商品的增值税申报和支付（适

用于价值在 150 欧元以下的商品）。如果一家位于欧盟内的电子商务企业向欧盟内或欧盟外的消费者销售物品，并且运输或发送物品的地点在欧盟外，那么这家电子商务企业也可以选择注册 IOSS 并缴纳增值税。即如果线上交易过程中，货物是从非欧盟国家（地区）发货到买家手中，即发货地在非欧盟国家（地区），并且货物价值在 150 欧元及以下的情况下，卖家需要通过 IOSS 进行申报。

如果是独立站、自建站等卖家，托运的货物价值不超过 150 欧元的，卖家需要自行注册 IOSS，方便履行其增值税电子商务义务。若是入驻电子商务平台的卖家，则需要从平台处获取 IOSS 编号及信息，并且由电子商务平台代缴。平台或第三方服务提供商会代表卖家向欧盟各成员国的税务机关缴纳增值税，并且在代缴的过程中使用卖家的 IOSS 税号。通过 IOSS 代缴服务，卖家可以节省大量的时间和精力，因为他们不需要单独向每个欧盟成员国的税务机关申请和缴纳增值税，只需要向平台或第三方服务提供商提供商品销售信息和相应的增值税税率，就可以将增值税代缴的任务交给代缴服务提供商完成。此外，使用 IOSS 代缴服务还可以避免跨境电子商务增值税规定的违规行为，避免承担额外的罚款和滞纳金等费用。

四、英国跨境电子商务相关税收政策

英国的电子商务法规定，对网络商店与实体商店实行"无差别"增值税制度，按照销售地和商品种类的不同将税率分为 17.5%、5%、0% 三档，要求所有线上商品销售价格均为含税价。与欧盟一样，英国也实行强制登记制度，明确要求年销售额达到 8.5 万英镑的网络商店必须登记且缴纳增值税。

自 2016 年起，英国开始要求亚马逊等电子商务平台卖家缴纳增值税；2021 年 1 月 1 日起，英国调整增值税征收方式：所有托运商品均需缴纳增值税；如果托运商品价值不超过 135 英镑，必须由电子商务平台代扣代缴增值税；如果托运商品价值超过 135 英镑，则仍须自行缴纳增值税和所有进口关税。

另外，若公司成立在英国境外，但从英国境内库存向英国买家配送商品，则必须由电子商务平台代扣代缴增值税；若从英国境外向英国境内买家配送商品，并且该买家（企业及机构买家）已在英国进行了增值税登记，则电子商务平台无须代扣代缴增值税。已登记增值税的买家可通过其增值税申报单自行申报英国增值税，同时可在英国增值税申报中用进口增值税抵免在英国的销售产生的销项增值税。

五、日本跨境电子商务相关税收政策

日本对个人行李物品和限值（20万日元）以下的小件商业包裹分别采取简化的关税计算。其中，对于个人行李物品（包括旅客随身行李与分离运输行李），除烟草、酒精、香水另有规定外，普通物品享受20万日元的免税限额，超出免税限额的部分统一按15%的关税税率计征，不过消费税和地方消费税需另外计征。对于限值20万日元以下的商业小型包裹，适用简化关税目录表，如表8.2所示。该类小型包裹包括了个人订购和以个人使用为目的的个人进境物品。

表8.2 日本简化关税目录表

序号	商品名称	简化关税率
1	酒精饮料	葡萄酒：70日元/升 部分蒸馏酒：20日元/升 清酒、其他酒类：30日元/升
2	番茄酱、冰淇淋、人造毛皮、服饰等	20%
3	咖啡、茶（不包括红茶）、明胶、鞣制或穿戴的毛皮等	15%
4	食品用蔬菜和水果、海藻等	10%
5	餐具、家具、玩具、游戏等	3%
6	橡胶、纸张等	免费
7	其他产品	5%

发往日本的货物，在进口报关时需要缴纳进口关税与进口消费税。自2020年起，日本海关开始针对跨境电子商务货物采取"逆算"计算方式征收，需要完税价格才能计算关税和进口消费税。未"逆算"前，通过跨境平台将

货卖给日本消费者,由于没有本土法人公司申报,均通过第三方(货代)报关,进口后产生的销售额没有法人和申报主体,因此很多卖家并未缴纳税金而将收取的消费税转回国内。为此,日本政府实行逆算,进口环节预先收取消费税。

逆算,全称为逆运算法,就是逆向计算的意思,也叫倒扣价格估价办法。这种方式下的进口完税价格等于货物在日本国内销售价格减去可扣除的日本国内费用(比如在日本国内销售相同或类似产品有关的支出;抵达日本后发生的国内运输费、保险费等;向日本进口时缴纳的关税和进口消费税等)。那么进口关税等于逆算完税价格×关税税率;进口消费税等于(逆算完税价格+进口关税)×10%〔日本的进口消费税税率10%,由产品消费税率(7.8%)加地方消费税率(2.2%)构成〕。

根据日本海关规定,对于不居住在日本也没有在日本有住所的个人或者法人,若需作为进口商(日语为输入者)办理海关手续时,需要指定代理人/公司协助办理海关手续,也就是ACP(Attorney for Customs Procedures,海关事务代理人)为其办理进出口申报手续、配合海关调查、缴纳税款、领取海关发放的资料、领取返还金等事务。

六、俄罗斯跨境电子商务相关税收政策

对于跨境B2C包裹,俄罗斯的税收政策变化很快,在2020年以前,公民自用进口商品免税限额为500欧元,自2020年1月1日起为200欧元,2022年3月又调整为1000欧元,如表8.3所示①。

表8.3 俄罗斯对跨境B2C包裹征税规则

征税范围	关税和增值税	举例	总税额和关税计算明细
1000欧元以下,31千克以内	0	900欧元,30千克	0
1000欧元以下,31千克以上	超重部分2欧元/千克	900欧元,32千克	(32−31)×2=2欧元

---

① 需要注意的是,此政策也为临时政策,请关注最新的变化。

续表

征税范围	关税和增值税	举例	总税额和关税计算明细
1000 欧元以上，31 千克以内	超额部分 15% 增值税	1020 欧元，30 千克	(1020 - 1000) × 15% = 3 欧元
1000 欧元以上，31 千克以上	超额部分 15% 增值税或超重部分 2 欧元/千克（以高者计）	1020 欧元，32 千克	(32 - 31) × 2 = 2 欧元；(1020 - 1000) × 15% = 3 欧元；两者相比 3 欧元大于 > 2 欧元，买家须支付 3 欧元

第三节 跨境电子商务交易风险

虚拟性与开放性是互联网的显著特征，网络安全问题与电子商务是与生俱来的，由此导致交易主体行为、网络信息与资讯等存在不确定性与风险性。当电子商务的发展突破了国家（地区）界限之后，交易流程与交易环境更加复杂，随之而来的各类安全问题与日俱增，并且层出不穷。跨境电子商务所面临的风险主要有交易安全、支付安全、物流安全、网络安全、信用安全、通关安全，以及各国家（地区）政治、经济、文化、法律、税收、税率等影响。

一、跨境电子商务交易信息风险

在跨境电子商务快速发展的驱动下，交易信息风险问题更加突出。跨境电子商务交易信息风险主要集中在以下几个方面。

（一）信息泄露

在跨境电子商务交易中存在信息泄露的现象，主要是由两方面原因造成的。

一是贸易双方的相关信息内容被攻击者窃取，如商业机密等。攻击者获取信息的方式主要有两种：非法截获或窃听，信息在网络传送过程中，攻击者可在传输信道上对数据进行非法截获、监听，获取通信中的敏感信息造成网上传输信息泄露；攻击数据库服务器，即利用程序或网络数据库的缺陷，通过多种技术手段，绕过网站系统、程序或网络数据库的安全限制，直接从网站中获取机密信息。

二是由于相关企业或个人缺乏安全意识，或者安全防护不到位造成的。例如，2018 年，Facebook 上超过 5000 万用户信息数据被一家名为"剑桥分析"（Cambridge Analytica）的公司泄露。此次数据泄露的源头是英国剑桥大学心理学教授 Aleksandr Kogan 推出的一款应用软件"这是你的数字化生活"（this is your digital life）。该应用向 Facebook 用户提供个性分析测试，美其名曰"心理学家用于做研究的应用"。这款应用搜集的信息包括用户住址、性别、种族、年龄、工作经历、教育背景、人际关系网络、平时参加何种活动、发表了什么帖子、阅读了什么帖子、对什么帖子点过赞等细节内容[1]。因为 Facebook 用户遍及全世界，所以除美国外，其他一些国家（地区）也开始对 Facebook 发起调查，如以色列司法部将调查集中在"以色列公民的个人资料是否被非法使用，是否侵犯了他们的隐私权，是否违反了以色列隐私法的规定"[2]。

（二）病毒攻击

计算机病毒，是指编制或在计算机程序中插入的破坏计算机功能或者毁坏数据，影响计算机使用，并且能自我复制的一组计算机指令或者程序代码。计算机病毒具有目的性、非法性、破坏性和窃取性，这些特性使其不但损坏计算机的软硬件，还会使数据以隐藏的方式向电子商务系统外传输，致使重要数据信息泄露的同时，计算机网络也处于崩溃状态。而且，计算机病毒具有可自我复制性，能够在传入网络系统后自动识别需要的程序进行侵染，感染破坏所有联网计算机，不但造成电子商务行业的巨大损失，还会对消费者构成安全隐患。

在跨境电子商务中，最常见的计算机病毒是木马病毒，其主要通过记录键盘，进行盗取账号密码信息、远程控制用户计算机、破坏操作系统等操作。木马病毒盗取用户的信息并在网上出售获利，或者利用网上银行网上购物或转账。黑客还会通过远程控制木马，让用户的计算机成为任由其摆布的"肉鸡"，来攻击网站，让网站无法正常浏览，然后要挟被攻击网站的站长交"保护费"。

---

[1] 资料来源：《Facebook 数据泄露细节曝光，起因于一款个性分析测试软件》，凤凰网，2018 年 3 月。
[2] 资料来源：《Facebook 数据泄露事件发酵：以色列因隐私问题对其展开调查》，新浪网，2018 年 3 月。

第八章 跨境电子商务中的知识产权、税收与交易风险

（三）身份仿冒

攻击者通过窃听、攻击数据库可以获取商务活动者的用户信息，这些重要的个人信息就可能被非法盗用。攻击者利用合法用户的身份信息与他人开展贸易，获取非法利益，从而破坏贸易的可靠性，影响贸易者的信誉。例如，许多美国人曾在网络上发帖表示接到许多来自国外的邮包，但是他们并未订购这些产品，而且有相当多的邮包是空包。实际上，他们的个人信息已经被泄露，有一些专门"刷单"的组织用其身份信息进行跨境的刷单行为，对用户的个人生活和安全造成了极大的困扰。

（四）信息篡改

当掌握了用户基本信息之后，通过更改信息冒充用户，并且发布虚假的信息，或者是主动获取信息以获利。例如，在跨境 B2B 电子商务中，境内出口企业一般通过电子邮件告知境外进口方自己的货款账户信息以便对方支付，但是有时候黑客已经进入企业电子邮箱，平时也不进行破坏活动，只是静静潜伏，密切关注买卖双方的交易进程，当进出口双方签订合同、进口方打款之前，黑客会通过出口方邮箱向进口方发送自己的账户信息，并且谎称出口方的账户信息发生变化，此时有的进口方可能会把货款汇到黑客的账户上，此类事情屡有发生。

电子商务的交易风险会给消费者和电子商务平台带来极大的损失。例如 2017 年 11 月，由 42 名消费者组成的维权团队，向亚马逊提起司法诉讼[1]。他们在亚马逊网购之后，不法分子利用网站多处漏洞，如隐藏用户订单、异地登录无提醒、篡改亚马逊官网"我的账户"页面、登录网站个人账户植入钓鱼网站，然后再冒充亚马逊客服以订单异常等要求为客户退款，实则通过网上银转账、开通小额贷款等方式套取支付验证码等方式诈骗用户。

二、跨境电子商务交易信用风险

跨境网络交易信用风险问题主要涉及跨境交易的存在较多的欺诈行为，无论是买方还是卖方，都有失信的情况发生。

---

[1] 资料来源：《42 名消费者起诉亚马逊：官网被植入钓鱼网站，多人被诈骗》，上海法治报，2017 年 11 月。

（一）卖方的交易信用问题

1. 虚假网站和虚假商品信息

互联网上充斥着大量的虚假和欺诈网站，跨境电子商务中主要存在两种。一是网络钓鱼网站，不法分子利用各种手段，仿冒真实网站的 URL 地址以及页面内容，或者利用真实网站服务器程序上的漏洞在站点的某些网页中插入危险的 HTML 代码，以此来骗取用户银行或信用卡账号、密码等私人资料。它一般通过电子邮件传播，此类邮件中一个经过伪装的链接将收件人联到钓鱼网站。钓鱼网站的页面与真实网站界面完全一致，要求访问者提交账号和密码。黑客大量收集用户个人隐私信息，记录用户网上银行账号、密码，盗取用户的网上银行资金，或者通过贩卖个人信息或敲诈用户获利。二是不法分子建立一个虚假的网上购物、在线支付网站，通过假冒产品和广告宣传获取用户信任，欺骗用户直接将钱打入黑客账户，例如，不法分子建立恶意团购网站或购物网站，假借"限时抢购""秒杀""团购"等噱头，让用户不假思索地提供个人信息、网上银行账号并付款，这些黑心网站主可直接获取用户输入的个人资料和网上银行账号密码信息，并且只收钱不发货。在跨境电子商务中，由于取证和侦破较为困难，一旦发生以上案件，消费者的利益将很难得到保障。

2. 假冒伪劣商品

在跨境电子商务交易中，假冒伪劣商品一直是令各国家（地区）消费者头疼的问题。假冒伪劣商品问题存在三种现象：一是假物流卖假货，即部分商品未经正规渠道生产，在没有获得品牌方授权的情况下，通过一些黑工厂、小作坊生产，之后贴上伪造的商标并在网上标榜正品进行出售，而后通过虚假物流的方式，显示从境外发货；二是真物流卖假货，又分为两种情况，即境外的假货流入境内，或者是境内的假货发往境外后再流入境内；三是假物流卖真货，即常说的走私一般是指在进出口过程中，不缴或少缴应该缴纳的关税等进口税金。

3. 虚假广告的信用问题

跨境 B2C 电子商务贸易的买卖双方会因为平台上的图片和文字宣传、广告词等来选择自己购买的商品，如果文字宣传存在夸大、不实，图片存在过度美化和非实物拍摄等情况，会直接影响买方的购买，从而带来信用危机。

（二）买方的交易信用问题

1. 跨境支付欺诈

跨境支付欺诈是很多跨境电子商务企业都遭遇过的问题，也给企业带来了不小的损失。因担心风险损失拒绝潜在客户的案例更是比比皆是，这些都严重影响了企业的发展和客户的体验。因为在跨境电子商务主流消费市场，欧美地区的信用卡普及率非常高，当地消费者也习惯于通过信用卡消费，所以各跨境电子商务企业通常都会接受国际卡组织 Visa 或 Master Card 发行的信用卡付费。目前通行的互联网支付方式大致可以分为凭密支付和无密支付，凭密支付一般需要发卡行、收单行等多方验证及支持，成功授权的失败率比较高，尤其是在美国等传统习惯于无密支付的国家（地区），授权失败率能高达50%。为了减少授权失败率、提升用户的支付体验，大多数跨境电子商务企业倾向于无密支付，用户只须输入卡号、有效期及安全码（CVV2）即可完成支付流程。这虽然提高了支付的成功率，但是也给犯罪分子的交易欺诈提供了便利。

与此同时，不同于境内支付交易，跨境支付交易过程中发生的大多数欺诈交易的追溯流程需要经历的路径也非常长，往往要两到三个月才能判定一笔交易是否属于欺诈交易，这实际上非常考验跨境支付过程中风险管理的有效性。而且跨境支付交易的来源方往往遍布全球各地，24小时受到全球犯罪分子的攻击。这一系列的跨境支付欺诈风险都给跨境支付交易的风险管理带来了巨大的挑战。

2. 恶意纠纷

在跨境电子商务中，由恶意纠纷经常发生，主要原因是买家为了退款并侵占货物。常见的恶意纠纷有以下几种。

买家拖延、蓄意不做收货确认。跨境电子商务平台为了提高买家的购物体验，一般规定了物流有效期，如果超出了保证的期限还没有送达，买家一旦提起纠纷，平台便会判罚卖家退款。但是，现实中，即便卖家按照规定期限正常发货，部分买家也会借故未收货、物流迟滞、海关扣关、发错地址（如有买家两个地址，并且已经在其中一个地址收到货，但其仍声称没有送达）等投诉纠纷为由，向卖家索要赔付；再者客户故意不去取货，说货没有收到的情况也时有发生，致使卖家赔款后，买家坐收渔翁之利。

丑化商品借机索要退款。买家虽然已经签收货物，但是却在平台上的评论和留言中大肆宣传商品的损害和"劣质"图片，或者收货后直接忽视产品质检达标，总是能吹毛求疵地针对色泽、手感和形状等方面予以不良投诉，甚至无理由给差评，导致卖家评分下降，降低了店铺的曝光率，要求赔款。甚至有的恶意买家"狸猫换太子"，用别的产品图片来进行投诉，造成卖家的巨大损失。

例如，亚马逊向来注重用户体验，一直奉行用户至上的理念。基于这一理念，为保护消费者的合法权益，亚马逊出台了无条件退换货政策。同时，如果用户对收到商品不满意或商品有瑕疵破损、影响到正常使用，通过向卖家反馈，卖家须重新发货给用户，而用户则不用再把原商品寄回。美国印第安纳州的一对夫妇就是看中了亚马逊政策中的这个漏洞，在伪造了数百个虚假身份后，开始在亚马逊平台上大肆购买手表等电子数码产品，并且在收到货物后向卖家反馈称，商品已经破损无法正常使用。根据亚马逊的退换货政策，一般情况下，卖家不会要求他们再把破损商品寄回，而是直接再发一个新的替换产品给他们，并且好言相待，生怕一言不合，他们再给差评。这样的操作屡试不爽后，两人便一发不可收拾。这两人用同样的手段在亚马逊上购买大量电子产品，随后，再通过中间人转手进行低价销售，从中牟取暴利，诈骗了价值120多万美元的商品并转手套现获利[1]。印度班加罗尔一名女性也同样利用亚马逊退货政策漏洞进行诈骗，在将近1年的时间里赚了7千万卢比。据说这位女性总共进行104次欺诈购买，产品中不乏高端电子产品。她用假名并以卖家的身份在购物网站上运营，接收来自全国各地的客户订单，然后用这些客户的地址在亚马逊下单。在收到亚马逊发出的货物后，这位女性就向亚马逊提交退货申请，寄回一个类似的"山寨"产品，从而获得亚马逊的退款[2]。不得不说，这样的恶意买家非常多，在跨境电子商务交易中防不胜防。

3. 恶意勒索

有些恶意买家充分利用平台给"差评"、假货投诉、安全投诉、知识产权投诉等规则或法律空档，进而进行敲诈勒索。卖家如果不支付相关费用的话，

---

[1] 资料来源：《美国夫妇利用亚马逊退换货策略缺陷 疯狂敛财120万美元》，太平洋科技，2017年10月。

[2] 资料来源：《利用亚马逊退货政策漏洞，印度一女性诈骗获利7千万卢比》，搜狐网，2017年5月。

他们就会向跨境电子商务平台发起投诉，轻则导致卖家受到平台警告、流量下架或产品下架，重则可能会导致资金被冻结或店铺关闭。恶意勒索的主要目的主要不是为了获得货物，而是为了获取巨大的金钱利益，或者钱财两得，使得卖家苦不堪言。

（三）恶意竞争问题

同品类的卖家为缩减其他卖家的市场竞争力，往往雇佣人员伪装成买家，对竞争对手采用不法手段，进行恶意的差评刷单，其直接目的就是将竞争对手搞垮，自己独占市场，从而获取更大利益。

三、跨境电子商务法律风险

由于跨境电子商务平台的性质，各国家（地区）都还没有完善的监管体系，相关的电子商务交易的法律法规也没有健全，各国家（地区）之间的现有监管制度差异很大，非常复杂，难以协调统一。例如，欧洲和美国对交易主体的法律规定更为细致，如中间服务商、电信商和广告商等，这反映出发达国家的跨境电子商务的发展相较于后期的发展中国家更为深入和全面，大量的专业服务商涌现催生了制定相关法律规范的需求。我国的跨境电子商务虽然规模可观，但是从时间上来看发展刚刚起步，形式尚显稚嫩，交易主体的专业化分工刚刚显露出趋势，但远未成熟，这方面的重要表现就是许多交易主体身兼数任，比如交易平台有时专营中间业务，有时则兼营自营业务，这样就在角色定位和功能区分上就比较模糊，因此立法时针对特定群体分类立法就存在困难，当出现纠纷时，难以判断各方的责任。

另外，很多从事跨境电子商务的中小卖家对跨境电子商务平台的相关条款并没有完全吃透，对境外的法律法规更不了解，所以经常会在这方面吃亏。比如 WISH 和 eBay 等跨境电子商务平台很多时候都以买家的利益为主，在碰到纠纷的时候往往会为买家站台，而让卖家遭受损失，近几年发生的 eBay 和 WISH 的大规模纠纷事件就反映了卖家在发生纠纷时的弱势。当发生知识产权纠纷或交易纠纷的时候，卖家资金往往会很快被跨境电子商务平台冻结，然而由于这些平台在中国没有合适的法律主体，中国卖家要向平台申诉还要赴境外聘请当地律师。从众多中国中小卖家的角度出发，他们既没有时间也没有精力来承担相应的上诉流程，从而造成较大的损失。

四、跨境物流与通关风险

跨境电子商务通常是直接针对客户端进行全流程设计，与传统的 B2B 贸易相比，其整个贸易链末端的目的国（地区）进口清关、派送等环节，均没有可以直接套用的管控模式。从目前主流的跨境电子商务交易方式来看，多数第三方跨境电子商务平台会将物流运输作为电商信用的重要指标。可即便如此，跨境运输过程中商品的破损、错寄、漏寄、丢件等问题仍层出不穷。尤其是圣诞节、万圣节、"黑色星期五"、"双十一"等促销力度极大的节假日，第三方跨境物流难以应对货物量激增的情况。另外，目的国（地区）的政治、社会、自然、基础设施环境等因素对跨境物流的影响颇深。例如，德国、巴西、澳大利亚、阿根廷等国家的海关工作人员相继进行过罢工运动，从而使跨境包裹遭延误，直接影响了后续物流配送效率。

通关安全问题主要集中在货物通关限制、禁止进出口商品目录、商品各类歧视、本土保护主义、报关与检验检疫效率及费用、关税、滋生腐败、灰色通关等方面。一是部分卖家对于进口国（地区）的监管政策了解较少，没有提前了解一些禁止进口或者有条件进口的货物，导致海关查验和扣货高发。二是税务问题混乱，长期以来的"双清包税"做法，使得本应该成为纳税责任人的卖家，长期依赖物流服务商解决税务问题，对相关税费的核算不精通。

无论是前者还是后者，都使得清关成为物流服务商面临的问题。但其中最大的变数，却是在于进口国（地区）的政策变化。当一个国家（地区）的进口政策产生变化，尤其是政策收紧的时候，对于跨境电子商务有关各方而言，往往就意味着风险增加。

五、其他风险

（一）竞争风险

在境内，行业竞争激烈，卖家和平台的扩张速度已超出行业增长，市场份额被稀释，利润率下降，导致出现小卖家无单、大卖家无利润的现象。在境外，境内卖家面临来自其他国家（地区）卖家的竞争，产品价格优势逐渐消失，因为境内成本上升，而东南亚、南亚等地因低成本成为新的竞争焦点。

（二）汇率风险

对于跨境电子商务企业而言，汇率波动带来的影响不容小觑。对于涉及大额交易的跨境电子商务企业，5%的汇率波动幅度即可导致数亿利润风险，直接影响企业全年盈利，甚至导致亏损。汇率变动给商品定价带来困难，中小企业尤其面临价格竞争与汇率波动的双重压力，生存风险加大。

（三）"逆全球化"风险

"逆全球化"趋势升温，贸易保护政策和措施增加，多边贸易体制受到削弱，这对跨境电子商务构成严重威胁。这些风险要求跨境电子商务企业加强风险管理，提高竞争力和适应能力，以应对复杂多变的全球市场环境。

 思考与实训

1. 知识产权如何影响跨境电子商务发展？

2. 登录亚马逊、eBay 或速卖通平台，搜索并了解平台关于知识产权的规则。

3. 你认为对跨境电子商务征税会造成什么后果？如果不对电子商务征税又有什么问题产生？你认为应征税还是不征税，说出理由。

4. 跨境电子商务中存在哪些交易风险？应如何回避？

5. 上网搜索相关资料，了解欧盟的 VAT 税是如何运行的。

第九章　我国跨境电子商务出口监管与政策

跨境电子商务作为新兴贸易方式，政策制定经历了从无到有、从被动到主动的转变。自2012年年底起，中央和地方层面密集出台支持跨境电子商务的政策，不断完善通关、税收等配套监管措施。在通关方面，海关总署发布了多项公告，增列海关监管代码，简化手续，确保跨境电子商务享受通关便利。在税收方面，财政部、国家税务总局也发布公告，为符合条件的跨境电子商务零售出口提供消费税、增值税退（免）税政策。此外，国家税务总局还明确了跨境电子商务企业所得税核定征收有关问题，促进跨境电子商务企业更好地开展出口业务。这些政策的出台，为跨境电子商务的快速发展提供了有力保障。

学习目标

了解内容：跨境电子商务企业类型、备案流程

理解内容：跨境电子商务B2B出口、零售出口（B2C）、综合试验区等退税政策

掌握内容：9610、1210、9710、9810的概念，各模式下的申报流程

关键术语：跨境电子商务企业、9610——境电子商务直邮出口、1210——跨境电子商务保税出口、9710——境电子商务B2B直接出口、9810——境电子商务出口海外仓、跨境电子商务综合试验区

第一节　海关对跨境电子商务监管概述

海关是我国跨境电子商务贸易行业的管理部门之一，在跨境电子商务业务开展中承担了最为主要的监督管理工作，包括对跨境电子商务业务活动的监督、进出境货物和物品的通关和征税等管理工作，承担了口岸管理、海关稽查、保税监管、知识产权和海关保护等职责。

一、企业管理

根据《中华人民共和国海关法》《中华人民共和国海关报关单位备案管理规定》等法律法规，进出口货物收发货人、报关企业，以及相关企业办理报关手续，应当依法向海关备案。

（一）跨境电子商务企业类型

目前，海关信息系统中将跨境电子商务企业类型分为 6 种，分别为电子商务企业、电子商务交易平台、支付企业、物流企业、物流企业（仅 B2B）、监管场所经营人等。

1. 电子商务企业

电子商务企业是指自境外向境内消费者销售跨境电子商务零售进口商品的境外备案企业（不包括在海关特殊监管区域或保税物流中心内备案的企业），或者境内向境外消费者销售跨境电子商务零售出口商品的企业，为商品的货权所有人。

2. 电子商务交易平台

电子商务交易平台是指在境内办理工商登记，为交易双方（消费者和跨境电子商务企业）提供网页空间、虚拟经营场所、交易规则、信息发布等服务，设立供交易双方独立开展交易活动的信息网络系统的经营者。

3. 支付企业

支付企业是指在境内办理工商登记，接受跨境电子商务平台企业或跨境电子商务企业境内代理人委托为其提供跨境电子商务零售进口支付服务的银行、非银行支付机构及银联等。

4. 物流企业

物流企业是指在境内办理工商登记，接受跨境电子商务平台企业、跨境电子商务企业或其代理人委托为其提供跨境电子商务零售进出口物流服务的企业。

5. 物流企业（仅 B2B）

物流企业（仅 B2B）是指仅开展跨境电子商务 B2B 直接出口业务的物流企业。跨境电子商务 B2B 出口是指境内企业通过跨境物流将货物运送至境外企业或海外仓，并且通过跨境电子商务平台完成交易的贸易形式。

6. 监管场所经营人

监管场所经营人是指跨境电子商务监管作业场所经营人。根据《海关监管作业场所（场地）设置规范》，海关监管作业场所（场地）划分为监管作业场所（包括水路运输类海关监管作业场所、公路运输类海关监管作业场所、航空运输类海关监管作业场所、铁路运输类海关监管作业场所、快递类海关监管作业场所等）和集中作业场地（包括旅客通关作业场地、邮检作业场地、进境动物隔离检疫场等）。

（二）办理跨境电子商务企业备案流程

未办理报关单位备案（包括报关企业备案或者进出口收发货人备案）的企业，需要事先办理备案；已办理报关单位备案（包括报关企业备案或者进出口收发货人备案）的企业，直接通过变更企业备案信息即可。办理报关单位备案企业通过中国国际贸易单一窗口（以下简称"单一窗口"）"企业资质"子系统（见图 9.1）或"互联网＋海关"全国一体化在线政务服务平台（以

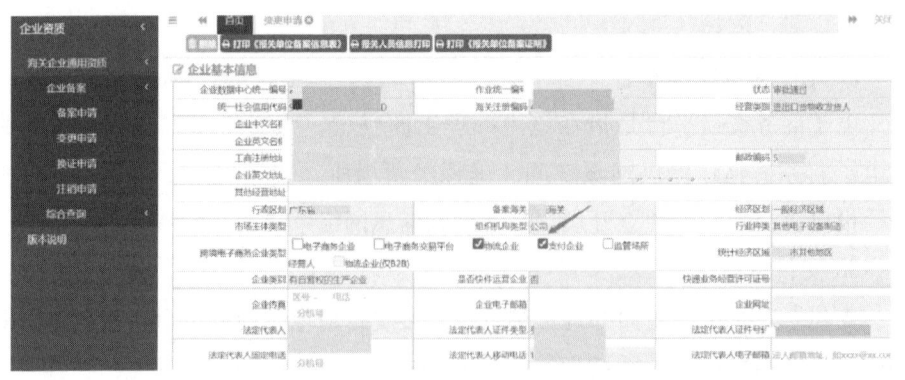

图 9.1　中国国际贸易单一窗口"企业资质"子系统

下简称"互联网+海关"平台)"企业管理和稽查"子系统填写相关信息,然后提交申请,等待审核通过。

专栏9.1　　中国国际贸易单一窗口

"单一窗口"(Single Window 或 Sole window),按照联合国贸易便利化和电子业务中心33号建议书给出的解释,是指参与国际贸易和运输的各方,通过单一的平台提交标准化的信息和单证以满足相关法律法规及管理的要求。

"单一窗口"通常要具备四个要素:一是一次申报,也就是说贸易经营企业只需要一次性向贸易管理部门提交相应的信息和单证;二是通过一个设施申报,该设施拥有统一的平台,对企业提交的信息数据进行一次性处理;三是使用标准化的数据元,贸易经营企业提交的信息应为标准化的数据;四是能够满足政府部门和企业的需要。

中国国际贸易单一窗口的建设由国务院口岸工作部际联席会议统筹推进,具体工作由国家口岸管理办公室牵头、相关口岸管理部门共同组成的"单一窗口"建设工作组负责推动实施。中国电子口岸数据中心是"单一窗口"标准版的技术承办单位。

中国国际贸易单一窗口依托电子口岸平台建设,作为口岸和国际贸易领域相关业务统一办理服务平台,实现申报入通过"单一窗口"一点接入、一次性提交满足口岸管理和国际贸易相关部门要求的标准化单证和电子信息,相关部门通过电子口岸平台共享数据信息、实施职能管理,处理状态(结果)统一通过"单一窗口"反馈给申报人。通过持续优化整合使"单一窗口"功能范围覆盖到国际贸易链条各主要环节,逐步成为企业面对口岸管理相关部门的主要接入服务平台。通过"单一窗口"提高国际贸易供应链各参与方系统间的互操作性,优化通关业务流程,提高申报效率,缩短通关时间,降低企业成本,促进贸易便利化。

资料来源:作者收集整理,2024年3月

二、监管方式

为方便企业通关、规范海关管理,以及对相关贸易的统计,海关会根据特定的进出口业务活动形态制定相应的监管方式,并且以监管代码形式列明。对跨境出口电子商务企业而言,视其采取的具体业务模式,既可以考虑采用传统贸易相关监管代码报关出口,如一般贸易(0110)、市场采购贸易(1039)等,也可以考虑采用跨境电子商务专属监管代码,包括跨境电子商务直邮出口(9610)、跨境电子商务保税出口(1210)、跨境电子商务 B2B 直接出口(9710)、跨境电子商务出口海外仓(9810)等。

其中,0110 是跨境出口电子商务最普遍使用的监管代码;1039 是针对向特定的市场集聚区(特定的批发市场,如义乌)中符合条件的经营者采购可适用的监管代码(符合条件情况下可无票免税);9610 与 1210 主要适用于跨境电子商务企业对个人(B2C)零售出口;9710 和 9810 主要适用于跨境电子商务企业对企业(B2B)出口。

过去,若跨境出口电子商务企业采用海外仓模式,其多采用一般贸易(0110)模式报关。但从海关统计角度看,这种监管方式可能导致相关出口商品被列入一般贸易范围统计,从而造成跨境电子商务相关统计数据失真。近年来,海关增列并推广使用 9710、9810 两种 B2B 出口报关模式,以期将跨境电子商务 B2B 出口模式从一般贸易模式区别开来。四种主要的监管模式(9610、1210、9710 和 9810)如表 9.1 所示,详细内容请参见本章第二、第三、第四节。

表 9.1 四种主要的监管模式

监管代码	9610	1210	9710	9810
监管模式	跨境贸易电子商务	保税跨境贸易电子商务	跨境电子商务企业对企业直接出口	跨境电子商务出口海外仓
业务类型	B2C	B2C	B2B	B2B2C
交易对象	境外消费者	境外消费者	境外企业	海外仓–境外消费者
运输特点	直邮出口	特殊监管区域出口	出口给境外企业	出口到海外仓

续表

监管代码	9610	1210	9710	9810
企业管理（仅针对跨境出口电商企业）	（1）海关信息登记：跨境电子商务企业应当向所在地海关办理信息登记； （2）报关单位信息备案：如需办理报关业务，向所在地海关办理备案	（1）海关信息登记：跨境电子商务企业应当向所在地海关办理信息登记； （2）报关单位信息备案：如需办理报关业务向所在地海关办理备案	（1）报关单位信息备案：跨境电子商务企业应当依据海关报关单位备案管理有关规定，向所在地海关办理备案	（1）报关单位信息备案：跨境电子商务企业应当依据海关报关单位备案管理有关规定，向所在地海关办理备案； （2）海外仓备案：开展跨境电子商务出口海外仓业务的企业，还应当在海关办理出口海外仓业务模式备案； （3）企业信用等级应为一般信用及以上
优势	灵活便捷	可提前存储货物	通关流程便利，支持多类商品出口	通关流程便利，支持多类商品出口
不足	更适用于小批量零售交易	只适用于零售业务	各地的具体监管和配套措施需进一步明确	各地的具体监管和配套措施需进一步明确

第二节 9610——跨境电子商务零售直邮出口

一、9610模式概述

根据海关总署公告2014年第12号《关于增列海关监管方式代码的公告》，增列海关监管方式代码"9610"，全称"跨境贸易电子商务"，简称"电子商务"，适用于境内个人或电子商务企业通过电子商务交易平台实现交易，并且采用"清单核放、汇总申报"模式办理通关手续的电子商务零售进出口商品（通过海关特殊监管区域或保税监管场所一线的电子商务零售进出口商品除外）。

对于跨境电子商务出口而言，"9610"俗称"集货模式"，即B2C（企业对个人）出口，适合跨境电子商务进行小批量零售交易并直邮出口，不涉及采用保税仓或海外仓模式。国家出台"9610"政策主要是为了解决那些通过邮寄或快递方式出口货物的卖家在退税问题上的困扰。对于这些卖家，如果每个出口包裹都要单独进行报关和清关，那么无疑会消耗大量的人力和物力，对于中小卖家的发展极为不利。其主要目的是为销售对象为单个消费者的中小跨境电子商务企业服务。

9610 模式业务流程如图 9.2 所示，包括三个步骤：境外消费者在跨境电子商务出口平台下单后，通过支付机构完成付款；跨境电子商务平台向境内电子商务企业发送交易和支付信息，境内电子商务企业按订单发货；境内电子商务企业或其代理人及物流公司向国际贸易"单一窗口"或跨境电子商务通关服务平台传输交易、支付、物流的"三单"数据，"三单数据"一致，清单核放，汇总申报。

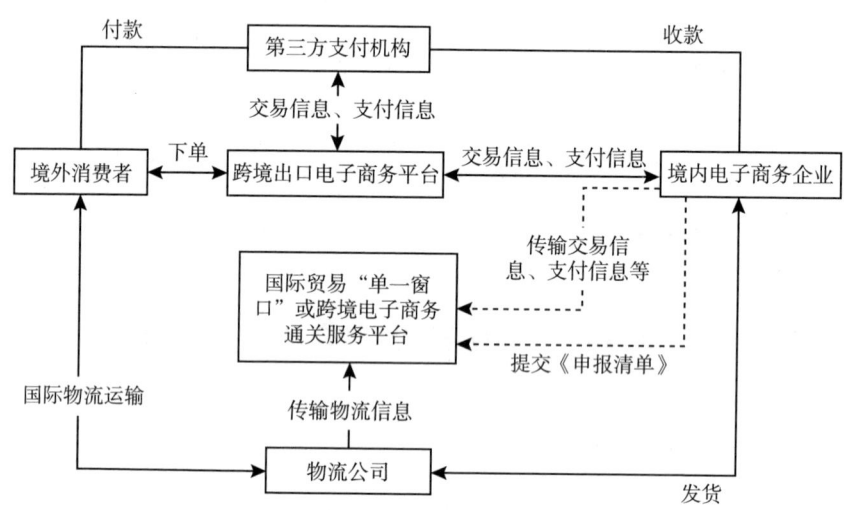

图 9.2　9610 模式业务流程

二、9610 模式的申报流程

9610 模式的申报流程具体包括以下四个步骤。

（一）企业注册

凡是参与跨境电子商务零售出口业务的企业，包括跨境电子商务企业、物流企业等，如需办理报关业务，应当向所在地海关办理备案登记。

（二）通关申报

跨境电子商务零售出口商品申报前，跨境电子商务企业或其代理人、物流企业应当分别通过国际贸易"单一窗口"或跨境电子商务通关服务平台，向海关传输交易、收款、物流等电子信息，申报出口明细清单。

（三）离境结关

进口申报清单放行后，跨境电子商务出口商品通过运输工具运输离境，对应进口申报清单结关。

（四）汇总申报

跨境电子商务零售商品出口后，跨境电子商务企业或其代理人应当于每月15日前按规定汇总上月结关的进口申报清单形成出口报关单，对于允许以"清单核放、汇总统计"方式办理报关手续的，则不再汇总。

跨境电子商务企业在取得了有效进项增值税发票的情况下，并且按照9610正式申报流程进行报关，后续可以汇总报关单，还可通过报关单进行收汇及退税操作。使用此种方式，由于采购合规、报关合规、收汇合规，电子商务企业后续也可以轻松实现出口退税操作，进一步提升6%～13%的利润空间。

根据海关总署相关规定，对出口不涉及出口征税、出口退税、许可证件管理且单票货值5000元以下的B2C电子商务商品，电子商务企业可以按照《中华人民共和国进出口税则》4位税号申报，简化了企业出口申报流程，提高了通关效率。但简化申报的后续是不能汇总报关单的，所以相应也无法收汇和退税。

专栏9.2　　9610报关出口适用的税收政策

根据9610报关出口主体的实际情况，其适用的税收政策可分为"有票退税"和"无票核定"。"有票退税"是指增值税免税并退税，企业所得税查账征收；"无票核定"是指增值税免税不退税，企业所得税核定征收。下面针对这两种情况做进一步详细解读。

1. 有票退税

(1) 9610 跨境电子商务零售出口货物（财政部、国家税务总局明确不予出口退税或免税的货物除外），同时符合下列条件的，适用增值税、消费税退税政策：

①跨境电子商务零售出口企业属于增值税一般纳税人并已向主管税务机关办理出口退税资格认定（备案）；

②出口货物取得海关出口货物报关单（出口退税专用），并且与海关出口货物报关单电子信息一致；

③出口货物在退税申报期截止之日内收汇；

④跨境电子商务零售出口企业属于外贸企业的，购进出口货物取得相应的增值税专用发票、消费税专用缴款书（分割单）或海关进口增值税、消费税专用缴款书，且上述凭证有关内容与出口货物报关单（出口退税专用）有关内容相匹配。

(2) 9610 跨境电子商务零售出口货物，采用清单核放通关模式的，如需办理出口退税，应先生成汇总报关单，生产企业凭出口货物报关单，外贸企业凭出口货物报关单及购进出口货物取得相应的增值税专用发票等凭证申报出口退税。汇总报关单清单明细可与增值税专用发票销货清单对应办理出口退税。

(3) 有票退税实际退还的是出口货物对应的进项税额，出口货物应交的企业所得税采用查账征收。

2. 无票核定

对跨境电子商务综合试验区采用 9610 模式零售出口货物未取得有效进货凭证的货物，不满足退税条件，但同时符合下列条件的，试行增值税、消费税免税政策（以下称"无票免税"政策）：

(1) 电子商务出口企业在综合试验区注册，并且在注册地跨境电子商务线上综合服务平台登记出口日期、货物名称、计量单位、数量、单价、金额；

(2) 出口货物通过综合试验区所在地海关办理电子商务出口申报手

续；出口货物不属于财政部和国家税务总局根据国务院决定明确取消出口退税的货物。

采用9610模式出口的注意事项如下：

第一，通过9610模式来退税，要走快递、专线渠道。如果走的是邮政代理，一般无法退税。

第二，跨境卖家要在21天内，整理前20天出口的商品清单，把清单出具给海关。让海关出具相关证明，去办理出口退税。

资料来源：作者收集整理，2024年3月

三、9610模式出口优势

（一）提高了通关效率

跨境电子商务出口企业将"三单信息"（商品信息、物流信息、支付信息）推送到"单一窗口"，"清单核放"的申报模式下海关只需对跨境电子商务企业事先报送的出口商品清单进行审核，通关效率更快。

（二）降低了通关成本

"汇总申报"定期汇总报关，既节约通关了成本，又解决跨境出口订单数量少、批次多的问题。

（三）便捷的退、免税操作

跨境电子商务申报信息可作为税务附报内容，海关为企业出具报关单退税证明，支持跨境电子商务出口企业无忧退、免税。

第三节 1210——跨境电子商务保税出口

一、1210模式概述

根据海关总署公告2014年第57号《关于增列海关监管方式代码的公告》，增列海关监管方式代码"1210"，全称"保税跨境贸易电子商务"，适用于境内个人或电子商务企业在经海关认可的电子商务平台实现跨境交易，并且通过海关特殊监管区域或保税监管场所①进出的电子商务零售进出境商品〔（海关特殊监管区域、保税监管场所与境内区外（场所外）之间通过电子商务平台交易的零售进出口商品不适用该监管方式）〕。

对于出口跨境电子商务而言，根据货物出口时状态和销售环节的不同，特殊区域零售出口可分为1210特殊区域零售出口和1210特殊区域出口海外仓零售两种形式。

（一）1210特殊区域零售出口

1210特殊区域零售出口是指，企业将商品批量出口至区域（中心），海关对其实行账册管理，境外消费者通过电子商务平台购买商品后，通过物流快递形式送达境外消费者，其业务流程如图9.3所示。

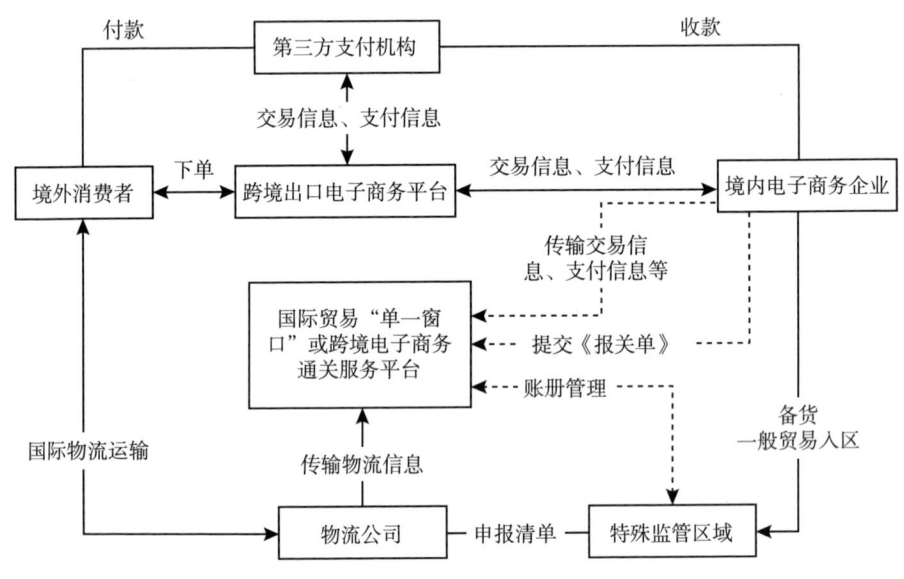

图9.3　1210特殊区域零售出口业务流程

从海关监管的角度，1210特殊区域零售出口申报分为两段。第一段为从境内申报报关单进入特殊区域，该段在"单一窗口"按照货物一般贸易方式

---

① 海关特殊监管区域共有6类，分别是保税区、出口加工区、保税物流园区、跨境工业区（珠海跨境工业园区）、保税港区和综合保税区。保税监管场所共3类，分别是进口保税仓库、出口监管仓库和保税物流中心（分为A型和B型）。

(代码为0110)入区进入跨境电子商务出口账册即可。第二段为从特殊区域申报实际离境,分为两种模式:海外仓模式,依旧以报关单的形式,按照货物在"单一窗口"申报报关单进入海外仓即可,贸易方式为1210;清单模式,在"单一窗口"或跨境电子商务服务平台申报清单,可不申报报关单,海关用跨境电子商务出口统一版进行监管。

(二) 1210 特殊区域出口海外仓零售

1210 特殊区域出口海外仓零售是指,企业将商品批量出口至区域(中心),海关对其实行账册管理,企业在区域(中心)内完成理货、拼箱后,批量出口至海外仓,通过电子商务平台完成零售后再将商品从海外仓送达境外消费者,其业务流程如图 9.4 所示。

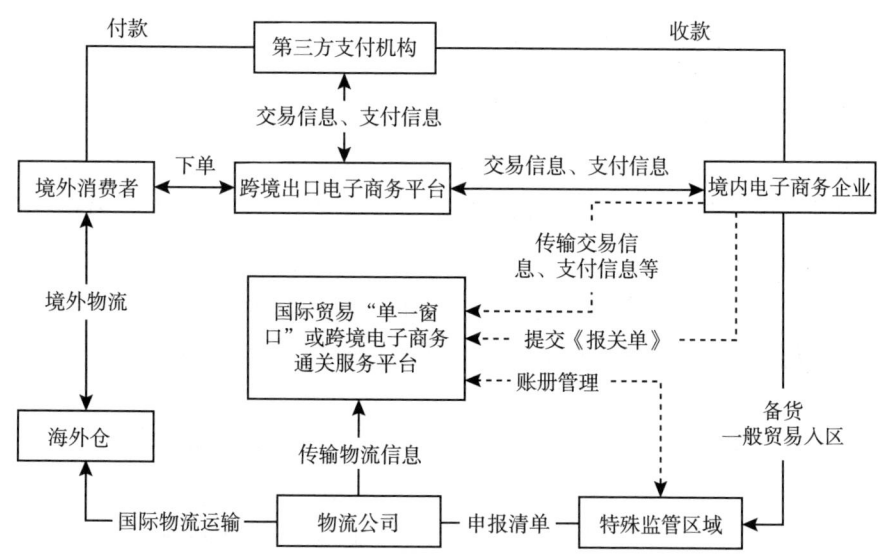

图 9.4 1210 特殊区域出口海外仓零售业务流程

在该模式下,境内多个商家发往不同海外仓的货物可以在海关特殊监管区域内进行集中分拨,将相同境外流向的跨境电子商务货物集中起来一次申报,待境外完成零售后再分批结汇,还可灵活选择全国通关一体化、转关等模式进行通关。

1210 特殊区域零售出口和 9610 零售直邮出口对比如表 9.2 所示。

表 9.2 1210 特殊区域零售出口和 9610 零售直邮出口对比

对比项目	1210 特殊区域零售出口	1210 特殊区域出口海外仓零售	9610
交易性质	B2C	B2C	B2C
适用范围	特殊监管区和保税物流中心（B型）	特殊监管区和保税物流中心（B型）	无限制，但监管场所必须符合海关监管要求
申报模式	申报清单	报关单或申报清单	申报清单
优势	入区即退税；批量入区、集货出口，降低物流成本		综合试验区内企业可采用4位HS编码简化申报，适用"清单申报汇总统计"

二、1210 模式的申报流程

1210 模式的申报流程大体如下。

第一步，境内商品入区申报。企业将商品批量出口至区域（中心）适用出口报关手续，海关对其实行账册管理，申报方式为一般贸易（0110），填写出口报关单。

第二步，区内商品出区离境申报。两种形式略有不同，如图 9.5 所示。若是包裹零售出口模式，则在接到订单数据后，跨境电子商务企业在区内进行分

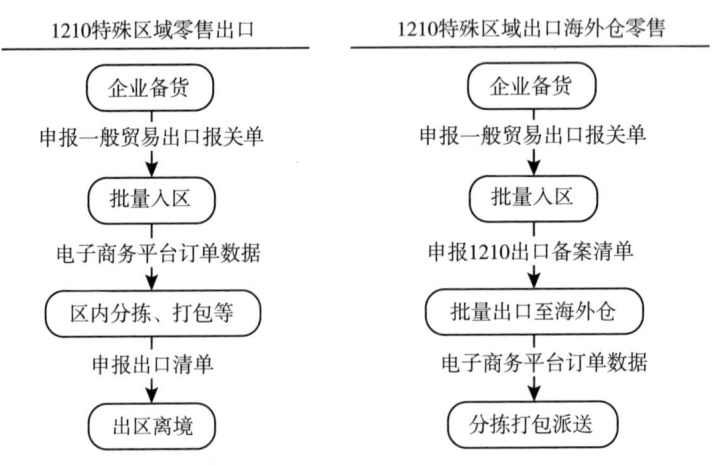

图 9.5 两种出区离境申报对比

拣、打包，以邮政或快件方式运送，海关凭清单核放出境，定期把已核放清单数据汇总形成出口报关单；若是出口海外仓模式，则按照1210出区填报出口备案清单。

第三步，退税与结汇。企业把整批商品按一般贸易报关进入海关特殊监管区域，企业即可实现退税；对于已入区退税的商品，在完成境外网购后，海关凭清单核放，出区离境后，海关定期将已放行清单归并形成出口报关单，电子商务企业凭此办理结汇手续。

三、1210模式出口优势

一是便利的"入区即退税"（保税区除外）政策，第一段货物申报入区后即可用二线入区（0110）的报关单办理退税，可以让卖家实现提前快速退税，订单产生后再分包裹分批运往境外，有效降低了企业的退税成本。

二是区域（中心）为跨境电子商务企业测试新品及退换货带来便利，如果销量不理想，经内销补税，仍可快速流回境内处理，减少损失。

三是特殊出口充分利用"统一报关分批出口"优势，解决了传统跨境小包出口结汇、退税、数据统计难等问题。

专栏9.3　上海跨境电子商务特殊区域包裹零售出口实现规模化运作

2024年1月8日，147件跨境电子商务出口包裹自青浦综合保税区出区，运往上海浦东国际机场，随后通过货运航班出口马来西亚、日本等地，将直接投递至境外消费者手中。这是上海跨境电子商务特殊区域包裹首次实现"零售出口"模式的规模化运作。

在"1210零售出口"模式下，货物先通过出口申报方式进入综合保税区，入区后按照保税货物管理。当境外消费者在电子商务平台下单订购后，企业即根据订单对货物进行分拣打包，并且向海关申报跨境电子商务出口清单，取得放行信息后，跨境电子商务订单便可以包裹形式发运出境。如此综合保税区与空港实现"区港联动"，将青浦综合保税区作为

> 海关特殊监管区域的政策优势和浦东机场口岸区位优势整合在了一起。
>
> 与此同时,"1210零售出口"监管模式增强了国货出口的底气。曾经,国货出口面临着是否符合输入国(地区)质量标准,以及品牌侵权、假冒伪劣等问题,"1210零售出口"监管模式在前道企业出口报关环节,就完成了货物法定检验等符合国际贸易规则的完整手续,有望推进国际认可的跨境电子商务出口质量认证体系及溯源体系建设。
>
> "1210零售出口"模式的走通,实现了企业需求。这既能充分利用综保区"入区退税"政策,提高资金周转率,又能在综保区零售出口商品、海外仓出口商品、保税货物之间实现灵活流转,极大提升企业竞争力。
>
> 资料来源:《"零售出口"打通品牌出海新通道 上海跨境电商特殊区域包裹零售出口实现规模化运作》,上海市人民政府官方网站,2024年1月

第四节 9710和9810——跨境电子商务B2B直接出口和出口海外仓

一、9710模式概述

根据海关总署公告2020年第75号《关于开展跨境电子商务企业对企业出口监管试点的公告》,增列海关监管方式代码"9710",全称"跨境电子商务企业对企业直接出口",适用于跨境电子商务B2B直接出口的货物。即境内企业通过跨境电子商务平台(如阿里巴巴、中国制造网等)与境外企业达成交易后,通过跨境物流将货物直接出口送达境外企业。9710的增列,一方面有利于政府精准统计跨境电子商务B2B新业态的发展情况,掌握外贸进出口结构的发展形势;另一方面也有利于政府做出相应的宏观调整和支持政策,推动跨境电子商务新业态的健康发展。

9710模式下的报关有"报关单申报"和"清单申报"两种方式。使用报关单申报方式对出口货物货值没有要求。使用清单申报,对出口货物货值有要求,需要单票金额在5000元(含)人民币以内,并且不涉证、不涉检、不涉

税，企业可以通过"H2018 通关管理系统"或"跨境电商出口统一版系统"办理通关手续，系统校验通过后自动推送至"跨境电商出口统一版系统"以申报清单的方式通关。以清单方式申报的，务必向海关传输交易订单或海外仓订仓单电子信息，对于物流企业，应按照规定向海关上传物流电子信息，对于符合条件的企业，也应将收款信息一并上传。

二、9810 模式概述

根据海关总署公告 2020 年第 75 号《关于开展跨境电子商务企业对企业出口监管试点的公告》，增列海关监管方式代码"9810"，全称"跨境电子商务出口海外仓"，适用于跨境电子商务出口海外仓的货物。境内企业将出口货物通过跨境物流送达海外仓，通过跨境电子商务平台实现交易后从海外仓送达购买者。9810 适合跨境出口电子商务自建或租赁海外仓的，典型场景是境内企业通过 9810 模式报关出口后将货物送至海外仓（与 9710 模式的区别在于，此时货物的所有权不转移），待电子商务平台上消费者下达订单后再将货物送达消费者。

企业在开展跨境电子商务出口海外仓业务之前需要备案，应在"单一窗口"上传如下材料：《跨境电商海外仓出口企业备案登记表》，如表 9.3 所示；《跨境电商海外仓信息登记表》，如表 9.4 所示；跨境电商平台店铺资质页面截图（显示店铺网址、公司名称等信息）、店铺成交记录截图（部分）、平台服务合同（如有）等；海外仓证明（自建的需要境外营业执照、产权证明；租赁的需要租赁协议）、海外仓卫星地图定位图片、仓库外观及内部图片等；营业执照等企业基础资料。

表 9.3　跨境电商出口海外仓企业备案登记表

编号：

企业名称		申请时间	
主管海关			
海关注册编码		统一社会信用代码	
企业法人		通讯地址	

续表

联系人			联系电话	
线上销售平台				
主要海外仓名称	1.			
	2.			
	3.			
海外仓说明及随附资料				
	申请人签名：		年 月 日	
其他说明				
审核意见：				
			年 月 日	
备注：				
			年 月 日	

表9.4 跨境电商海外仓信息登记表

海外仓信息			
企业名称		海关注册编码	

续表

海外仓名称		面积（平方米）	
所在国家		所在城市	
海外仓地址		仓库性质	
线上销售平台			
备注			

三、9710 和 9810 模式的申报流程

采用9710及9810模式出口的企业均需要通过"单一窗口"或"互联网＋海关"平台的跨境电子商务通关服务系统和货物申报系统，向海关提交申报数据、传输电子信息，并且对数据真实性承担相应的责任。其申报流程大体如下。

（一）报关单位注册登记及备案

跨境电子商务企业、跨境电子商务平台企业、物流企业等参与跨境电子商务B2B出口业务的境内企业，应当依据海关报关单位备案有关规定在海关办理备案，并在跨境电子商务企业类型中勾选相应的企业类型；已办理备案未勾选企业类型的，可在"单一窗口"提交备案信息变更申请。开展跨境电子商务出口海外仓业务的境内企业应在海关办理注册登记，若企业信用等级为一般信用及以上，还应在海关办理出口海外仓业务模式备案，提交《跨境电商出口海外仓企业备案登记表》《跨境电商海外仓信息登记表》等资料。

（二）电子信息传输

企业应通过"单一窗口"或"互联网＋海关"平台的跨境电子商务通关

服务系统和货物申报系统向海关提交申报数据、传输电子信息，如图9.6所示。

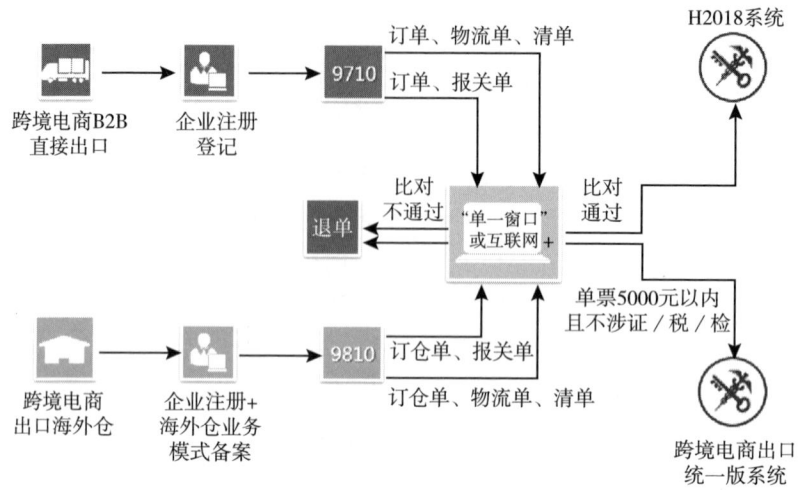

图9.6　9710和9810模式的电子信息申报

通过H2018理系统通关的，在以9710模式申报前，跨境电子商务企业或跨境电子商务平台企业应向海关传输交易订单信息；在以9810模式申报前，跨境电子商务企业应向海关传输海外仓订仓信息。跨境电子商务企业或其代理人向海关申报报关单，系统对企业资质及申报内容进行校验，通过校验的向H2018系统申报报关单。

通过跨境电子商务出口统一版系统通关的，在以9710模式申报前，跨境电子商务企业、物流企业应分别向海关传输交易订单、物流信息；在以9810模式申报前，跨境电子商务企业、物流企业应分别向海关传输海外仓订仓信息、物流信息。跨境电子商务企业或其代理人向海关申报清单，系统对企业资质及申报内容进行校验，通过的向出口统一版申报清单。清单无需汇总申报报关单。

对于单票金额超过人民币5000元，或涉证、涉检、涉税的跨境电商B2B出口货物，企业应通过H2018系统办理通关手续；对于单票金额在人民币5000元（含）以内，并且不涉证、不涉检、不涉税的，企业可以通过H2018系统或跨境电子商务出口统一版系统办理通关手续。

（三）转关与海关查验

如有需要，跨境电子商务B2B出口货物可按照"跨境电商"类型办理转关。通过 H2018 系统通关的,同样适用全国通关一体化,依企业申请可优先安排查验。

第五节　跨境电子商务出口税收政策

一、跨境电子商务 B2B 模式出口税收政策

出口退税是指对出口货物退还其在境内生产和流通环节实际缴纳的增值税、消费税。出口货物退税制度,是一个国家(地区)税收的重要组成部分。出口退税主要是通过退还出口货物的境内已纳税款来平衡境内产品的税收负担,使产品以不含税成本进入境外市场,与境外产品在同等条件下进行竞争,从而增强竞争能力,扩大出口的创汇。

在跨境电子商务中,B2B 模式在出口流程以及退免税手续上基本等同于传统外贸。根据现行规定,出口退税货物应具备的条件如下:必须属于增值税、消费税征税范围的货物;必须是报关离境的货物;必须是在财务上做销售处理的货物;必须是出口收汇并已核销的货物。另外,对于外贸企业和生产企业,国家规定了不同的退税方法:对于前者出口货物实行免税和退税,即对出口货物销售环节免征增值税,对出口货物在前各生产流通环节已缴纳增值税予以退税;对于后者自营或委托出口的货物实行免、抵、退税,对出口货物本道环节免征增值税,对出口货物所采购的原材料、包装物等所含的增值税允许抵减其内销货物的应缴税款,对未抵减完的部分再予以退税。

二、跨境电子商务 B2C 模式出口税收政策

对于跨境电子商务 B2C 模式出口,财政部和国家税务总局于 2013 年 12 月 30 日发布了《关于跨境电子商务零售出口税收政策的通知》,对相关政策做了规定。

1. 电子商务出口企业出口货物(财政部、国家税务总局明确不予出口退(免)税或免税的货物除外,下同),同时符合下列条件的,适用增值税、消费税退(免)税政策:

(1)电子商务出口企业属于增值税一般纳税人并已向主管税务机关办理

出口退（免）税资格认定；

（2）出口货物取得海关出口货物报关单（出口退税专用），并且与海关出口货物报关单电子信息一致；

（3）出口货物在退（免）税申报期截止之日内收汇；

（4）电子商务出口企业属于外贸企业的，购进出口货物取得相应的增值税专用发票、消费税专用缴款书（分割单）或海关进口增值税、消费税专用缴款书，并且上述凭证有关内容与出口货物报关单（出口退税专用）有关内容相匹配。

2. 电子商务出口企业出口货物，不符合该通知第一条规定条件①，但同时符合下列条件的，适用增值税、消费税免税政策：

（1）电子商务出口企业已办理税务登记；

（2）出口货物取得海关签发的出口货物报关单；

（3）购进出口货物取得合法有效的进货凭证。

3. 电子商务出口货物适用退（免）税、免税政策的，由电子商务出口企业按现行规定办理退（免）税、免税申报。

4. 适用该通知退（免）税、免税政策的电子商务出口企业，是指自建跨境电子商务销售平台的电子商务出口企业和利用第三方跨境电子商务平台开展电子商务出口的企业。

5. 为电子商务出口企业提供交易服务的跨境电子商务第三方平台，不适用该通知规定的退（免）税、免税政策，可按现行有关规定执行。

专栏9.4 跨境电子商务企业虚开增值税专用发票骗取出口退税

根据《关于跨境电子商务零售出口税收政策的通知》（财税〔2013〕96号）的有关规定，跨境电子商务出口企业享受出口退税的前提是取得增值税专用发票等进货凭证，其中最常见的税务风险点在于虚开增值

---

① 指上文所述的4个条件。

税专用发票用于骗取出口退税的重大税务违法行为，不少跨境电子商务企业受到行政甚至刑事处罚。下面是一个跨境电子商务企业虚开增值税专用发票用于骗取出口退税的典型司法案例。

Z 省 N 市中级人民法院 A 号二审刑事判决书裁判要点：金某要求包某经营的针织公司虚开增值税发票给金某指定的某跨境电子商务公司，并且给予包某一定的好处费。包某明知其经营的针织公司与金某指定的上述公司不存在真实货物交易，仍按照金某的要求由针织公司向上述公司虚开增值税专用发票 91 份，价税合计金额为人民币 6722525 元，税款数额为人民币 976777.07 元。金某利用包某虚开的其中 56 份增值税专用发票向税务部门申报退税，骗取出口退税款共计人民币 863690.1 元。包某非法获利共计人民币 66000 余元。后包某经一审、二审法院判决认为构成了虚开增值税专用发票罪。

上述案例告诉我们，跨境电子商务企业会出现虚开增值税专用发票用于骗取出口退税、私人账户收取销售收入导致无法核算收入总额，少缴企业所得税甚至做内外账等税务风险。一旦涉嫌偷漏税，可能涉及承担补税和罚款等行政责任，若达到一定标准还会涉及刑事责任。目前，税务部门核查跨境电子商务业务真实性的重点就是看业务是否三流（货物流、资金流、发票流）一致，如果三流不一致，就可能认定是虚开，对于无业务而虚开发票的可能还会核查资金流的回流情况。因此，企业应切记不要铤而走险触碰法律的红线，业务、财务及税务合规才能让跨境电子商务企业更好发展。

案例来源：《跨境电商典型案例解析》，搜狐网，2023 年 11 月

三、跨境电子商务综合试验区零售出口货物税收政策

（一）《关于跨境电子商务综合试验区零售出口货物税收政策的通知》

根据《关于跨境电子商务综合试验区零售出口货物税收政策的通知》（财税〔2018〕103 号），跨境电子商务综合试验区（以下简称"综试区"）内的跨境电子商务零售出口（以下简称"电子商务出口"）货物有关税收政策如下。

对综试区电子商务出口企业出口未取得有效进货凭证的货物，同时符合下列条件的，试行增值税、消费税免税政策：

1. 电子商务出口企业在综试区注册，并在注册地跨境电子商务线上综合服务平台登记出口日期、货物名称、计量单位、数量、单价、金额；

2. 出口货物通过综试区所在地海关办理电子商务出口申报手续；

3. 出口货物不属于财政部和税务总局根据国务院决定明确取消出口退（免）税的货物。

（二）《关于跨境电子商务综合试验区零售出口企业所得税核定征收有关问题的公告》

根据国家税务总局《关于跨境电子商务综合试验区零售出口企业所得税核定征收有关问题的公告》（国家税务总局公告 2019 年第 36 号），跨境电子商务综合试验区（以下简称"综试区"）内的跨境电子商务零售出口企业（以下简称"跨境电商企业"）核定征收企业所得税有关问题公告如下：

1. 综试区内的跨境电商企业，同时符合下列条件的，试行核定征收企业所得税办法：

（1）在综试区注册，并在注册地跨境电子商务线上综合服务平台登记出口货物日期、名称、计量单位、数量、单价、金额的；

（2）出口货物通过综试区所在地海关办理电子商务出口申报手续的；

（3）出口货物未取得有效进货凭证，其增值税、消费税享受免税政策的。

2. 综试区内核定征收的跨境电商企业应准确核算收入总额，并采用应税所得率方式核定征收企业所得税。应税所得率统一按照 4% 确定。

3. 税务机关应按照有关规定，及时完成综试区跨境电商企业核定征收企业所得税的鉴定工作。

4. 综试区内实行核定征收的跨境电商企业符合小型微利企业优惠政策条件的，可享受小型微利企业所得税优惠政策；其取得的收入属于《中华人民共和国企业所得税法》第二十六条规定的免税收入的，可享受免税收入优惠政策。

5. 该公告所称综试区，是指经国务院批准的跨境电子商务综合试验区；本公告所称跨境电商企业，是指自建跨境电子商务销售平台或利用第三方跨境电子商务平台开展电子商务出口的企业。

> **专栏9.5　　　中国跨境电子商务综合试验区**
>
> 　　中国跨境电子商务综合试验区是中国设立的跨境电子商务综合性质的先行先试的城市区域，旨在跨境电子商务交易、支付、物流、通关、退税、结汇等环节的技术标准、业务流程、监管模式和信息化建设等方面先行先试，通过制度创新、管理创新、服务创新和协同发展，破解跨境电子商务发展中的深层次矛盾和体制性难题，打造跨境电子商务完整的产业链和生态链，逐步形成一套适应和引领全球跨境电子商务发展的管理制度和规则，为推动中国跨境电子商务健康发展提供可复制、可推广的经验。
>
> 　　跨境电子商务综合试验区内符合条件的跨境电子商务零售商品出口，海关通过采用"清单核放，汇总申报"的便利措施进行监管验放，提高企业通关效率、降低通关成本。对跨境电子商务零售进口商品不执行首次进口许可批件、注册或备案要求，按个人自用进境物品监管。
>
> 　　2022年11月14日，国务院同意在廊坊市等33个城市和地区设立跨境电子商务综合试验区。此次扩围之后，中国跨境电子商务综合试验区数量达到165个，覆盖31个省、自治区、直辖市。
>
> **资料来源**：作者收集整理，2022年12月

四、跨境电子商务出口退运商品税收政策

根据《关于跨境电子商务出口退运商品税收政策的公告》（财政部 海关总署 税务总局公告2023年第4号），在跨境电子商务海关监管代码（1210、9610、9710、9810）项下申报出口，因滞销、退货原因，自出口之日起6个月内原状退运进境的商品（不含食品），免征进口关税和进口环节增值税、消费税；出口时已征收的出口关税准予退还，出口时已征收的增值税、消费税参照内销货物发生退货有关税收规定执行。其中，监管代码1210项下出口商品，应自海关特殊监管区域或保税物流中心（B型）出区离境之日起6个月内退运至境内区外。

对符合以上规定的商品，已办理出口退税的，企业应当按现行规定补缴已

退的税款。企业应当凭主管税务机关出具的《出口货物已补税/未退税证明》，申请办理免征进口关税和进口环节增值税、消费税，退还出口关税手续。

"原状退运进境"是指出口商品退运进境时的最小商品形态应与原出口时的形态基本一致，不得增加任何配件或部件，不能经过任何加工、改装，但经拆箱、检（化）验、安装、调试等仍可视为"原状"；退运进境商品应未被使用过，但对于只有经过试用才能发现品质不良或可证明被客户试用后退货的情况除外。

对符合规定的商品，企业应当提交出口商品申报清单或出口报关单、退运原因说明等证明该商品确为因滞销、退货原因而退运进境的材料，并且对材料的真实性承担法律责任。对因滞销退运的商品，企业应提供"自我声明"作为退运原因说明材料，承诺为因滞销退运；对因退货退运的商品，企业应提供退货记录（含跨境电子商务平台上的退货记录或拒收记录）、返货协议等作为退运原因说明材料。海关据此办理退运免税等手续。

思考与实训

1. 9710 模式和 9810 模式的区别是什么？
2. 海关为什么要设置 9710 模式？其与一般贸易出口有什么区别？
3. 1210 模式出口有什么优势？
4. 登录中国国际贸易"单一窗口"网站，了解网上报关的流程。
5. 跨境电子商务各模式下的出口如何做到退税的合规？

第十章 我国跨境电子商务进口监管与政策

短短十余年的时间里,我国跨境电子商务进口凭借其便捷性和多样性,迅速成为连接国内消费者与全球优质商品的重要桥梁。然而,随着市场的迅速扩张,也暴露出诸多问题。为了解决这些问题,保障市场的公平竞争和消费者的合法权益,我国有关部门经过深入研究和实践,逐步制定并完善了一系列监管政策。这些监管政策不仅涵盖了跨境电子商务平台的资质审核、商品质量监控、税收征管等方面,还注重提升消费者权益保护力度,推动行业规范化发展。通过加强监管,我国进口跨境电子商务在保持高速发展的同时,也更加注重质量和服务,为消费者提供更加安全、可靠、便捷的购物体验。

学习目标

了解内容:政府的监管责任,对场所、检疫、查验和物流的管理

理解内容:跨境电子商务进口参与主体与责任,进口通关管理政策,进口税收管理政策,跨境电子商务零售进口商品清单制度

掌握内容:跨境电子商务直购进口模式,跨境电子商务保税进口模式

关键术语:跨境电子商务零售进口,跨境电子商务零售进口清单制度,跨境电子商务直购进口,跨境电子商务保税进口

第一节 跨境电子商务零售进口监管概述

目前,我国对跨境电子商务进口的监管主要集中在 B2C 模式,即跨境电子商务零售进口,其他情况下均按照一般贸易和一般方式监管。为了促进跨境

电子商务零售进口健康发展，2018年11月28日，商务部、国家发展改革委、财政部、海关总署、税务总局、市场监管总局联合发布了《关于完善跨境电子商务零售进口监管有关工作的通知》（商财发〔2018〕486号），按照"政府部门、跨境电商企业、跨境电商平台、境内服务商、消费者各负其责"的原则，明确各方责任，实施有效监管。

一、跨境电子商务零售进口监管对象

跨境电子商务零售进口是指境内消费者通过跨境电子商务第三方平台经营者从境外购买商品，并且通过"网购保税进口"（海关监管方式代码为1210）或"直购进口"（海关监管方式代码为9610）运递进境的消费行为①。上述商品应符合以下条件：

在《跨境电子商务零售进口商品清单》内，限于个人自用并满足跨境电子商务零售进口税收政策规定的条件；

通过与海关联网的电子商务交易平台交易，能够实现交易、支付、物流电子信息"三单"比对；

未通过与海关联网的电子商务交易平台交易，但进出境快件运营人、邮政企业能够接受相关电子商务企业、支付企业的委托，承诺承担相应法律责任，向海关传输交易、支付等电子信息。

对跨境电子商务零售进口商品按个人自用进境物品监管，不执行有关商品首次进口许可批件、注册或备案要求。但对相关部门明令暂停进口的疫区商品，和对出现重大质量安全风险的商品启动风险应急处置时除外。

二、政府部门的监管责任

第一，海关对跨境电子商务零售进口商品实施质量安全风险监测，在商品销售前按照法律法规实施必要的检疫，并且视情发布风险警示。建立跨境电子商务零售进口商品重大质量安全风险应急处理机制，市场监管部门加大跨境电子商务零售进口商品召回监管力度，督促跨境电子商务企业和跨境电子商务平

---

① 详细内容请参阅本章第三节和第四节。

台消除已销售商品的安全隐患，海关责令相关企业对不合格或存在质量安全问题的商品采取风险消减措施，对尚未销售的按货物实施监管，并且依法追究相关经营主体责任。对食品类跨境电子商务零售进口商品优化完善监管措施，做好质量安全风险防控。

第二，原则上不允许网购保税进口商品在海关特殊监管区域外开展"网购保税＋线下自提"模式。

第三，将跨境电子商务零售进口相关企业纳入海关信用等级管理，根据信用等级不同，实施差异化的通关管理措施。对认定为诚信企业的，依法实施通关便利；对认定为失信企业的，依法实施严格监管措施。将高级认证企业信息和失信企业信息共享至全国信用信息共享平台，通过"信用中国"网站和国家企业信用信息公示系统向社会公示，并且依照有关规定实施联合激励与联合惩戒。

第四，涉嫌走私或违反海关监管规定的跨境电子商务企业、平台、境内服务商，应配合海关调查，开放交易生产数据（ERP数据）或原始记录数据。

第五，对违反本通知规定参与制造或传输虚假"三单"信息、为二次销售提供便利、未尽责审核订购人身份信息真实性等，导致出现个人身份信息或年度购买额度被盗用、进行二次销售及其他违反海关监管规定情况的企业，海关依法进行处罚。对涉嫌走私或违规的，由海关依法处理；构成犯罪的，依法追究刑事责任。对利用其他公民身份信息非法从事跨境电子商务零售进口业务的，海关按走私违规处理，并且按违法利用公民信息的有关法律规定移交相关部门处理。对不涉嫌走私违规、首次发现的，进行约谈或暂停业务责令整改；再次发现的，一定时期内不允许其从事跨境电子商务零售进口业务，同时交由其他行业主管部门按规定实施查处。

第六，对企业和个体工商户在境内市场销售的《跨境电子商务零售进口商品清单》范围内的、无合法进口证明或相关证明显示采购自跨境电子商务零售进口渠道的商品，市场监管部门依职责实施查处。

三、跨境电子商务零售进口参与主体与责任

（一）跨境电子商务零售进口经营者（以下简称跨境电子商务企业）

自境外向境内消费者销售跨境电子商务零售进口商品的境外注册企业，为

商品的货权所有人。其责任主要包括以下内容。

1. 承担商品质量安全的主体责任，并且按规定履行相关义务。应委托一家在境内办理工商登记的企业，由其在海关办理注册登记，承担如实申报责任，依法接受相关部门监管，并且承担民事连带责任。

2. 承担消费者权益保障责任，包括但不限于商品信息披露、提供商品退换货服务、建立不合格或缺陷商品召回制度、对商品质量侵害消费者权益的赔付责任等。当发现相关商品存在质量安全风险或发生质量安全问题时，应立即停止销售，召回已销售商品并妥善处理，防止其再次流入市场，并且及时将召回和处理情况向海关等监管部门报告。

3. 履行对消费者的提醒告知义务，会同跨境电子商务平台在商品订购网页或其他醒目位置向消费者提供风险告知书，消费者确认同意后方可下单购买。告知书应至少包含以下内容：

（1）相关商品符合原产地有关质量、安全、卫生、环保、标识等标准或技术规范要求，但可能与我国标准存在差异。消费者自行承担相关风险；

（2）相关商品直接购自境外，可能无中文标签，消费者可通过网站查看商品中文电子标签；

（3）消费者购买的商品仅限个人自用，不得再次销售。

4. 建立商品质量安全风险防控机制，包括收发货质量管理、库内质量管控、供应商管理等。

5. 建立健全网购保税进口商品质量追溯体系，追溯信息应至少涵盖境外启运地至境内消费者的完整物流轨迹，鼓励向境外发货人、商品生产商等上游溯源。

6. 向海关实时传输施加电子签名的跨境电子商务零售进口交易电子数据，可自行或委托代理人向海关申报清单，并且承担相应责任。

（二）跨境电子商务第三方平台经营者（以下简称跨境电子商务平台）

在境内办理工商登记，为交易双方（消费者和跨境电子商务企业）提供网页空间、虚拟经营场所、交易规则、交易撮合、信息发布等服务，设立供交易双方独立开展交易活动的信息网络系统的经营者。其责任主要包括以下内容。

1. 平台运营主体应在境内办理工商登记，并且按相关规定在海关办理注册登记，接受相关部门监管，配合开展后续管理和执法工作。

2. 向海关实时传输施加电子签名的跨境电子商务零售进口交易电子数据，并且对交易真实性、消费者身份真实性进行审核，承担相应责任。

3. 建立平台内交易规则、交易安全保障、消费者权益保护、不良信息处理等管理制度。对申请入驻平台的跨境电子商务企业进行主体身份真实性审核，在网站公示主体身份信息和消费者评价、投诉信息，并且向监管部门提供平台入驻商家等信息。与申请入驻平台的跨境电子商务企业签署协议，就商品质量安全主体责任、消费者权益保障，以及本通知其他相关要求等方面明确双方责任、权利和义务。

4. 对平台入驻企业既有跨境电子商务企业，也有境内电子商务企业的，应建立相互独立的区块或频道为跨境电子商务企业和境内电子商务企业提供平台服务，或者以明显标识对跨境电子商务零售进口商品和非跨境商品予以区分，避免误导消费者。

5. 建立消费纠纷处理和消费维权自律制度，消费者在平台内购买商品，其合法权益受到损害时，平台须积极协助消费者维护自身合法权益，并且履行先行赔付责任。

6. 建立商品质量安全风险防控机制，在网站的醒目位置及时发布商品风险监测信息、监管部门发布的预警信息等。督促跨境电子商务企业加强质量安全风险防控，当商品发生质量安全问题时，敦促跨境电子商务企业做好商品召回、处理，并且做好报告工作。对不主动采取召回处理措施的跨境电子商务企业，可采取暂停其跨境电子商务业务的处罚措施。

7. 建立防止跨境电子商务零售进口商品虚假交易及二次销售的风险控制体系，加强对短时间内同一购买人、同一支付账户、同一收货地址、同一收件电话反复大量订购，以及盗用他人身份进行订购等非正常交易行为的监控，采取相应措施予以控制。

8. 根据监管部门要求，对平台内在售商品进行有效管理，及时关闭平台内禁止以跨境电子商务零售进口形式入境商品的展示及交易页面，并且将有关情况报送相关部门。

（三）境内服务商

在境内办理工商登记，接受跨境电子商务企业委托为其提供申报、支付、物流、仓储等服务，具有相应运营资质，直接向海关提供有关支付、物流和仓储信息，接受海关、市场监管等部门后续监管，承担相应责任的主体。其主要责任包括以下内容。

1. 在境内办理工商登记，向海关提交相关资质证书并办理注册登记。其中，提供支付服务的银行机构应具备国家金融监督管理总局颁发的《金融许可证》，非银行支付机构应具备中国人民银行颁发的《支付业务许可证》，支付业务范围应包括"互联网支付"；物流企业应取得国家邮政局颁发的《快递业务经营许可证》。

2. 支付、物流企业应如实向监管部门实时传输施加电子签名的跨境电子商务零售进口支付、物流电子信息，并且对数据真实性承担相应责任。

3. 报关企业接受跨境电子商务企业委托向海关申报清单，承担如实申报的责任。

4. 物流企业应向海关开放物流实时跟踪信息共享接口，严格按照交易环节所制发的物流信息开展跨境电子商务零售进口商品的境内派送业务。对于发现境内实际派送与通关环节所申报物流信息（包括收件人和地址）不一致的，应终止相关派送业务，并且及时向海关报告。

（四）消费者

跨境电子商务零售进口商品的境内购买人。其主要责任包括以下内容。

1. 为跨境电子商务零售进口商品税款的纳税义务人。跨境电子商务平台、物流企业或报关企业为税款代扣代缴义务人，向海关提供税款担保，并且承担相应的补税义务及相关法律责任。

2. 购买前应当认真、详细阅读电子商务网站上的风险告知书内容，结合自身风险承担能力做出判断，同意告知书内容后方可下单购买。

3. 对于已购买的跨境电子商务零售进口商品，不得再次销售。

四、跨境电子商务进口监管模式

目前，海关对跨境电子商务进口的监管主要有跨境电子商务"直购进口"模式（海关监管方式代码为9610）和跨境电子商务网购保税进口模式（海关监管方式代码为1210）两种，具体内容参见本章第三节和第四节。

第二节　跨境电子商务进口监管的主要政策

一、跨境电子商务进口监管概况

为加快跨境电子商务商品的通关速度，海关为跨境电子商务量身打造涵盖"企业备案、申报、征税、查验、放行"等各环节的无纸化流程。在以 B2C 模式进口报关前，电子商务平台公司、金融机构、物流公司应当通过"单一窗口"，分别向海关发送交易、支付和物流的"三单"电子数据，以便海关提前对商品名称、价格、运费、购买人实名信息等数据进行比对。在海关注册登记的电子商务企业、电子商务交易平台企业或物流企业作为税款的代收代缴义务人，在向订购人收取税费之前代为履行纳税义务。图 10.1 直观地说明了各跨境电子商务主体之间的数据交换情况。

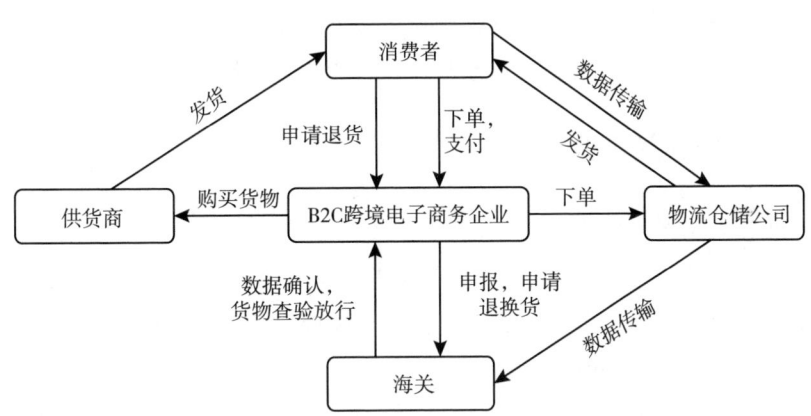

图 10.1　各跨境电子商务主体之间的数据交换

"单一窗口"实现了企业跨境电子商务进口通关的统一化和规范化。企业在"单一窗口"中，可录入、保存、申报相关数据，可根据各部门的监管要求，在系统中进行业务数据的一次录入，并且一次性向各监管部门进行申报。此外，交易订单信息、运单信息、支付信息、清单等数据均为电子数据，实现通关无纸化通关，为企业提供便利。

二、相关企业管理政策

跨境电子商务平台企业、物流企业、支付企业等参与跨境电子商务零售进口业务的企业，应当依据海关报关单位备案管理相关规定，向所在地海关办理备案；境外跨境电子商务企业应委托境内代理人向该代理人所在地海关办理注册登记。

跨境电子商务企业、物流企业等参与跨境电子商务零售出口业务的企业，应当向所在地海关办理信息登记；如需办理报关业务，应向所在地海关办理备案。

物流企业应获得国家邮政管理部门颁发的《快递业务经营许可证》。在直购进口模式下，物流企业是邮政企业或已向海关办理代理报关备案手续的进出境快件运营人。

支付企业为银行机构的，应具备国家金融监督管理总局颁发的《金融许可证》；支付企业为非银行支付机构的，应具备中国人民银行颁发的《支付业务许可证》，支付业务范围应当包括"互联网支付"。

参与跨境电子商务零售进口业务并在海关注册登记的企业，纳入海关信用等级管理，海关根据信用等级实施差异化的通关管理措施。

三、进口通关管理政策

根据海关总署公告2018年第194号《关于跨境电子商务零售进出口商品有关监管事宜的公告》，跨境电子商务企业、消费者（订购人）通过跨境电子商务交易平台实现零售进口商品交易，并且根据海关要求传输相关交易电子数据的，按照该公告接受海关监管。

对跨境电子商务直购进口商品及适用"网购保税进口"（海关监管方式代码为1210）进口政策的商品，按照个人自用进境物品监管，不执行有关商品首次进口许可批件、注册或备案要求。但对相关部门明令暂停进口的疫区商品和对出现重大质量安全风险的商品启动风险应急处置时除外。

在跨境电子商务零售进口商品申报前，跨境电子商务平台企业或跨境电子商务企业境内代理人、支付企业、物流企业应当分别通过"单一窗口"或跨境电子商务通关服务平台向海关传输交易、支付、物流等电子信息，并且对数据真实性承担相应责任。

在直购进口模式下，邮政企业、进出境快件运营人可以接受跨境电子商务平台企业或跨境电子商务企业境内代理人、支付企业的委托，在承诺承担相应法律责任的前提下，向海关传输交易、支付等电子信息。

跨境电子商务零售商品进口时，跨境电子商务企业境内代理人或其委托的报关企业应提交《中华人民共和国海关跨境电子商务零售进出口商品申报清单》，采取"清单核放"方式办理报关手续。

开展跨境电子商务零售进口业务的跨境电子商务平台企业、跨境电子商务企业境内代理人应对交易真实性和消费者（订购人）身份信息真实性进行审核，并且承担相应责任；身份信息未经国家主管部门或其授权的机构认证的，订购人与支付人应当为同一人。

四、进口税收征管政策

(一)《关于跨境电子商务零售进口税收政策的通知》

根据《关于跨境电子商务零售进口税收政策的通知》（财关税〔2016〕18号），对跨境电子商务零售进口商品，海关按照国家关于跨境电子商务零售进口税收政策征收关税和进口环节增值税、消费税，政策部分内容介绍如下。

跨境电子商务零售进口商品按照货物征收关税和进口环节增值税、消费税，购买跨境电子商务零售进口商品的个人作为纳税义务人，实际交易价格（包括货物零售价格、运费和保险费）作为完税价格，电子商务企业、电子商务交易平台企业或物流企业可作为代收代缴义务人。

跨境电子商务零售进口税收政策适用于从其他国家或地区进口的、《跨境电子商务零售进口商品清单》范围内的以下商品：所有通过与海关联网的电子商务交易平台交易，能够实现交易、支付、物流电子信息"三单"比对的跨境电子商务零售进口商品；未通过与海关联网的电子商务交易平台交易，但快递、邮政企业能够统一提供交易、支付、物流等电子信息，并且承诺承担相应法律责任进境的跨境电子商务零售进口商品。

不属于跨境电子商务零售进口的个人物品，以及无法提供交易、支付、物流等电子信息的跨境电子商务零售进口商品，按现行规定执行。

跨境电子商务零售进口商品的单次交易限值为人民币2000元，年度交易限值为人民币 20000 元。在限值以内进口的跨境电子商务零售进口商品，关税税率暂设为 0%；进口环节增值税、消费税取消免征税额，暂按法定应纳税额的 70% 征收。超过单次限值、累加后超过个人年度限值的单次交易，以及完税超过 2000 元限值的单个不可分割商品，均按照一般贸易方式全额征税。

（二）《关于完善跨境电子商务零售进口税收政策的通知》

根据《关于完善跨境电子商务零售进口税收政策的通知》（财关税〔2018〕49 号），将跨境电子商务零售进口商品的单次交易限值由人民币 2000 元提高至 5000 元，年度交易限值由人民币 20000 元提高至 26000 元。完税价格超过 5000 元单次交易限值但低于 26000 元年度交易限值，且订单下仅有一件商品时，可以自跨境电子商务零售渠道进口，按照货物税率全额征收关税和进口环节增值税、消费税，交易额计入年度交易总额，但年度交易总额超过年度交易限值的，应按一般贸易管理。

（三）《关于跨境电子商务零售进口商品退货有关监管事宜的公告》

按照海关总署公告 2020 年第 45 号《关于跨境电子商务零售进口商品退货有关监管事宜的公告》的规定，在跨境电子商务零售进口模式下，如果商品退货，允许电子商务企业或其代理人在海关放行之日起 30 日内申请退货，退回的商品应当在海关放行之日起 45 日内原状运抵原监管场所，相应税款不予征收，并且调整个人年度交易累计金额。

目前，个人自用、合理数量的跨境电子商务零售进口商品在实际操作中按照邮递物品征收行邮税。行邮税针对的是非贸易属性的进境物品，将关税和进口环节增值税、消费税三税合并征收，其税率普遍低于同类进口货物的综合税率。跨境电子商务零售进口商品虽然通过邮递渠道进境，但是不同于传统非贸易性的文件票据、旅客分离行李、亲友馈赠物品等，其交易具有贸易属性，全环节仅征收行邮税，总体税负水平低于国内销售的同类一般贸易进口货物和国产货物的税负，形成了不公平竞争。为此，政策对跨境电子商务零售进口商品按照货物征收关税和进口环节增值税、消费税。

（四）《关于调整进境物品进口税有关问题的通知》

根据国务院关税税则委员会《关于调整进境物品进口税有关问题的通知》（税委会〔2019〕17 号），现行的进境物品进口税税率如表 10.1 所示。

第十章 我国进口跨境电子商务监管与政策

表 10.1 中华人民共和国进境物品进口税税率表

税目序号	物品名称	税率（%）
1	书报、刊物、教育用影视资料；计算机、视频摄录一体机、数字照相机等信息技术产品；食品、饮料；金银；家具；玩具、游戏品、节日或其他娱乐用品；药品[1]	13
2	运动用品（不含高尔夫球及球具）、钓鱼用品；纺织品及其制成品；电视摄像机及其他电器用具；自行车；税目1、3中未包含的其他商品	20
3[2]	烟、酒；贵重首饰及珠宝玉石；高尔夫球及球具；高档手表；高档化妆品	50

注：1. 对国家规定减按3%征收进口环节增值税的进口药品，按照货物税率征税。
2. 税目3所列商品的具体范围与消费税征收范围一致。

专栏 10.1 跨境电子商务零售进口税收案例

根据《关于完善跨境电子商务零售进口税收政策的通知》（财关税〔2018〕49号）规定，跨境电子商务零售进口商品的单次交易限值为人民币5000元，年度交易限值为人民币26000元。完税价格超过5000元单次交易限值但低于26000元年度交易限值，并且订单下仅有一件商品时，可以自跨境电子商务零售渠道进口，按照货物税率全额征收关税和进口环节增值税、消费税，交易额计入年度交易总额，但年度交易总额超过年度交易限值的，应按一般贸易管理。

让我们来举几个例子。

例1：陈先生在跨境电子商务平台购买化妆品，单次订购数件，合计订单价格不超过人民币5000元，累计未超过人民币26000元的年度限值，能够享受跨境电子商务税收优惠。

例2：林先生在跨境电子商务平台购买了一个手袋，订单价格人民币8000元，累计也未超过人民币26000元的年度限值，虽然不能够享受跨境电子商务税收优惠，但仍能由跨境电子商务零售渠道进口，按照货物税率全额征收关税和进口环节增值税、消费税。

例3：王先生在跨境电子商务平台购买了一块手表，订单价格人民币30000元，已超过跨境电子商务要求的年度限值，应按一般贸易管理。

资料来源：作者收集整理，2024年3月

五、场所、检疫、查验和物流管理

跨境电子商务网购保税进口业务应当在海关特殊监管区域或保税物流中心（B型）内开展。跨境电子商务零售进出口商品监管作业场所必须符合海关相关规定。跨境电子商务监管作业场所经营人、仓储企业应当建立符合海关监管要求的计算机管理系统，并且按照海关要求交换电子数据。其中，开展跨境电子商务直购进口或一般出口业务的监管作业场所应按照快递类或者邮递类海关监管作业场所规范设置。

对需在进境口岸实施的检疫及检疫处理工作，应在完成后方可运至跨境电子商务监管作业场所。

对于网购保税进口业务，在一线入区时以报关单方式进行申报，海关可以采取视频监控、联网核查、实地巡查、库存核对等方式加强对网购保税进口商品的实货监管。在海关实施查验时，跨境电子商务企业或其代理人、跨境电子商务监管作业场所经营人、仓储企业应当按照有关规定提供便利。

跨境电子商务零售进出口商品可采用"跨境电子商务"模式进行转关。其中，跨境电子商务综合试验区所在地海关可将转关商品品名以总运单形式录入"跨境电子商务商品一批"，还应随附转关商品详细电子清单。网购保税进口商品可在海关特殊监管区域或保税物流中心（B型）间流转，按有关规定办理流转手续。

六、跨境电子商务零售进口商品清单制度

《跨境电子商务零售进口商品清单》又称进口跨境电子商务"正面清单"或"白名单"，自实施以来有力地促进了跨境电子商务健康有序发展，对保持我国外贸稳增长具有深远意义。"正面清单"是指对跨境电子商务零售进口实施正面清单管理，非清单内商品不得以跨境电子商务零售进口方式入境销售。

《跨境电子商务零售进口商品清单》自2016年出台以来，历经四次调整。

2016年4月，财政部等13个部门共同公布的两批清单共包括1240项商品，涵盖食品饮料、服装鞋帽、家用电器，以及部分化妆品、儿童玩具、生鲜、保健品等热销商品。

2018年11月,新增了健身器材等商品,清单商品数达到1321个。

2019年12月,新增了冷冻水产品、酒类、电器等商品,清单商品数达到1413个。

2022年1月,新增了滑雪用具、家用洗碟机、番茄汁等商品,删除了1项商品(刀剑),清单商品数达到1476个。同时,根据近年我国税则税目变化情况,调整了部分商品的税则号列,根据监管要求调整优化了部分清单商品备注。

列入清单范围的商品不意味着通过跨境电子商务渠道完全自由进口,在备注中还存在诸多限制:有些商品仅限网购保税,不适用跨境直购;列入《进出口野生动植物种商品目录》的商品限制;单一商品数量限制、合并数量限制;特定商品的排除,等等。

清单内的商品免于向海关提交许可证件,检验检疫监督管理按照国家相关法律法规的规定执行;直购商品免于验核通关单,网购保税商品"一线"进区时需按货物验核通关单、"二线"出区时免于验核通关单。但是依法需要经过注册或备案的医疗器械、特殊食品(包括保健食品、特殊医学用途配方食品等),按照国家相关法律法规的规定执行。

表10.2列出了跨境电子商务零售进口商品清单(部分)。

表10.2 跨境电子商务零售进口商品清单(部分)

序号	税则号列	商品描述	备注
1	3061730	冻其他小虾及对虾虾仁	仅限网购保税商品
2	3072199	活、鲜、冷其他扇贝科软体动物	仅限网购保税商品
3	3072210	冻扇贝	仅限网购保税商品
4	3072290	冻其他扇贝科软体动物	仅限网购保税商品
5	3072990	其他扇贝科软体动物	仅限网购保税商品
6	4032010	仅含糖、水果或坚果等的酸乳	仅限网购保税商品
7	4032090	其他酸乳	仅限网购保税商品
8	4101000	昆虫	列入《进出口野生动植物种商品目录》且不能提供《中华人民共和国濒危物种进出口管理办公室非〈进出口野生动植物种商品目录〉物种证明》的商品除外;仅限网购保税商品

专栏10.2　　跨境电子商务进口宠物食品监管要求

宠物食品是介于人类食品与传统畜禽饲料之间的高档动物食品，按照用途分为宠物主食（猫粮、狗粮等）、宠物零食（罐头、鲜封包、肉条、肉干等）、宠物营养保健品（钙、维生素、蛋白等营养品）。通过跨境电子商务网购保税方式进口的宠物食品主要是零售包装的狗食或猫食（包括饲料和罐头），以及其他配置的动物饲料。

海关总署对允许进口宠物食品的国家（地区）、产品实施检疫准入监管，对宠物食品的生产企业实施注册登记制度，进口宠物食品应当来自注册登记的境外生产企业。对于拟输华的境外生产企业，根据进口产品风险级别、企业安全卫生控制能力、监管体系有效性等，海关对注册登记的境外生产企业实施企业分类管理，采取不同的检验检疫监管模式并进行动态调整。

进口企业或者其代理人应当在宠物食品入境前或者入境时凭《中华人民共和国进境动植物检疫许可证》、境外官方机构出具的检疫证书、原产地证书、贸易合同等单证，向海关进行申报。

进口宠物食品前，进口企业或其代理人需要向直属海关进行《中华人民共和国进境动植物检疫许可证》申请，初审合格后，海关总署进行许可证终审，作出最终准予许可或不准予许可的决定。其中宠物食品罐头（商品编码为2309101000）不需要办理检疫许可证；其他零售包装的狗食或猫食需要办理检疫许可证。

根据农业农村部公布的《饲料和饲料添加剂管理条例》《进口饲料和饲料添加剂登记管理办法》《宠物饲料管理办法》规定，进口宠物食品属于农业农村部进口产品登记范围的，在获得海关总署检疫准入的同时，还需向农业农村部申领"饲料、饲料添加剂进口登记证"。

资料来源：作者收集整理，2024年3月

第三节　跨境电子商务直购进口模式监管

一、直购进口模式概况

跨境电子商务"直购进口"模式（海关监管方式代码为9610），指符合条件的电子商务企业或平台与海关联网，境内个人跨境网购后，电子商务企业或平台将电子订单、支付凭证、电子运单等传输给海关，电子商务企业或其代理人向海关提交清单，商品以邮件、快件方式运送，通过海关邮件、快件监管场所入境，按照跨境电子商务零售进口商品征收税款。

直购进口模式具备以下特点。

第一，直购进口广泛适用于销售品类宽泛、不易批量备货的商品，有利于新商品、需求量比较小的商品开展跨境销售。

第二，直购进口是消费者先下单，供应商后发货，供应商无须先期大量备货，避免了货物积压，有助于节省仓储费用，加快资金周转。

第三，通过环节手续简便。直购进口模式下境外商品从境外供应商或海外仓直接运输进境，直接向海关申报入境通关，无须其他的监管要求。

第四，物流时间相对较长，由于直购进口的发货地在境外，采用国际邮政或快递的方式寄送，物流时效长达4~30天，甚至更长，而且单件商品的运费相对于大货集运更高。

二、直购进口业务的流程

（一）境外供应商直接发货

这种模式最为简单，适用于基本的跨境B2C进口，即当境内消费者（C）在网络平台上提交订单并付款后，境外供应商（B）直接将商品包装好，由国际物流或快递公司承担并完成最终的物流服务，如图10.2所示。订单常采用单件包裹的形式，一旦有订单，境外供应商就可交由国际物流公司直接寄发，此外，国际物流或快递公司还负责运送包裹的通关和报税等环节，无须境内消费者办理过多的手续。C2C模式的"海淘""代购"也大多采用这种直邮模式。

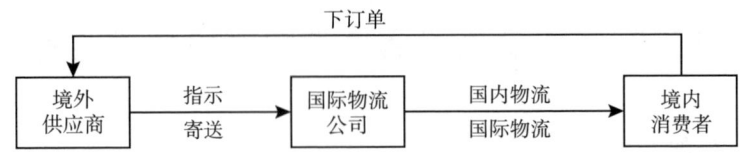

图 10.2　境外供应商直接发货

（二）海外仓发货

这种模式适用于跨境 B2B2C 进口，其中第一个"B"是指境外供应商，第二个"B"是境内采购商或电子商务平台，从境外供应商处进口商品，然后销售给境内的 C 端消费者。这里的海外仓指的是第二个"B"即境内采购商或电子商务平台在境外的仓库。

如图 10.3 所示，直购进口业务具体包括以下 6 个步骤。

1. 下单购物：消费者在网站上单，并且完成支付。

2. 订单处理：跨境电子商务企业根据订单信息，在海外仓对订单进行处理，包括分拣、打包等操作。

3. 国际运输：跨境物流企订单包裹从境外运输到清关的口岸。

4. "三单"数据传输：商品申报前，跨境电子商务平台或跨境电子商务

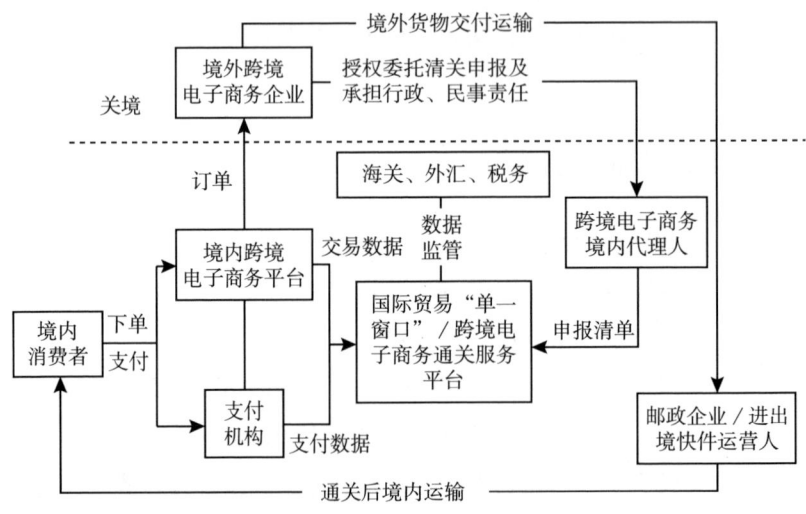

图 10.3　直购进口业务运作步骤

企业境内代理人、支付企业、物流企业应当分别通过"单一窗口"或跨境电子商务通关服务平台传输交易、支付、物流等电子信息。

5. 清关申报：商品到达境内口岸后，跨境电子商务企业境内代理人办理清关手续。

6. 境内派送：清关完毕后将货物移交给境内快递公司进行派送，送至消费者手中。

（三）拼邮模式

拼邮模式是指当几个不同的境内消费者下不同的订单后，境外供应商先将不同消费者的货物集中在一起，然后一并通过物流公司寄送，到境内后再分拨给不同消费者，如图10.4所示。这样做的目的主要是为了分摊运输费用，因为某些国际快递也有首重和续重之分。例如，首重1千克内有固定的运费，假如是50元，那么一个消费者买一件重量小于1千克的货物的运费就是50元，如果多个消费者的货物加在一起不足1千克的话，就可以分摊首重运费。因此，拼邮大多用在重量轻、价格不高的商品上，将多个消费者购买的商品集中在一起运输，可以节省成本。无论是境外供应商发货还是海外仓发货，均可以采用拼邮模式。

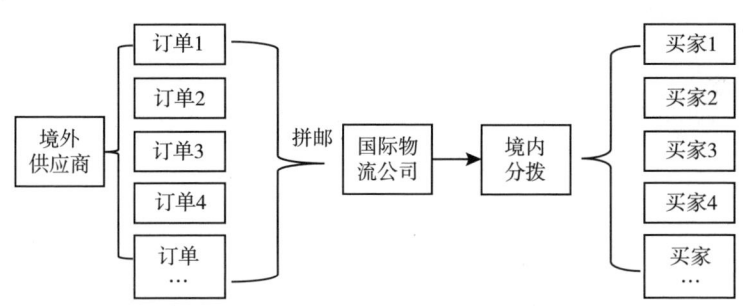

图10.4 拼邮模式

（四）转运模式

境外一些卖家不支持将货物直接寄送至境内，或者直接寄送税费太高，这时就需要用到"转运"，即境内买家在境外电子商务平台上选择先把货物发到转运公司，然后请转运公司将货物运回境内并转交境内快递公司派送。

如图10.5所示，进口转运的步骤包括以下5个。

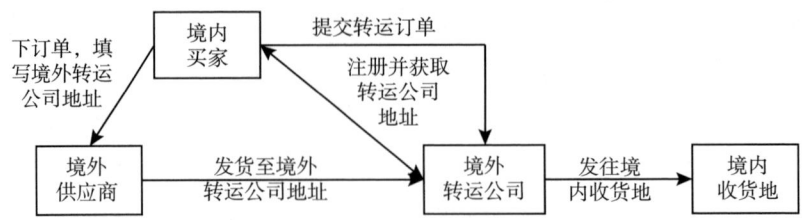

图 10.5 进口转运的步骤

1. 在转运公司网站注册账户，获取转运公司的收货地址。
2. 在境外网站购物，确认订单时填写转运公司提供的专属海外仓库收货地址。
3. 境外供应商将货物发往转运公司收货地址（境内买家可以跟踪购物网站提供的快递单号是否显示签收后，等待货物入库）。
4. 包裹入库后，境内买家在转运公司网站上提交转运订单。
5. 境外转运公司将货物发往境内收货地址。

三、海关对直购进口模式的监管

在直购进口模式下，消费者（订购人）在跨境电子商务平台上购买商品后，电子商务企业或平台企业、支付企业、物流企业分别向海关传输"三单信息"，商品运抵海关监管作业场所（场地）后，电子商务企业或其代理人向海关办理申报和纳税手续。直购进口监管流程如图10.6所示。

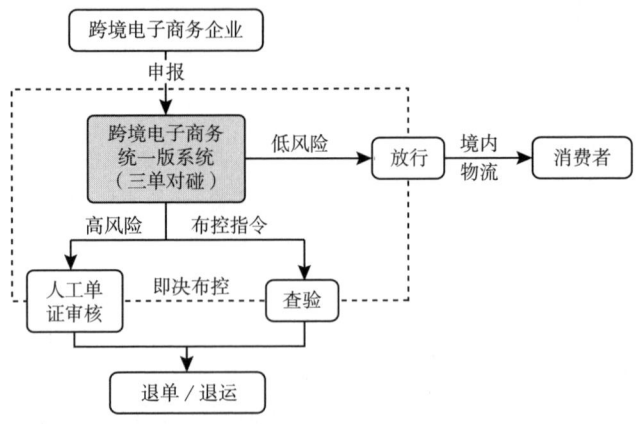

图 10.6 直购进口监管流程

（一）企业申报

在直购进口模式下，消费者在跨境电子商务平台下单后，申报企业通过跨境电子商务全国统一版系统进行申报，并且向海关推送"三单"信息。其中，申报企业可以委托物流公司或代理报关公司代为申报。

（二）海关审单

海关在接收到申报企业向海关推送的"三单"信息后，系统会自动核对申报信息的内容与格式，如果申报信息存在错误，系统会自动将信息退回；如果信息无误，系统会将信息传递给审单中心，由海关关员对申报信息进行专业化人工审核，主要审核申报商品的价格、原产地、商品编码等，进而对每票商品做出风险评估。对高风险商品安排布控查验，对低风险商品则直接放行。

（三）海关查验

被审单环节布控抽中的商品，海关会进行实货查验。实货查验主要是为了确认实际货物与申报信息是否相符，如实货的品名、数量、规格、原产地、商品编码与申报数据是否相符，另外还须核实实货是否存在瞒报、加藏的违法现象。海关查验环节至关重要，一方面有效维护了国门安全，将危害国家安全的货物拒之门外，另一方面有效保证了应税尽税。

（四）海关征税

目前，海关多采用线上支付的方式征收税款，凭跨境电子商务企业出具的保证金或保函按月集中征税。同时，海关还实施"税款担保、集中纳税、代扣代缴"征税模式，这提高了税款征收和通关验放的时效。海关对于商品价值一般是根据申报企业提供的商品发票来确定，若申报企业无法提供发票，则由海关对商品进行估价。

（五）海关放行

直购进口商品在审单完成后直接放行或在查验完成后放行，此时申报企业可以从海关监管仓库中将商品提走，也可以委托物流公司将商品提走，最终将商品运送至消费者手中。对于高风险或不符合国家相关政策的商品，海关有权责令退单退运。

> **专栏 10.4　　海关对直购进口的监管要点**
>
> 1. 进口商品及申报主体行为合法性
>
> 我国海关对直购进口商品进行监管时，既要监管商品，又要监管申报主体。例如，国家明令禁止入境象牙、枪支弹药及其零件、毒品等，一旦查获，全部没收，并且对申报主体进行处罚。如果涉及数量较大且情节严重，将移交缉私局并立案调查。对于申报主体，海关也会审核其申报资质，对其申报行为进行实时监控。
>
> 2. 申报信息真实性
>
> 直购进口商品具有"小批量、低价值"的特点，申报主体除了代理报关企业或物流企业，也可能由寄件人自行申报。有的寄件人为了偷逃税款，提供给海关的申报信息与实际商品不相符，对于这种违法行为，海关必须在审单、查验过程中认真严谨，对商品的实际情况作出准确的判断。
>
> 3. 申报价格合理性
>
> 海关对商品价值的判定主要是根据发票，然而有的商家为了降低成本，故意开具价格相对较低的发票以达到少交税款的目的。所以，海关在查验过程中要对商品的实际价值作出判断，审核申报价格是否合理。
>
> 资料来源：作者收集整理，2024 年 3 月

第四节　跨境电子商务网购保税进口模式监管

一、网购保税进口概况

跨境电子商务网购保税进口模式（海关监管方式代码为1210），又称保税备货模式或保税仓发货模式，是跨境电子商务零售进口模式的一种。在该模式下，电子商务企业将境外进口商品以批量报关方式存入海关特殊监管区域或保税物流中心（B型）中的保税仓，消费者在电子商务平台下单付款，商品以快递包裹的形式直接从保税仓配送到消费者手中。适用"网购保税进口（监管

代码1210)"相关进口政策的商品，按照个人自用进境物品监管，不执行有关商品首次进口许可批件、注册或备案要求。

保税仓实际上是一个享有国家特殊政策，受到国家特殊监管的区域，与通常预缴关税的流程不同，保税仓是进口商品在获得海关批准后进入特定仓区存放，此时可先不缴税，当商品出售后再缴税，在这个仓库中起到"暂缓缴税"的作用。

网购保税进口具有以下3个特点。

第一，网购保税进口实际上是对海关特殊监管区域政策的灵活运用，特殊监管区域的最大特点是"境内关外"，其提供的绿色清关通道为商品从区内到境内（二线监管）通关提供便利，商品从境外到区内则有较为严格的海关监管（一线监管）。

第二，在保税备货模式下，申报的完税价格为跨境电子商务交易平台定价。

第三，商品拟从特殊监管区域出区向海关申报前，跨境电子商务企业（跨境电子商务交易平台）、支付企业、物流企业分别通过跨境电子商务通关服务平台向海关传输订单、支付凭证和运单，由海关实行"三单"对碰无误后予以放行。

保税仓发货优点有很多。首先，采购及物流成本低。跨境电子商务企业集中采购跨境商品并通过国际物流批量运输至特殊区域或物流中心专用仓库仓储备货，并在特殊区域或物流中心内进行打包等仓内作业，可以压缩采购及物流成本。其次，境外供应商提前将热门商品备货至保税仓，保税仓系统与海关和商检等部门实现对接，因此订单产生后能够及时处理清关环节消费者收货速度快，消费者一般在下单2~3天后就可以收到货品，其物流体验基本等同于境内购物。另外，消费者退货有保障，在保税仓模式下，消费者可以将货物退到境内保税仓或购物平台，避免了直接从境外购物退货无门的困境。

保税仓发货的物流模式是一般适用于订单量较多的大型跨境电子商务企业，这些企业借用大数据对热门商品的种类和数量进行预测，将境外热门商品提前运输到境内作为储备，一旦有订单形成，就可以迅速报关检验发货。但是对于消费者来说，保税区发货的模式只能保证消费者购买当下较热门的一些产品，因此商品种类不丰富。

直购模式和保税区发货模式从下单顺序和清关方式上区别较为明显。在流程上，保税模式先入境，用户下单后才清关。在直购模式下，用户下单后才开始递送，在入境时即需清关。

二、网购保税进口业务的流程

此种模式包含两段物流，一段是境外段，另一段是境内段。在境外商品完成境外段运输后，要在境内保税仓拆包、检验、清关、分拣、打包、储存，消费者下订单后，再用境内的快递公司寄给消费者。网购保税进口业务流程如图10.7所示。

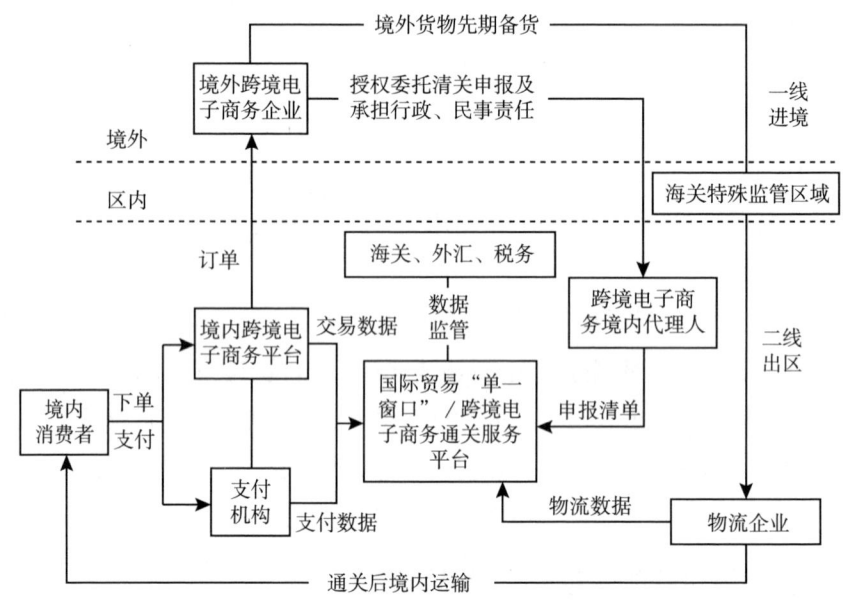

图10.7　网购保税进口业务流程

第一步，企业备案与建立电子账册。电子商务平台企业、物流企业、支付企业等，依据海关报关单位备案管理相关规定，向所在地海关办理备案手续；其中电子商务企业应委托境内代理人向该代理人所在地海关办理备案手续。据实际监管需要，以仓储企业、电子商务企业或电子商务企业境内代理人为单元，开设海关网购保税进口专用电子账册。

第二步，保税备货与商品入库。企业以跨境电子商务网购保税进口模式（海关监管方式应填报"保税电子商务"，代码1210）申报进境跨境电子商务进口商品，批量存入海关特殊监管区域或保税物流中心（B型）。网购保税进口商品一线进境进入区域（中心）及跨区域（中心）流转申报中，报关单或备案清单、核放单被布控指令命中的，海关按指令要求及查验规范实施查验。商品入区后，企业电子账册数据相应核增。

第三步，三单比对与清单申报。消费者在跨境电子商务平台下单购买商品后，跨境电子商务平台企业或跨境电子商务企业境内代理人、支付企业、物流企业分别通过"单一窗口"或跨境电子商务通关服务平台向海关传输订单、支付单、物流单。上述"三单"信息在海关跨境电子商务进口统一版信息化系统中自动进行比对。"三单"比对验核通过后，企业提交《中华人民共和国海关跨境电子商务零售进出口商品申报清单》（以下简称《申报清单》），采取清单核放方式办理报关手续。

第四步，出区配送与汇总征税。企业对放行后的《申报清单》汇总生成核注清单及核放单，办理出区手续，将包裹派送出区寄递给消费者。包裹实货出区后，电子账册上的商品数量相应核减。消费者（订购人）为纳税义务人。参与网购保税进口的企业可以作为税款代收代缴义务人，应当如实、准确向海关申报进口商品的商品名称、规格型号、税则号列、实际交易价格及相关费用等税收征管要素。对符合汇总征税等条件的，海关放行后30日内未发生退货或修撤单的，代收代缴义务人在放行后第31日至第45日内向海关办理纳税手续。

三、海关对网购保税进口模式的监管

网购保税进口业务主要依托海关特殊监管区域或保税物流中心开展，商品从境外整批进境，以小包裹形式零散出区，海关对区域内网购保税商品实施电子账册管理，主要涉及一线进境、保税仓储、二线出区三个环节。此外，网购保税商品还可以根据企业的具体需求在不同区域之间流转、在同一区域（中心）内不同企业间流转，以及与保税货物之间状态互换。上述这些环节均需要办理海关通关手续，受到海关的监管。

海关监管作业需进一步细分为"一线进境"和"二线出区"两个环节，监管流程分别如图10.8和图10.9所示。

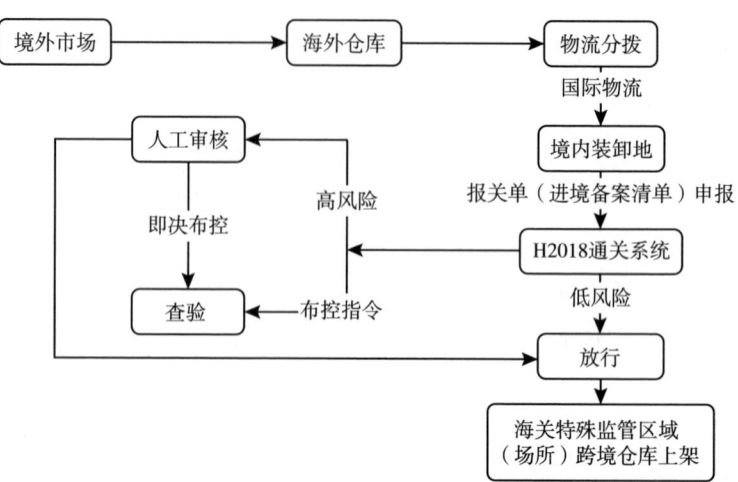

图10.8 "一线进境"监管流程

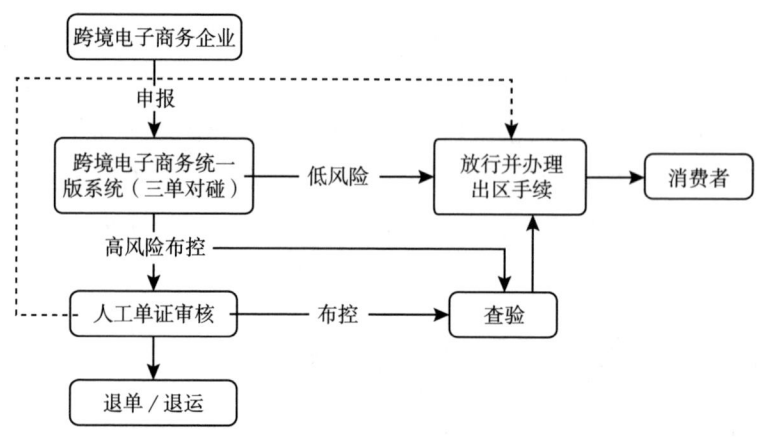

图10.9 "二线出区"监管流程

（一）一线进境

网购保税商品"一线进境"通关需要向海关申报报关单（备案清单）、保税核注清单及核放单，如表10.3所示。

表10.3　网购保税商品"一线进境"通关的申报单证

报关单（备案清单）	网购保税商品办理一线进境通关手续的单证
保税核注清单	网购保税商品抵账核注的专用单证，由区域（中心）内仓储企业向海关报送
核放单	网购保税商品进入区域（中心）的单证

经上述单证报送放行后，网购保税商品进入区域（中心）进行保税仓储，海关对其实行"跨境进口"电子账册管理。

（二）二线出区

境内消费者在跨境电子商务平台上下单购买区域（中心）内的网购保税商品后，参与跨境电子商务进口业务的企业应如实传输交易、支付、物流"三单"数据并对数据真实性负责：跨境电子商务平台或跨境电子商务企业境内代理人传输交易数据，支付机构传输支付数据，物流企业传输物流数据。

"三单"数据传输并经海关总署对碰核验后，由跨境电子商务企业境内代理人或其委托的报关企业提交《中华人民共和国海关跨境电子商务零售进出口商品申报清单》。

进口清单放行后，区内企业根据已放行的进口清单汇总申报保税核注清单，核注清单放行后再申报核放单，凭核放单运出区域（中心）。

思考与实训

1. 跨境电子商务零售进口经营者的责任是什么？
2. 什么是行邮税？在什么情况下征收？税率大概是多少？
3. 总结列入跨境电子商务零售进口商品清单的产品有哪些特点。
4. 直购进口模式和网购保税模式有什么不同？

参考文献

[1] 冯晓宁. 国际电子商务实务精讲[M]. 北京：中国海关出版社，2016.

[2] 冯晓宁. 跨境电子商务概论与实践[M]. 北京：中国海关出版社，2019.

[3] 冯晓鹏. 跨境电商大监管：底层逻辑、合规运营与案例评析[M]. 北京：中国海关出版社，2022.

[4] 郑秀田. 跨境电子商务概论[M]. 2版. 北京：人民邮电出版社，2023.

[5] 王健. 跨境电子商务[M]. 北京：北京大学出版社，2023.

[6] 赵慧娥，岳文. 跨境电子商务[M]. 北京：中国人民大学出版社，2022.

[7] 陈岩，李飞. 跨境电子商务[M]. 北京：清华大学出版社，2019.

[8] 伍蓓. 跨境电子商务概论[M]. 北京：人民邮电出版社，2022.

[9] 杨立钒. 跨境电子商务概论[M]. 北京：电子工业出版社，2021.

[10] 陈璇. 跨境电子商务网络营销[M]. 北京：电子工业出版社，2021.

[11] 马述忠，张夏恒，梁绮慧. 跨境电子商务[M]. 北京：北京大学出版社，2023.

[12] 李权. 跨境电子商务[M]. 北京：北京大学出版社，2023.

[13] 张夏恒. 跨境电子商务概论[M]. 北京：机械工业出版社，2020.

[14] 方玉美，金贵朝. 跨境电子商务概论[M]. 北京：清华大学出版社，2022.

[15] 王婧. 跨境电商营销[M]. 北京：中国人民大学出版社，2021.

[16] 龙朝晖．跨境电商营销实务［M］．北京：中国人民大学出版社，2018．

[17] 李琦．跨境电商营销［M］．北京：人民邮电出版社，2023．

[18] 杨雪雁．跨境电商网络营销［M］．北京：电子工业出版社，2023．

[19] 金贵朝．跨境电商视觉营销［M］．北京：电子工业出版社，2022．

[20] 祖旭，陈佳莹，王冲．跨境电子商务境外营销实践［M］．北京：清华大学出版社，2023．

[21] 羊英，许肇然，董雁．跨境电商物流实务教程［M］．北京：中国海关出版社，2023．

[22] 逯宇铎．跨境电商物流［M］．北京：人民邮电出版社，2021．

[23] 陆端．跨境电子商务物流［M］．北京：人民邮电出版社，2022．

[24] 蒋彩娜．跨境电商支付与结算［M］．北京：电子工业出版社，2021．

[25] 朱瑞霞．跨境电商支付与结算［M］．上海：复旦大学出版社，2021．

[26] 邹益民，隋东旭，朱新英．跨境电子商务支付与结算［M］．北京：清华大学出版社，2021．

[27] 徐鹏飞，王金歌．跨境电商独立站运营［M］．北京：电子工业出版社，2021．

[28] 韦晓东．跨境电商零售进出口通关安全宝典［M］．北京：中国海关出版社，2023．